1 MONTH OF
FREE
READING

at
www.ForgottenBooks.com

By purchasing this book you are eligible for one month membership to ForgottenBooks.com, giving you unlimited access to our entire collection of over 1,000,000 titles via our web site and mobile apps.

To claim your free month visit:
www.forgottenbooks.com/free1030635

ISBN 978-0-331-95350-3
PIBN 11030635

This book is a reproduction of an important historical work. Forgotten Books uses
state-of-the-art technology to digitally reconstruct the work, preserving the original format
whilst repairing imperfections present in the aged copy. In rare cases, an imperfection in
the original, such as a blemish or missing page, may be replicated in our edition. We do,
however, repair the vast majority of imperfections successfully; any imperfections that
remain are intentionally left to preserve the state of such historical works.

Folkloristische Streifzüge

Von

Prof. Karl Knortz,

Schulsuperintendent zu Evansville, Indiana.

. . . . . Erster Band. . . . . .

. Oppeln und Leipzig .

Verlag von Georg Maske.

1899.

Inhalts-Verzeichnis.

Der Schulmeister
in Litteratur und Folklore.

Zu allen Zeiten der Weltgeschichte hat der Schulmeister im Sprichwort und Volkslied, sowie in der
novellistischen Litteratur eine höchst traurige Rolle gespielt; stets hat er es sich gefallen lassen müssen, infolge
seiner lächerlichen Selbstüberschätzung, seiner brutalen
Handhabung des Stockes, seiner systematisch betriebenen
Schnorrerei und seines unbeholfenen Benehmens dem
größeren Publikum zur Zielscheibe des Witzes und
Spottes zu dienen.

Auf seinem Berufe lastet ein historischer Fluch;
das bekannte römische Sprichwort: „Quem dii odere,
ludi magistrum fecere" (Wen die Götter hassen, den
machen sie zum Schulmeister), sowie das derbe deutsche:
„Lieber Schweinehirt sein als Schulmeister" hat selbst
heute noch nicht überall an Bedeutung verloren. Wenn
man, wie Plutarch berichtet, in Athen nicht wußte, ob
ein gewisser Jemand gestorben oder noch am Leben sei,
pflegte man zu sagen: „Er ist entweder tot oder
Schulmeister".

Nicht jedem Schulmeister ist es vergönnt gewesen, wie weiland dem verdienstvollen Engländer Roger Ascham, eine schöngeistige Königin (Elisabeth) zur Schülerin zu haben, ihr täglich die alten Klassiker zu erklären und sich die übrige Zeit mit Bogenschießen zu vertreiben.

Ja, mancher Schulmeister würde heute noch froh sein, wenn er nur einen reichen, vom Hochmutsteufel besessenen Monsieur Jourdain, wie ihn Molière in dem Lustspiel „Le bourgeois gentilhomme" so köstlich geschildert, in die Geheimnisse des Alphabetes und Kalenders einweihen und ihn geistig so weit entwickeln dürfte, daß er einen Liebesbrief schreiben und Poesie von Prosa unterscheiden könnte.

Einen Lehrer, der ohne Stock seines Amtes walten konnte, dürfte es in der guten alten Zeit selten gegeben haben. Als W. Shenstone, ein englischer Schriftsteller des vorigen Jahrhunderts, seiner ehemaligen Lehrerin mit ihrer schneeweißen Haube und veilchenblauen Schürze in dem humoristischen Gedichte „The Schoolmistress" ein Denkmal setzte, konnte er nicht umhin, lang und breit zu schildern, wie sie beständig ihr aus Birkenreisern geflochtenes Scepter in der Hand hielt und davon einen so fleißigen Gebrauch machte, daß die nur an ihrer Anstalt zufällig vorübergehenden Kinder schon wie Espenlaub zitterten. Diese Lehrerin war überhaupt ein merkwürdiges Original; als einziges Haustier besaß sie einen Hahn, der beständig im Schulzimmer auf und ab spazierte, um Brotkrumen aufzulesen, welche die Schüler fallen ließen. Eine tüchtige und umsichtige Lehrerin war sie jedoch trotz alledem, denn sie verstand es wenigstens, jeden Schüler nach seiner Individualität zu behandeln, also dem stolzen Kinde Zügel anzulegen und das verzagte zu ermutigen.

Wer in früheren Zeiten seinen Beruf verfehlt hatte, warf sich, wie das übrigens in Amerika jetzt noch vielfach der Fall ist, auf die Schulmeisterei, denn er glaubte, daß die Hauptkunst derselben in der Anwendung des Stockes bestände. Th. Fuller, ein verdienstvoller englischer Schulmann des siebzehnten Jahrhunderts, will daher den Lehrer paidotribes, d. h. Knabenschläger, anstatt paidagogos genannt wissen, wobei jedoch einzuwenden ist, daß die Griechen unter letzterer Bezeichnung hauptsächlich einen Diener verstanden, welcher die Kinder nach der Schule zu begleiten hatte. Horaz verleiht dem Lehrer Orbilus das Epitheton „plagosius", um damit auf dessen häufigen Gebrauch der Birkenrute hinzuweisen. Der amerikanische Sonderling Henry D. Thoreau, ein intimer Freund Emersons, verlor einst seine Schulstelle zu Concord in Massachusetts, weil er sich entschieden geweigert hatte, den Stock in Anwendung zu bringen.

Die Rute galt stets als das Symbol der Schule. Die Juden bedienten sich dieses Strafinstrumentes fleißig, war es ihnen doch auch vom weisen Sirach warm empfohlen worden. Jeder erwachsene Spartaner hatte das gesetzliche Recht, die sich auf der Straße zwecklos herumtreibenden Knaben mit einem Stocke zu züchtigen. Im Mittelalter hatten deutsche Prinzen häufig den Stock zu kosten, und der Dichter Konrad von Feuersbrunn läßt sogar in einem Gedichte das Jesuskind beim

Erlernen des Alphabetes in der Schule die Rute fühlen. Die Schulordnung Berns vom Jahre 1616 bedenkt die Studenten der Philosophie mit Rutenstrafe, befreit aber die der Religion davon. In Oberhessen soll anfangs des siebzehnten Jahrhunderts der Gebrauch geherrscht haben, die Schüler auf die Rute schwören und sie dabei sprechen zu lassen:

> O du liebe Rut',
> Mache du mich gut,
> Mache du mich fromm,
> Daß ich nicht zum Henker komm'.

Der Spottname, den die fleißige Handhabung des Stockes den Lehrern in Deutschland eingetragen hat, ist zu derb, um ihn hier anzuführen.

Der englische Dichter William Cowper, der stets mit einem unbesiegbaren Zorn an seine Schuljahre zurückdachte, empfiehlt in seinem satirischen, das englische Schulwesen unbarmherzig verurteilenden Gedichte „Tirocinium" den Eltern, ihre Kinder selber zu unterrichten, da sie sonst in der Schule allen heiteren Jugendgeist einbüßen würden.

In der großen Ausgabe von „Mother Goose's Nursery Rhymes" befindet sich eine Abteilung Kinderreime, welche den Titel „Scholastic" trägt. Das denselben vorgestellte Bild zeigt uns das Innere einer Schule, in der eine alte, mit der unvermeidlichen Birkenrute bewaffnete Frau steht und Anstalten macht, einem „ten o'clock scholar" der kurz vor Beendigung des Morgenunterrichts eintritt, die verdiente Züchtigung angedeihen zu lassen.

Birch and green holly, boys,
Birch and green holly;
If you get beaten, boys,
'T will be your own folly.

Zur Zeit der „Mother Goose" scheint sich unser berühmter Landsmann Dr. Fauſt eine Zeitlang in Schottland als Schulmeiſter aufgehalten und ſich dort durch ſeine Virtuoſität im Prügeln ausgezeichnet zu haben; ſeiner dortigen Wirkſamkeit widmet die genannte Dame folgenden Vers:

„Doctor Faustus was a good man,
He whipped his scholars now and then;
When he whipped them he made them dance
Out of Scotland into France,
Out of France into Spain,
And then he whipped them back again."

Dr. Oskar Dähnhardt teilt im erſten Hefte ſeines Sammelwerkes „Volkstümliches aus dem Königreich Sachſen" (Leipzig 1898) folgende auf den Lehrer gc= münzte Kinderverſe mit:

Bimlimlim, de Schul is aus,
Springt der Lehrer zum Fenſter 'naus,
Springt er uff de Straße,
Bricht er ſeine Naſe,
Springt er uff de Brücke,
Bricht er das Genicke,
Springt er in den Dreck,
Juptſch, da war er weg.

Hic, haec, hoc,
Der Lehrer holt den Stock;
Is, ea, id,
Was will er denn damit?

Sum, fui, esse,
Er haut dich auf die Fresse,
Ille, illa, illud,
Bis daß die Nase blut't.

Nun danket alle Gott,
Die Schule macht bankrott,
Die Lehrer reißen aus,
Da sind wir schöne 'raus.

Shakespeare hat meines Wissens nur zweimal des Schulmeisters auf die herkömmliche Weise gedacht, nämlich in seinen Lustspielen „Der Liebe Müh' verloren" und „Komödie der Irrungen". Der Schulmeister des erstgenannten trägt wie der in Rabelais' „Gargantua" den ominösen Namen Holofernes und repräsentiert den hochmütigen, auf seine Würde pochenden und beständig hochtrabende Wörter gebrauchenden Pedanten.

Der Vorwurf, seltene Wörter mit Vorliebe zu gebrauchen, wird dem Schulmeister vielfach von den Engländern gemacht. In Almans Lustspiel „The heir at law" bedient sich ein Lehrer folgender Frage, um den Vor- und Zunamen eines adeligen Schülers zu erfahren: „What may be your Lordship's sponsorial and patronymic appellations?"

In Dr. Blimbers Schule, von der uns Dickens in seiner Novelle „Dombey and Son" so viel Ergötzliches zu erzählen weiß, ging alles genau nach den Wünschen des Leiters. Dort grünten und blühten die Schuljungen so prächtig im Winter wie im Sommer; dort wurden geistige Erbsen und intellektueller Spargel zu

jeder Jahreszeit gezogen; lateinische und griechische Ge=
müse, sowie saure mathematische Johannisbeeren ent=
sproßten dem frostigsten Gehirne in irgend einem Monate.
Alle Schüler erfreuten sich des zuverlässigsten Gedächt=
nisses, so daß Dr. Blimber niemals seine Zuflucht zu
solch brutalen Hilfsmitteln zur Gedächtnisstärkung zu
nehmen brauchte, wie sie z. B. in Gullivers „Academy
of Sagado“ im Gebrauch waren, wo man den zum
Diplomaten bestimmten Studenten zur Schärfung des
Gedächtnisses auf die Hühneraugen trat oder ihn an
den Ohren hin und her zog.

Ein nach veralteten Ansichten brauchbarer und
erfolgreicher Schulmeister war der von Washington
Irving entdeckte Ichabod Crane. Er, der mit langen,
schaufelartigen Beinen und einer wetterhahnähnlichen
Nase ausgestattet war und in seiner ganzen Erscheinung
einer im Kornfelde aufgestellten Vogelscheuche glich, war
Lehrer zu Sleepy Hollow am Hudson, also in einer
verzauberten Gegend, wo noch ein aus dem Unabhängig=
keitskriege stammender hessischer Kavallerist spukte und
sich ohne Kopf bei Sturm auf einem Pferde zeigte.
Trotzdem es Crane meisterhaft verstand, den Bakel auf
dem Rücken seiner holländischen Jungen munter tanzen
zu lassen, war er bei denselben doch ungemein beliebt,
und dies kam daher, daß er sich nach Schluß der
Schulstunden unter sie mischte und mit ihnen so heiter
spielte, als sei er selber noch ein Schulknabe.

Ebenso populär war Crane bei den Eltern seiner
Schüler; er half denselben beim Heumachen, tränkte ihre
Pferde, besserte die Zäune aus, leitete den Gesang in

der Dorfkirche, schaukelte für junge Mütter die Wiege und erzählte stets die interessantesten Neuigkeiten. Dafür zeigte sich ihm aber auch Jung und Alt äußerst dankbar; denn die Farmer, bei denen er als Kostgänger die Runde machte, gaben sich die ehrlichste Mühe, seinen gesunden Appetit zu befriedigen und ihn somit in den Stand zu setzen, seine vielen Ämter gewissenhaft zu versehen.

Die von Irving geschilderten Zustände kann man übrigens heute noch in zahlreichen amerikanischen Landstädtchen beobachten; an Stelle eines umsichtigen Crane findet man jedoch meist unerfahrene Bauernmädchen, die zu Hause überflüssig sind und die sich gerne einige Dollars für ihren Sonntagsstaat verdienen möchten.

Welche Mittel zur Erlangung einer Dorfschulstelle angewandt werden müssen, darüber giebt uns der 1868 in Vermont verstorbene Jurist D. P. Thompson in seiner köstlichen Novelle „Locke Amsden, or the Schoolmaster" genügende Auskunft. Darin wird an einem besonderen Beispiele gezeigt, wie die verschiedenen Lehramtskandidaten von den geistig beschränkten Mitgliedern des Schulrates in einigen Unterrichtsfächern geprüft wurden und wie dann schließlich der Allerdümmste die Stelle erhält. Darüber braucht man sich übrigens durchaus nicht zu verwundern, denn noch vor wenigen Jahren stellte man an einer der ersten städtischen Anstalten New Yorks zum Lehrer der deutschen Litteratur einen bankerotten Anzeigeagenten an, der vorher in seinem ganzen Leben keine Stunde Schulunterricht gegeben hatte.

Die Weltgeschichte wiederholt sich stets. Schon Perikles klagte darüber, daß sich nur die unbrauchbarsten Menschen dem Schuldienste widmeten. Plutarch gab den verarmten Griechen den Rat, entweder Lehrer zu werden oder Dienst auf fremden Schiffen zu nehmen. Lukianos läßt in seiner Beschreibung der Unterwelt die früheren Könige und Satrapen Fischhändler und Schulmeister werden.

In Rom und Athen waren die Schulen Privat-, in Sparta hingegen Staatsanstalten, die jeder Bürgerssohn schon deshalb besuchte, weil er sonst späterhin kein öffentliches Amt bekleiden konnte. Die Erziehung in letztgenannter Stadt war ausschließlich auf das Praktische gerichtet; es wurde darauf gesehen, daß die Knaben mehr in die Höhe als in die Breite wuchsen, und daß sie sich zu diesem Zwecke anstrengender körperlicher Übung befleißigten. Außerhalb der Stadtgrenze war ihnen das Stehlen erlaubt, nur durften sie sich nicht erwischen lassen.

Die Römer nannten ihre Schulen ludi, um dadurch anzudeuten, daß der darin erteilte Unterricht, der sich hauptsächlich auf das sogenannte Trivium (Grammatik, Didaktik und Rhetorik) beschränkte, nur Spiel und Erholung für die Schüler sei. Trotzdem aber regierte darin der Stock, worüber besonders Quintilian und Martial bitter klagten.

In Deutschland stand die Schule vom vierzehnten Jahrhundert an ausschließlich unter der Aufsicht der Geistlichkeit. Die Rektoren wurden auf vierteljährliche Kündigung angestellt; sie hatten sich ihre Lehrer selber zu wählen und nahmen dazu gewöhnlich verlaufene Mönche, abgesetzte Geistliche oder verdorbene Studenten die, da sie keine regelmäßige Besoldung erhielten, für ihren Lebensunterhalt meist auf die Geschenke der Schüler angewiesen waren. Lernlustige Knaben und Jünglinge vagabundierten damals in der halben Welt herum, um ihren Wissensdurst zu befriedigen; da sie selten im Besitze der erforderlichen Geldmittel waren, so bettelten oder stahlen sie. Für letztere Thätigkeit wurde damals der Kunstausdruck „schießen" gebraucht, woraus dann die Bezeichnung „A B C-Schütze" entstand.

Der Schulunterricht und die Kindererziehung waren früher ungemein streng. So wurde z. B. 1568 in Genf ein Mädchen deshalb geköpft, weil es Vater und Mutter geschlagen hatte. Luther erzählt, daß er an einem Vormittage 15 oder 16 mal gestäupt worden sei. Auch die Reformation milderte bei all ihren Verdiensten um das Schulwesen diese brutale Strenge nicht, und es wurde im Hause und in der Schule durch Schimpfen und Prügeln einfach weiter erzogen. Welche Strafmittel damals im Schwange waren, darüber giebt eine alte Eßlinger Schulordnung Auskunft; in derselben ist es nämlich dem Lehrer untersagt, die Schüler an den Kopf zu schlagen, oder sie mit Tatzen, Schlappen, Nasenschnellen, Maultaschen noch Hirnbatzen zu traktieren; ferner darf er keinen Stock oder Kolben gebrauchen, sondern nur mit einer Rute die Rückenverlängerung bestreichen. Derartige Strafarten haben sich übrigens in einigen deutschen Dorfschulen bis in die Neuzeit erhalten; ja, es kamen sogar noch einige hinzu, wie das Knieeen auf Erbsen, das Tragen einer Eselsmütze und das Sitzen auf der Schandbank oder Lausebank, wie die Plattdeutschen sagen.

Im allgemeinen haben sich jedoch die schulmeister= lichen Verhältnisse Deutschlands im Vergleiche mit früherer Zeit bedeutend verbessert. Solche Lehrer, wie der siebzigjährige Tann, von dem uns Voß eine so reizende Beschreibung liefert, bilden bereits dort die Regel — leider nicht in Amerika, wo man für patriar= chalische Zustände noch keinen rechten Sinn hat. Und was für eine prächtige und umsichtige Hausfrau hatte der redliche Tann! Als er, mit der kalmankenen Jacke angethan, im lederüberzogenen Lehnstuhl sein Sonntag= nachmittagsschläschen hielt, da sperrte sie schnell den Hund ins Backhaus und brachte die lärmende Wand= uhr zum Stehen, damit der verdienstvolle Gatte ja nicht in seiner Ruhe gestört werde.

Eine solche Frau wünschte seinerzeit Diesterweg einem jeden Lehrer. Nach einem Vortrage, der im zweiten Bande seiner ausgewählten Schriften abgedruckt ist, verlangt er, daß eine Lehrersfrau ihren Mann nicht von seinem Berufe abziehe, sondern dafür sorge, daß er seine Pflichten mit Freuden und nicht mit Seufzen thue; sie soll eine gute Küche führen und ihm besonders Frühstück und Mittagessen zur bestimmten Minute vor= setzen, damit er, ohne sich beim Essen zu übereilen und den Mund zu verbrennen, wieder zur rechten Zeit auf seinem Platze ist; sie soll ferner auf seine Gesundheit ängstlich bedacht sein, ihm die nötige Ruhe gönnen und ihn unter keiner Bedingung bei seinen Privatstudien stören oder durch andere stören lassen. Wenn nun außerdem Diesterweg die Lehrersfrau zur Sparsamkeit ermahnt, so ist dies insofern überflüssig, als sie schon durch das Einkommen ihres Mannes beständig daran erinnert wird. Also die Lehrersfrau sei sparsam, denn ihr Mann, der sich am Tage in der Schule Lunge und Leber trocken spricht, möchte sich am Abend doch gerne eine Erfrischung gönnen und vielleicht eine wohl= riechende Cigarre dazu rauchen; ja, er dürfte vielleicht mit dem kühnen Gedanken umgehen, sich nach und nach so viel Geld zu ersparen, um sich zu seiner Erbauung und Belehrung einen Klassiker, z. B. den Goethe anzu= schaffen, damit er nicht hinter der Kultur zurückbleibe; gab doch einst Alkibiades einem griechischen Lehrer des= halb eine Ohrfeige, weil er keinen Homer besaß.

Trotz allen ernsten Strebens muß sich der Lehrer doch noch heute vom Volksliede und Sprichwort hänseln lassen, allerdings oft genug durch seine eigene Schuld, da er es nicht immer versteht, sich in den nötigen Re= spekt zu setzen. „Neunundneunzig Schulmeister sind hundert Narren", und: „Ein Quentchen Mutterwitz ist besser als ein Centner Schulwitz", sind Sprichwörter, auf die kein Lehrer stolz zu sein braucht. Fischart be= merkt spöttisch, daß des Schulmeisters „Weiß ich — schmeiß ich" sei und will damit andeuten, daß die ein= zige Kunst des Lehrers im Prügeln bestehe.

Der körperlichen Strafe ist, beiläufig gesagt, auch Diesterweg nicht abgeneigt, und dies mag wohl auch einer der Gründe sein, weshalb er dem Lehrer eine kräftige Kost vorschreibt. Nach Abraham a Santa

Clara stammen alle Lehrer von Hauenstein. In einem
alten Volkslied heißt es:

> Wie machen's denn die Schullehrer?
> Sie prügeln die Kinder, daß es kracht,
> Ihr Weib es mit ihnen nicht besser macht.

Ein solches Weib sollte sich ein Schulmeister unter
keiner Bedingung anschaffen. Der Winterthurer Lehrer
Hans Kugler, der im vorigen Jahrhundert lebte, hatte
wenigstens, wenn wir seiner Grabschrift glauben wollen,
kein solches, denn sonst hätte dieselbe nicht lauten
können:

> Hier schläft nach langer Arbeit sanft genug,
> Der Orgel, Schüler, Weib und Kinder schlug.

An einem gesunden Appetite scheint es dem Schulmeister der guten alten Zeit niemals gefehlt zu haben,
und er hat davon bei Kindtaufen, Hochzeitsfesten,
Metzelsuppen und Leichenschmäusen stets Zeugniß ab-
gelegt. „Schulmeisters Magen kann viel vertragen",
heißt es daher.

Auf seine Leistungsfähigkeit im Essen beziehen sich
auch folgende Verse eines Volksliedes:

> Und wenn im Dorfe Kindtauf' ist,
> Dann sieht man, wie der Schlingel frißt;
> Er frißt so viel, steckt auch noch ein —
> Ei, wer denn?
> Das arme Dorfschulmeisterlein.

> Und wird im Dorf ein Schwein geschlacht',
> Dann sieht man, wie der Schlingel lacht;
> Die größte Wurst muß seine sein —
> Ei, wem denn?
> Dem armen Dorfschulmeisterlein.

In einem deutschböhmischen Liede kommt folgender Vers vor:

Gibt's au was schainers
Als b' Schölmeisterei?
Bal is a Kindstaff,
Bal stirbt an alts Wei.

Zum wackeren Mitessen auf allgemeine Unkosten ist er häufig auch schon durch seinen sprichwörtlichen Kinderreichtum und die damit in Verbindung stehende Armut angewiesen, sonst hätte er ja nur nach einer alten Redensart Eselsarbeit bei Zeisigfutter, und er ist doch, wie Jean Paul sagt, nicht nur die Tugend, sondern auch der Hunger selber.

Die gebildeten Griechen reichten ihrem edelsten Schulmeister Sokrates den Giftbecher; eines solchen Verbrechens würden sich doch nicht die allerdümmsten deutschen Bauern schuldig gemacht haben.

Der Schulmeister ist bekanntlich niemals mit Glücksgütern gesegnet gewesen, aber daß auch ihn die Not zuweilen erfinderisch macht, davon erzählt uns Abraham a Santa Clara in seinem Buche „Huy und Pfuy!" folgenden Schwank:

„Ein Schulmeister wollte sein Stück Brod vermehren oder verbessern, hielt demnach bei einem reichen Dorff an um einen solchen Dienst; damit er aber desto leichter dazu gelangen möchte, gab er für, daß er könne schönes oder Regen-Wetter machen, wie mans von ihm verlange. Die Bauern waren in der Sach gar wohl zufrieden und schafften ihren Schulmeister ab und thäten diesen annehmen. Wie aber nun eine geraume Zeit verflossen, und dieser kein anderes Wetter gemacht,

also kommen die Bauern zu ihm und beklagen sich,
daß er seinem Versprechen nicht nachkomme. Er ent=
schuldigt sich höflich, daß sie sich derenthalben hätten
angesprochen, und ihn derenthalben hätten angesprochen,
sondern sie sollen sich unter einander vergleichen und
ihme nur sagen, wie sie es haben wollen. Die Bauern
endlich erscheinen sammentlich; sie konnten aber sich
derentwegen gar nicht vereinigen; denn einer wollte
seines dürren Landes oder Erdreichs einen Regen, der
andere aber, weil sein Acker in einem mossigen Grunde
liegt, verlangte schönes Wetter. Dieser so, der andere
anderst wollte das Wetter haben. Der Schulmeister
sagte endlich: Weil ihr euch nicht könt vergleichen, so
kan ich euch kein anders Wetter machen."

Doch nun zu unserm alten Thema, der schul=
meisterlichen Schnorrerei, zurück. Wie besänftigend und
zugleich ermutigend wirkt doch ein ausgewachsener
Schwartenmagen oder eine stramm gefüllte Blutwurst
auf das Gemüt des Lehrers! Ist der Schüler, der
ihn damit beschenkt, faul und ungezogen, so verstummt
gleich jeder Tadel; gerne erklärt er ihm die schwierige
Lektion mit auffallender Geduld noch zwei= oder drei=
mal und somit ist denn beiden, dem Schüler sowohl
wie dem Lehrer, geholfen. Die pädagogische Bedeutung
einer rechtzeitig angewandten Wurst ist noch lange
nicht ergründet. In früheren Zeiten ließ man die
Buchstaben aus Konsekt herstellen, um den Kindern
Geschmack am Lesen beizubringen — eine Wurst aber,
besonders wenn sie so lang ist, wie die der Schild=
bürger, thut unstreitig eine bessere Wirkung, und diese

2*

Wirkung erstreckt sich nicht nur auf den Magen und das gesamte Wohlbefinden des Lehrers, sondern auch auf die Bildung des Schülers und somit auf die ganze Kultur. Ein gut genährter Lehrer schwingt außerdem den Bakel wuchtiger, als ein dürrer; dies finden die wurstlosen Faulpelze gewöhnlich schnell heraus und setzen sich fleißig hinter ihre Bücher, nur um den Zorn des handfesten Schulmonarchen nicht herauszufordern. Auch auf diese Art dürfte schon mancher Rüpel zu einem anständigen Menschen geworden sein.

Ein früher erwähntes Volkslied hat uns gezeigt, daß man es dem Lehrer gewöhnlich übel nahm, wenn er bei Hochzeits= oder Kindtaufsfesten, zu denen er doch schon infolge seiner hohen Stellung eingeladen werden mußte, ungewöhnlich viel aß und sich außerdem auch noch die Taschen füllte: allein, da bei solchen Gelegen= heiten die besten Speisen und Getränke zu finden sind, so greifen natürlich alle Gäste tapfer zu, und der Schul= meister braucht mithin allein keine Ausnahme zu machen. Wenn er nun außerdem gelegentlich ein Stück Braten oder Kuchen in seine Rocktasche gleiten läßt, um Frau und Kinder damit zu erfreuen, so zeigt er einfach, daß er ein gutes Herz hat und als gewissenhafter Familien= vater die Seinigen nie vergißt. Der Kindtaufen und Hochzeiten giebt es denn doch auch nicht so viele mehr. Und wer wollte dem Schulmeister nicht dann und wann eine kleine Freude und Erholung gönnen! Sein Be= ruf ist wahrlich kein angenehmer; man lese nur folgenden gereimten Stoßseufzer, welcher dem dritten Bande von Erks „Liederschatz" entnommen ist.

Liebe Kinder, gebt doch acht,
Daß ihr's A B C recht macht!
Merket auf, ihr kleinen Fraßen,
Sonst kriegt ihr die Händ' voll Taßen!
Macht mir doch nicht so viel Zoren,
Sonst muß ich den Esel bohren.

Dürftet nit so arg verschrecken,
J komm no nit mit dem Stecken;
Aber wenn ihr ein'n auslachet,
Und euer' Sach' nit besser machet,
Dann hau i mit der Rute drein,
Gelt, so, so wird's besser sein.

Ist es nit ein hartes Ding
Um die Schulmeisterei!
Möchte lieber Kuhhirt sein,
Im Winter wär' ich frei!
Nichts als immer buchstabieren,
Nichts als immer syllabieren,
Federn schneiden, Tinte rühren,
Und beim Schreiben die Hand noch führen!
Ach, wie wird mir manchmal doch so warm!
Ach, daß Gott, daß Gott erbarm'!

Und welche pädagogische Ansprüche werden an den
Dorfschullehrer noch außerdem gestellt! Ist das Sprißen=
haus mit schrecklichen Figuren bemalt und mit unzüch=
tigen Versen beschrieben, so erwartet der Gemeindevor=
steher, daß der Lehrer den Übelthäter, einen seiner
Schüler natürlich, ausfindet und ihn zur Vernunft
bringt. Wird einem Bauern Obst aus dem Garten
gestohlen, so hat dies selbstverständlich ein Schuljunge
gethan, und die Aufgabe des Schulmeisters ist es nun,
denselben zu überführen und ihn zu bestrafen — kurz,

er kommt selten zur Ruhe. Beliebt macht er sich durch seine Thätigkeit als Spitzel und Strafrichter nun gerade bei dem größeren Publikum nicht; deshalb läßt denn auch der Volksmund kein gutes Haar an ihm und behauptet sogar, daß er von sieben bösen Geistern besessen sei; wenigstens geht dies aus einem 1701 zu Halle erschienenen, in kulturhistorischer Hinsicht wichtigen Büchlein hervor, das folgenden Titel führt:

„Sieben böse Geister, welche heutiges Tages guten Theils die Küster, oder so genannte Dorff=Schulmeister regieren;

Als da sind: 1) der stolze, 2) der faule, 3) der grobe, 4) der falsche, 5) der böse, 6) der nasse, 7) der dumme Teuffel. Welchem kömmt hinten nach gehuncken als ein Ueberleyer der arme Teuffel, aus dessen miserablen Auffzug und Erzehlungen der elende Zustand der armen Dorff=Küster einiger maßen zu erkennen.

> Die sollen sichs nicht nehmen an,
> Die keine Ursach haben dran.
> Mit angefügten sieben Küster-Tugenden.
> Cosmopel. auff Unkosten der Societät.“

Jede unangenehme Eigenschaft und jedes Laster wurde bekanntlich früher auf den Teufel zurückgeführt. Auch Luther huldigte dieser Ansicht, weshalb er auch gelegentlich von einem Sauf=, Reise=, Wallfahrts= und A B C=Teufel spricht. Man hatte früher Pluderhosen=, Spiel=, Tanz=, Pestilenz=, Ehe= und Faulheitsteufel und noch gar viele andere, weshalb es doch ein Wunder gewesen wäre, wenn sich nicht eine Anzahl derselben mit dem Schulmeister verbunden hätte.

Johann Gottfried Zeidler, der Verfasser des so-
eben genannten Büchleins, war ein Geistlicher und ein
geschworener Feind der Schulmeister. Doch ist er insofern nicht einseitig, als er jeden gelehrten Beruf für
eine Strafe Gottes hält; denn, so argumentiert er,
wenn der Mensch nicht unsinnig fräße, söffe oder sonst-
wie gegen die Natur lebte, dann brauchte man keine
Ärzte; wenn jeder sich mit dem anderen vertrüge, so
würden Richter und Soldaten überflüssig; wenn jeder
fromm und gottesfürchtig lebte, so brauchte man keine
Prediger, und — man erlaube den eigenmächtigen Zu-
satz — wenn jeder gescheut und gelehrt auf die Welt
käme, so müßten sich die Schulmeister nach einem anderen Geschäfte umsehen. Dabei will nun noch jeder
hoch hinaus. Der Edelmann will Baron, der Priester
Superintendent und der Schulmeister Geistlicher sein;
und doch ist der Schulmeister nur dazu berufen, Taufwasser zu holen, die Glocke zu läuten, die Kirche zu
kehren und die Lichter darin zu putzen. Aber er will
nicht mehr Schulmeister, sondern Schulherr sein, weil
das Wort Meister zu sehr an einen Handwerker erinnert, und weil man auch nicht Pfarrmeister, sondern
Pfarrherr sagt.

Der Zeidlersche Dorfschulmeister verlangt, daß das
vierte Gebot dahin geändert werde, daß es laute: „Du
sollst deinen Schulvater und deine Schulmutter ehren!"
Der Schulmeister nimmt ferner für sich das Recht in
Anspruch, jeden auf der Straße anzuschnauzen und
anzueseln; in der Kirche will er den Pfarrer beim
Singen überschreien und plärrt, daß es klingt wie das

Jauchzen eines Narren, der um Mitternacht aus der Schenke kommt. Und doch heißt es im neuen Testament nicht: „Singet dem Herrn mit eurem Maul“, sondern: „Singet dem Herrn mit eurem Herzen!“

Die Gefräßigkeit der Schulmeister hat sie zu perfekten Kindtaufsmathematikern gemacht, denn sie erfahren durch ihre Weiber, wann eine Frau aus der Gemeinde in die Wochen kommt, viel sicherer als der betreffende Ehemann, und richten dann ihre Haushaltung zeitig nach dem erwarteten Schmause ein. Dabei geben sie vor, in allen Wissenschaften bewandert zu sein und alle sieben Künste gefressen zu haben. Der Kirchturm ist ihr Observatorium, auf dem sie neue Sterne entdecken, d. h. sehen, wie die Bauern nachts mit der Laterne aus der Schänke schwanken.

Weil der Schulmeister, so schreibt Zeidler weiter, nach seiner Ansicht zum geistlichen Stand gehört, so glaubt er auch das Recht zu haben, faul zu sein. Am Neujahrstag singt er in der Kirche so leise, als laufe ein Hahn über heiße Kohlen; doch er schont sich nur deshalb, um später, wenn er den Bauern der Reihe nach das Neujahr ansagt, desto heller schreien zu können. Während der Predigt schläft er gewöhnlich oder schleicht sich heimlich ins Wirtshaus. Soll er etwas für den Pfarrer besorgen, so ist er entweder krank oder hat schnell etwas Wichtiges zu thun. Mit seinem Priester geht er um, als habe er mit ihm die Schweine gehütet; ja, er erkühnt sich sogar, in der Nähe desselben auszuspucken. Seine Frau schickt er beständig im Dorf herum, Speck, Eier und Würste zu

betteln oder auf Borg zu holen, wohl wissend, daß
sich die Bauern fürchten, Bezahlung dafür zu verlangen,
da er sich sonst an ihren Kindern schadlos halten
würde. Wenn er bei Gastereien Fleisch vorschneidet,
so behält er stets das größte Stück für sich; außerdem
nimmt er auch stets seine Frau mit, damit dieselbe
Fleisch und Kuchen unter ihrer Schürze verschwinden
lassen kann, worüber Zeidler ein lustiges Stücklein erzählt, das ich hier mit einigen Abkürzungen folgen
lassen will.

„Eine Schulmeisterin meynete, sie wolte ihren Vor-
rath recht verwahren, nähte sich einen alten Leinwand-
Strumpf zusammen wie einen Sack, und hing ihn
untern Rock zwischen die Beine, darein sie ihr Fleisch,
Fische und Braten hinein pansete. Es wäre auch
richtig angangen, wenn es nicht die naseweisen Hunde
unterm Tische gerochen und den herunter paumelnden
Sack angepackt, und weil er feste angebunden, die Frau
Schulmeisterin mit dem Sacke untern Tisch gezogen.
Dann ist sie von den großen Schaf-Hunden so braun
und blau gezwackt und getreten worden, als wenn ihr
Bauch ein Schiebkarren gewesen, auf welchem man
Heidelbeern zu Marckte geführet hätte."

Die Grobheit und Flegelei des Schulmeisters ist
unvergleichlich. Nach Zeidler wurde einst ein grober
Klotz in ein Dorf gerollt, und da die Bauern nicht
wußten, wie sie ihn verwerten sollten, so beschlossen sie,
einen Schulmeister daraus zu machen.

Was Falschheit und Schleicherei anbelangt, so
können es die Schulmeister nach Zeidler mit dem

Teufel aufnehmen. Freundlich sind sie nur dann, wenn
sie einen Schinken im Salz liegen, d. h. wenn sie etwas
auf dem Gewissen haben. Zeidler schreibt wörtlich:

„Sonderlich machen sich die Küster= (Schulmeister=)
Weiber bei allen Leuten stinckend, wenn sie mit dem
Strickzeug im Dorffe herumb hausiren gehen, und
neue Zeitungen herumb tragen, und den Leuten nach
dem Maule reden, thun als meyneten sie es mit ihnen
gut, sagen ihnen, was dieser und jener von ihnen ge=
redet, aber nur im Vertrauen, wollens nicht gestehen,
stifften Feindschaft zwischen dem Pfarrer und den
Bauern, und zwischen Nachbarn und Nachbarn.“

Zum Beweise, daß der Schulmeister stets auf
seinen eigenen Nutzen bedacht und daß ihm kein Mittel
zu schlecht ist, denselben zu fördern, erzählt Zeidler folgende
Geschichte:

„Es war ein Priester, der ließ zwey Schweine
schlachten, und davon ein Hauffen Würste machen.
Nun hatte ihm ein jeder Bauer, so offt er schlachten
lassen, eine Wurst geschickt, und dem Priester ward
bange, wenn er nach der Regel: Wurst wieder Wurst,
einem jeden wieder eine Wurst schicken solte, so würde
er ihrer wenig behalten, wuste derhalben nicht, wie er
thun sollte. Der Schulmeister gab ihm den guten
Rath, er solte die Schweine des Abends, wenns tunkel
werden wolte, vor die Thür hinaus hengen, und vor=
geben, sie wären ihm gestohlen. Wolan, was geschicht?
Der Schulmeister kömpt und stielet die Schweine in
Ernst, und da sich nun der Pfarrer gegen den Schul=
meister deshalben beklaget, spricht er: „Ja, ja Herr

Pfarrer, Er bleibe nur dabey, daß die Schweine im Ernst gestohlen seyn, ich wil auch so sagen, es wird ihm keiner keine Wurst abfordern." Damit behielt der Schulmeister die Schweine, und der Pfarrer muste es haben, als hätte ihn ein Hund gebissen."

Pastor Zeidler teilt diese Geschichte unstreitig deshalb mit, um die Schulmeister als geriebene Spitzbuben hinzustellen, und übersieht dabei, daß hier der Pfarrer auch gerade nicht im günstigsten Lichte erscheint; dieser glaubte nicht an die Wahrheit der alten Redensart „Wurst wieder Wurst"; er nahm von jedem Bauern gern eine Wurst, war aber so habgierig, keinem eine von den seinigen zu gönnen. Alte deutsche Dorfschulmeister pflegen diese weitverbreitete Geschichte deshalb bei jeder passenden Gelegenheit aufzuwärmen und mit allerlei Zuthaten zu versehen, um zu beweisen, daß sie jederzeit klüger als ihre geistlichen Vorgesetzten seien.

Zeidler läßt überhaupt kein gutes Haar am Schulmeister. Er sagt ihm nach, daß er sich einen bissigen Hund halte, nur damit er zu Hause vom Pfarrer nicht überrascht werden könne. Daraus geht nun hervor, daß letzterer gerne den Spion spielt, und Spione sieht doch kein Mensch gerne. In der Schule poltert der Lehrer beständig; er martert und tyrannisiert die Kinder und geberdet sich dabei wie ein Henker oder Scharfrichter. Diesem ungünstigen Urteil fügt er folgende Reime, die er vorher für ein Pasquill gehalten, zur Bekräftigung bei:

Der Hencker zu dem Küster kam,
Er sprach zu ihm: Mein lieber Compan,

Du kanst wohl läuten, ich kan wohl hengen,
Wir nehren uns. beyde von den Strengen,
Zieh ich auff, so zeuchst du nieder,
Was dir entläufft, das sah ich wieder,
Drumb sind wir beyde geschworne Brüder.

Will der Schulmeister einen Jungen prügeln, so muß derselbe seinen Rücken entblößen und Kopf und Beine durch die Sprossen einer Leiter stecken, damit er sich nicht regen kann und sich der Körperteil, dem die Schläge zugedacht sind, in ungehinderter Strammheit befindet. Zuweilen dekliniert der Schulmeister auch folgendes Strafurteil:

Nominativo.	Leg dich,
Genitivo.	Streck dich,
Dativo.	Ueber die Banck.
Accusativo.	Machs nicht lang.
Vocativo.	Es thut mir weh.
Ablativo.	Thu es nicht meh.

Zeidler ist ein entschiedener Gegner der körperlichen Züchtigung, was in jener Zeit, da man Prügeln und Erziehen für gleichbedeutend hielt — „licking and learning go together" sagten die amerikanischen Lehrer früher — viel heißen will.

Der sechste Teufel, von welchem nach Zeidler die Schulmeister, die bekanntlich zu gleicher Zeit auch Kantore waren, besessen sind, ist der nasse, d. h. der Saufteufel. Kanne und Kantor allitterieren. Vom vielen Singen wird die Kehle trocken und versagt den Dienst, und große Ausgaben müssen durch große Einnahmen gedeckt werden. Zeidler sagt:

„Was die Schulmeister vor einen habitum po-
tandi haben, ist daraus zu erkennen, daß einsmahls
ein Küster, als er des Sonnabends gesoffen, und darauff
Sonntags unter der Predigt schlieff, und da die Predigt
bald zum Ende, ihn die Knaben aufweckten, und sagten:
Es ist aus. Antworte: Nun so schenkt's wieder ein
und gebt's dem Schultzen."

Betreffs des Trinkens der Schulmeister teilt auch
H. Frischbier in seinem Werke „Preußische Volksreime
und Volksspiele" (Berlin 1867) einen derben Vers mit,
den ich meinen Lesern nicht vorenthalten will:

> Unser Herr Kanter,
> Der Schnapsverwandter,
> Er sitzt lieber bei'm Bierglas
> Als bei'm Tintfaß;
> Er verteilt die Bibel
> Und versetzt den Mantel,
> Ist das nicht übel
> Von dem Herr Kanter?

Als Anhang zu dem Werke Zeiblers, von dem
der verdienstvolle Leipziger Schulmann Albert Richter
1892 eine neue Ausgabe veranstaltete, kommt „der
arme Teuffel hinterher gehunden".

Daß der echte Schulmeister von jeher arm war,
ist eine historische, allgemein bekannte Thatsache, die
keines Beweises bedarf. Auch der verdienstvolle Märchen-
sammler Joseph Haltrich, der nebenbei gesagt, ein
Kollege Zeiblers war und in Siebenbürgen wohnte,
deutet in seiner Erzählung „Der Schulmeister und der
Teufel" (Volksmärchen aus dem Sachsenlande in Sieben-

bürgen. Gesammelt von Joseph Haltrich. 2. Aufl. Wien 1877) darauf hin.

Besagter Schulmeister wurde von seinem Pfarrer auf eine ihm gehörige Wiese geschickt, um dort Frohn= dienste zu verrichten. Nun grenzte merkwürdigerweise die Wiese des Pfarrers an die des Teufels; letzterer nahm nun den Schulmeister, der eine erstaunliche Kraft= probe geliefert, mit sich in die Hölle, um sich ihn dort dienstbar zu machen. Allein der überaus schlaue Schul= meister flößte allen Teufeln bald eine solche Angst ein, daß sie froh waren, ihn gegen Verabfolgung eines Sackes voll Gold los zu werden. Dieser Sack wurde ihm jedoch später gestohlen.

Dieses Märchen enthält für alle Schulmeister eine unbezahlbare Moral, denn es zeigt den Kindern, daß ein Lehrer, der die stärksten Teufel zu besiegen vermag, auch mit den ungeschliffensten Rüpeln in der Schule fertig werden kann. Aus diesem Grunde habe ich es auch in mein „Lesebuch für deutsch=amerikanische Schulen“ aufgenommen, und ich hoffe, daß infolgedessen meine Kollegen sich veranlaßt fühlen, besagtes Lesebuch zur Erhöhung des Respektes vor dem Lehrerstande in ihren Schulen einzuführen.

Geklagt hat nun der Haltrich'sche Teufelsschul= meister gerade nicht sonderlich über den Verlust des goldgefüllten Sackes; vielleicht war er in dieser Hinsicht ebenso idealistisch angehaucht, wie sein Kollege, der so= genannte Burg=Balzer, dessen Lebensgeschichte der Kultur= historiker W. H. Riehl in seiner, nun auch für den

amerikanischen Schulgebrauch bearbeiteten Novelle „Burg
Neideck" mitteilt.

Auch dieser Schulmeister, der die faulsten Schüler
zur Strafe das Vieh hüten ließ und dabei ausfand,
daß jeder der faulste sein wollte, war von einer unge-
wöhnlichen Tapferkeit beseelt, so daß er, als jene Burg
einst in Gefahr geriet, vom Feinde überrumpelt zu
werden, der einzige von der Besatzung war, der für
Verteidigung bis zum letzten Mann stimmte. Nachdem
die Belagerungstruppen abgezogen waren und sich auch
die Leidensgefährten Balzers, um ferneren kriegerischen
Überfällen aus dem Wege zu gehen, in Sicherheit gebracht hatten, da blieb er allein auf seiner geliebten
Burg zurück und zeigte sich dadurch als treuer, heimat-
liebender Deutscher. Selbst als ihm eine bessere Stelle
angeboten wurde und ihm dadurch zu gleicher Zeit Gelegenheit geboten war, sich mit einer reichen Bauerntochter zu verheiraten, verließ er seine Burg nicht und
blieb Junggeselle.

In dieser Hinsicht war er ebenso konservativ, wie
der von Immermann entdeckte und in seinem „Münchhausen" beschriebene Schulmeister Agesel mit der Buch-
stabiermethode. Dieser Agesel lehrte und wohnte in
einer elenden Lehmhütte. Zur Belohnung erhielt er
jährlich dreißig Gulden; außerdem zahlte ihm jeder
Knabe 12 und jedes Mädchen 6 Kreuzer. Dann hatte
ihm auch die Gemeinde einen Grasplatz für ein Rind
eingeräumt, sowie ihm das Recht verliehen, zwei Gänse
kostenfrei auf die Kommunalwiese zu schicken. Er lehrte
nach altväterlicher Weise Lesen und Schreiben; er buch-

stabierte, wie seit Hunderten von Jahren, und brachte
wenigstens die fähigsten Köpfe dahin, daß sie ohne besondere Anstrengung lesen und auch, wenn man ihnen
die nötige Zeit ließ, schreiben konnten.

Als ihm nun der obrigkeitliche Befehl zukam, seine
bisherige „rohe Empirie zu rationalisieren" und ihm zum
Selbstunterrichte eine deutsche Sprachlehre zugeschickt
wurde, las er dieselbe erst von vorne nach hinten und
dann von hinten nach vorne durch, ohne über die
Stamm=, Mit=, Um=, Auf= und Inlaute und über die
Hervorbringung derselben durch Säuseln, Zischen, Näseln
und Gurgeln ins Klare zu kommen. Er las hier auch
zum ersten Male, daß die Sprachen Haupt= und Neben-
wurzeln trieben und daß das J der reine Urlaut sei.
Da wußte er sich mit dem redlichsten Willen nicht zu-
recht zu finden; selbst Gott, zu dem er in seiner Not
flehte, ließ ihn im Stich. Verzweifelnd legte er das
Buch beiseite, fütterte seine Gans und gab einem Jungen,
der ihm mitteilte, sein Vater wolle das Schulgeld nicht
für ihn bezahlen, zwei kräftige Maulschellen; dann verzehrte er eine Knackwurst, um sich körperlich zu stärken,
und als dies nicht half, aß er einen bis an den Rand
gefüllten Senftopf leer, denn er hatte gehört, dieses
Gewürz schärfe den Verstand; doch auch dies war ver-
gebliches Bemühen. Nun setzte er sich zu seiner Kuh
auf den Gemeindeweideplatz, stemmte die Arme in die
Seiten und stieß einen so sonderbar verdünnten und ge-
trübten Stimmlaut hervor, daß ihn jenes Rindvieh ver-
wundert anblickte und daß die Bauern, die diesen
Lautierübungen zufällig zuhörten, erklärten, der Schul-

meister sei übergeschnappt, denn er quieke ja wie ein Ferkel.

Und als nun die Frist abgelaufen war, die man ihm zur Erlernung der neuen Sprachmethode gewährt hatte, da stellte es sich heraus, daß der konservative Schulmeister wirklich übergeschnappt und zu der Über= zeugung gekommen war, daß er eigentlich von den Spartanern, die sich nicht mit Um= und Brustlauten gequält, abstamme und daß seine Vorfahren eigentlich Agesilaus geheißen hätten. Infolge dieser Entdeckung hatte er auch schnell seine Schule lakedämonisch einge= richtet und zwar als Korrektivum für die vernachlässigte, abgeschwächte, übergelehrte, sophistische Zeit. Er ließ die Jungen stehlen, um sie in List und Kühnheit zu üben; er erregte Zank und Streit unter ihnen, um Heldenmut hervorzurufen, und obgleich die Jungen daran auf= richtigere Freude fanden und auch darin sichtlichere Fortschritte als im Buchstabieren machten, so ging er doch seiner Stelle verlustig und mußte froh sein, daß ihm der gute Münchhausen ein Gartenhäuschen zur Verfügung stellte, in dem er seinen spartanischen Träu= mereien nachhängen konnte.

Wir sehen aus dem Bisherigen, daß man in der guten alten Schulmeisterzeit stets den Stock als die Wünschelrute betrachtete, mittelst dessen man die guten Eigenschaften eines Zöglings zur Entfaltung brachte. Dieser Glaube ist übrigens noch nicht ganz verloschen, selbst in Amerika nicht, wo die jungen Damen nichts so sehr wünschen, als Lehrerin zu werden und im In= teresse des Fortschrittes den Knaben den Rücken durch=

zubläuen. Wenigstens deutet folgender, viel verbreiteter
Vers darauf hin:

„I would I were a schoolma'am,
And among the schoolma'ams band,
With a small boy stretched across my knee,
And a ruler in my hand."

Die historische Dachtel, die einst der Turnvater
Jahn unter dem Siegesthor in Berlin einem seiner
Jünger angedeihen ließ, ist in ihrer Wirkung nur mit
der Ohrfeige zu vergleichen, durch die ein Schulmeister
den amerikanischen Flottenoffizier Dewey zum Besieger
der spanischen Flotte machte. Hat der deutsche Schul=
meister die Schlachten von Königsgrätz und Sedan ge=
wonnen, warum sollte der amerikanische Kollege weniger
erfolgreich sein?

In der Neuzeit machte durch die amerikanischen
Zeitungen folgende Notiz die Runde:

Ein alter Herr, der bei New York lebt, nimmt für
sich halb und halb das Verdienst in Anspruch, den jetzt
weltberühmten Sieger von Manila einst auf den rechten
Weg gebracht zu haben. Er erzählt: „Ich begann einst
meine Laufbahn als Schulmeister in Vermont, in einer
Gegend und Schule, wo die Jungen gewohnt waren,
ihre Lehrer durchzuprügeln. Es wurde mir hinterbracht,
daß sie im Sinne hätten, ihre Hand auch an mir zu
versuchen. Um auf alle Fälle vorbereitet zu sein, schaffte
ich mir einen tüchtigen Stock an. Es dauerte auch
nicht lange, so machten sechs, mit dem ausgelassenen
George Dewey als Anführer, den Versuch, den neuen
Lehrer mit einer Tracht Prügel zu bedenken. Doch ich

machte guten Gebrauch von meinem Stock. Dewey kam besonders schlecht weg dabei; er wurde beim Kragen gepackt und durchgewalkt, bis er um Gnade schrie. Vor nicht langer Zeit, als Dewey bereits Kommodore war, begegnete er mir, und mich an jene Begebenheit in seinem Knabenalter erinnernd, gestand er, daß diese Tracht Prügel der Wendepunkt in seinem Leben gewesen, und er dadurch geworden, was er sei. Das Land verdankt seinen Helden Dewey also mir."

Der Verüber jener Ohrfeige war auf keinen Fall ein amerikanischer Schulmeister, denn sonst hätte er sicherlich mit seinem Namen nicht hinter dem Berge gehalten, sondern energisch darauf gedrungen, daß ihm Präsident McKinley in Anbetracht seiner Verdienste um das Vaterland einen gut dotierten Gesandtschaftsposten anbiete. Auf jeden Fall ist es ein deutscher Pädagoge gewesen, der infolge seines Überflusses an Bescheidenheit den Mund gehalten hat. Kein Wunder, daß die Leistungen der deutschen Lehrer in Amerika so selten und so langsam zur Anerkennung gelangen!

Neujahrsgebräuche.

Janus, der älteste römische Gott, wird bekanntlich mit zwei Gesichtern abgebildet, wovon das eine rückwärts in das verflossene goldene Zeitalter und das andere vorwärts in die unbekannte Zukunft blickt. Römische und etruskische Bilder stellen ihn mit einem bärtigen Doppelkopf dar; doch giebt es auch altgriechische Münzen, auf welchen das eine Gesicht ohne Bart erscheint, um anzudeuten, daß Janus als Chaos oder Urgott die männliche und weibliche Natur in sich vereinigt, oder mit anderen Worten zugleich Sonnen= und Mondgott ist. Als solcher öffnet und schließt er die Thore des Himmels nach Gutdünken; er ist also Beherrscher des Firmamentes und führt zum Zeichen dieser Amtswürde Schlüssel und Stab.

Am ersten Januar herrschte bei den alten Römern große Freude; sie flehten alsdann zu Janus und baten ihn inbrünstig, dem neuen Jahre doch einen günstigen Anfang zu bescheeren. Der erste Vogel, der sich an genanntem Tage zeigte, prophezeite die Zukunft. Wer ein Gewerbe hatte, lag demselben ob, allerdings nur auf eine Stunde, um anzudeuten, daß er willens sei, das ganze Jahr hindurch zu arbeiten. Man opferte dem Janus Honigkuchen, Wein, Früchte und Salzmehl.

Damit sich am ersten Januar ein Jeder freue und der Zukunft hoffnungsvoll entgegen sehe, hatten, nach Tacitus und Suetonius, die Römer den Gebrauch eingeführt, zahlreiche Geschenke zu verteilen.

Das Jahr der alten Deutschen begann mit der Wintersonnenwende, also mit der sogenannten Julzeit, die vom 25. Dezember bis zum 6. Januar dauerte. Während dieser Zeit ruhte jede Arbeit und jeder Streit, damit sich alle der ungetrübten Festfreude hingeben konnten. Auf dem Herde brannte alsdann, wie noch heute in einigen hessischen Dörfern der Lahngegend, dem Hauptgott Wotan zu Ehren der Julklotz, und von den Bergen rollte man Feuerräder, da sich unsere Vorfahren die Sonne unter dem Bilde eines Rades (Jul) vorstellten. Dieses Sonnenrad wurde später durch die Gestalt der Bretzel und Kringel veranschaulicht, womit man sich auf Weihnachten und Neujahr beschenkte.

Auch das Neujahrsfest der Perser ist, wie J. W. G. Benjamin („Persia and the Persians", Boston 1887) berichtet, aus der alten Feuerverehrung hervorgegangen; doch geben dieselben, da sie mit wenigen Ausnahmen der muhamedanischen Religion huldigen, gewöhnlich vor, sie feierten dasselbe zur Erinnerung an die Geburt der Mutter des Propheten. Am Anfange dieses Festes, welches zehn Tage dauert, wird ein mächtiges Feuer angezündet und jeder, der sich nach einem glücklichen Jahre sehnt, springt alsdann durch die Flamme.

Alles, was das Glück der Zukunft beeinträchtigt, muß am Neujahrstage sorgfältig vermieden werden. In Wales zahlt man an diesem Tage kein Geld aus, denn man befürchtet, es würde einem sonst im Laufe des Jahres an diesem kostbaren Metalle fehlen. In Schottland glaubt man, daß das Glück oder Unglück von der Haarfarbe des ersten Besuchers abhängt; da blondes Haar Glück, braunes hingegen Unglück bringt, so sorgt man zeitig dafür, daß in der Sylvesternacht beim zwölften Glockenschlag schnell ein blondhaariges Mädchen in das Zimmer hüpft. In Rumänien weiht man am Neujahrstage das Wasser, um die darin hausenden bösen Geister zu bannen. Auf der Insel Man machen die Fischer auf den Zaunkönig Jagd, da dieser einer alten Sage nach früher eine Sirene war, welche die jungen Fischer in ihre Netze lockte.

Wer in Venedig am Neujahrstag zuerst einem Manne begegnet, hat Glück; eine Frau hingegen bringt Unglück und ein Gerichtsdiener einen Prozeß. Der junge Schottländer, der auf Freiersfüßen geht, beeilt sich, an jenem Tage als erster Besucher bei seiner Angebeteten zu erscheinen, und wenn ihm dies gelingt, so hat er begründete Aussicht auf ihre Hand. Ein solcher Besuch wird „first footing" genannt.

Wer nach Bechstein auf Neujahr Bier trinkt, wird sich ein ganzes Jahr lang gesunder, blühender Gesichtsfarbe erfreuen. Auch trifft ein Neujahrsnachtstraum ebenso sicher ein, wie der Traum desjenigen, der zum ersten Male in einem fremden Hause schläft.

In Irland backen die Landleute am genannten

Tage Pfannekuchen und werfen dieselben gegen die
Thüre, um, wie sie sagen, den Hunger während des
Jahres fernzuhalten. Auch glauben sie, daß derjenige,
der alsdann recht viel esse, bis zum nächsten Neujahr
keinen Mangel an Nahrung leide. Einer ähnlichen
Ansicht huldigt man auch im Westen von Nordcarolina.

In einigen Gegenden des Rheinlandes bäckt man
auf Neujahr gerade so viele Kuchen, wie Personen im
Hause sind; jedem derselben wird vorher ein Name gegeben und dann ein Loch mit dem Finger hinein gemacht. Schließt sich dieses nun während des Backens,
so stirbt die Person im Laufe des Jahres, nach welcher
der Kuchen genannt worden ist.

Wer in Hessen auf Neujahr ein frisches Hemd anzieht, bekommt den Körper voller Geschwüre. Wer dort
Weißkraut ißt, hat ein Jahr lang keinen Mangel an
Silbergeld. In mehreren Gegenden Deutschlands verzehrt man auch zu diesem Zwecke Häringe oder gelbe
Rüben. Wer am Rhein blaues Mus ißt, schützt sich
gegen Fieber.

Wer sich am Sylvesterabend auf einen Kreuzweg
stellt und in die Höhe blickt, sieht den Himmel offen
und erfährt alles, was sich im neuen Jahre zutragen
wird. Auch kann man seine Zukunft dadurch leicht ausfinden, daß man in der Neujahrsnacht ein Buch, vorzugsweise die Bibel, im Dunkeln aufschlägt; der Vers,
auf den das Auge fällt, giebt die gewünschte Auskunft.
Hat man ein Gesangbuch ergriffen und ein Begräbnis-
lied aufgeschlagen, so wird man innerhalb eines Jahres
das Zeitliche segnen.

Wenn junge Mädchen in der Sylvesternacht geschmolzenes Blei durch einen Schlüsselkamm in kaltes
Wasser gießen, so können sie aus den Formen, welche
die Bleistückchen annehmen, auf das Gewerbe ihres Zukünftigen schließen. Das schlesische Mädchen, das beim
zweiten Sylvesterläuten inbrünstig betet, bekommt sicherlich bald einen Mann. In mehreren Gegenden Deutschlands holen die Mädchen am Sylvesterabend Wasser
und jedes wirft alsdann einen besonderen Gegenstand
hinein. Dieselben lassen sie am folgenden Morgen
durch Kinder herausfischen, und das Mädchen, das sein
Eigentum zuerst zurück erhält, kann sich bald mit dem
Brautkranz schmücken. Ein ähnlicher Gebrauch herrscht
auch bei den Slowenen.

Hat in Oberbayern ein Bursche Absichten auf ein
Mädchen, so begiebt er sich am Sylvesterabend, oder
auch schon vorher, nebst einigen erwählten oder auch
unwillkommenen Begleitern vor deren Haus, um sich
vorerst am hellerleuchteten Fenster zu vergewissern, ob
er eintreten kann. Gewöhnlich weiß das Mädchen schon
wochenlang vorher, daß der oder jener, dem sie es
angethan, erscheinen wird. Unter die Versammelten verteilt nun die Haustochter allerlei Selbstgebackenes.
Einem von den Burschen giebt sie bloß die Hälfte eines
vor seinen Augen zerbrochenen Stückes Marzipan,
während sie die andere Hälfte selbst behält. Die besondere Form dieses Gebäckes, sowie auch die ceremonielle
Überreichung desselben bietet ihm die Gewähr, daß seine
Bewerbung von seiten der Eltern gutgeheißen wird
und ist auch zugleich die verschwiegene Erlaubnis zum

„Kammerfensterln". Ist er dagegen übergangen worden,
so giebt er ein= für allemal seine Absichten auf das
Mädchen auf, wie andererseits auch seine Rivalen, wenn
er Glück hatte.

Wer in Franken, wie Pastor Halm in seinem Buche
„Vom Unterland" erzählt, in der Sylvesternacht einen
sauren Häring genießt und sich, ohne vorher zu trinken,
ins Bett begiebt, der sieht im Traume, wie ihm seine
zukünftige Gattin einen Labetrunk verabfolgt. Hintergeht
in genannter Gegend eine Jungfrau ihren Liebhaber, so
streut ihr dieser in jener Nacht Häcksel vor die Thür.

Auf der deutschen Sprachinsel Gottschee in Krain
holen nach Dr. Hauffens Mitteilung die Mädchen in
der Sylvesternacht Holz aus dem Schuppen, ohne dabei
die Scheite zu zählen; stellt es sich später heraus, daß
die Zahl derselben gerade ist, so giebt's bald Hochzeit.
Dort soll auch das Wasser um die betreffende Zeit
Wein, Gold und Blut enthalten; rührt man dann mit
einem Stocke darin herum, so bleibt das Gold daran
hängen.

In Mecklenburg wirft der junge Bursche seiner
Herzallerliebsten am Sylvesterabend die sogenannte
„Wepelbrot" durch das Fenster. Dieselbe besteht aus
einem Weidenreifen, dessen Speichen mit Goldblech ver=
ziert und mit Äpfeln besteckt sind, und mithin eine ver=
änderte Gestalt des altdeutschen Sonnenrades ist.

In Ostpreußen wird in der Sylvesternacht der
Ofen stark geheizt, damit die Toten, deren Besuch man
erwartet, sich wärmen können; auch schmückt man die
Stube aus, damit sie sich darin behaglich fühlen. Streut

man Asche auf die Ofenbank, so kann man am nächsten
Morgen ersehen, ob sich die Verstorbenen eingefunden
hatten oder nicht.

Fast überall auf der Erde, wo man Neujahr feiert,
erwarten die armen Leute, besonders die Dienstboten,
Geschenke, wofür sie natürlich dem Geber alles erdenk=
liche Glück wünschen. Wer im 16. Jahrhundert in
England einem Mädchen eine Nadel schenkte, brachte
sich in den Ruf beispielloser Freigebigkeit, denn jenes
„weibliche Hausgerät" war damals sehr teuer.

In vielen Gegenden Deutschlands geht der Flur=
schütz, der Nachtwächter und der Ortsdiener auf Neu=
jahr herum, „klopft" bei den Bauern an und bringt
seinen Glückwunsch dar. Diese Glückwünsche, die meisten=
teils gereimt sind, führten in früheren Jahrhunderten
den Namen „Klopfan". Das Wort „klopfen" oder
„kloppen" wird heute noch von Handwerksburschen für
betteln gebraucht und läßt sich auf den Umstand zurück=
führen, daß viele Hausthüren mit eisernen Klöppeln
anstatt mit Schellenzügen versehen sind.

Ein von A. Treichel in seinem Werke „Volks=
lieder und Volksreime aus Westpreußen" (Danzig 1895)
mitgeteilter Neujahrswunsch lautet:

„Ich wünsche Dir zum neuen Jahr',
Sollst brummen als ein Bär,
Sollst bellen wie ein Hund,
Gott laß dich gesund."

Die Musikanten der bayerischen Dörfer des Rhön=
gebirges gehen auf Neujahr von Haus zu Haus, spielen
einige Stücke und einer derselben spricht dann:

„Ich wünsche euch Glück zum neuen Jahr,
Was ich wünsche soll werden wahr:
Tausend Stück Dukaten,
Und einen Hammelbraten.
Prost Neujahr!“

Junge Burschen pflegen ihrem Glückwunsch in der
Neujahrsnacht vor dem Hause der Geliebten durch einen
donnernden Schuß Ausdruck zu geben; darauf werden
sie entweder gleich zu Kaffee und Waffeln oder, wie
in der Pfalz, auf den folgenden Sonntag zum Mittagessen eingeladen. Durch letzteren Gebrauch, den man
das „Neujahrsverzehren“ heißt, wird dem Burschen
angedeutet, daß er, ohne Furcht, einen Korb zu erhalten,
seine Werbung vorbringen kann.

Dieses Neujahranschießen hat außerdem den Zweck,
die Hexen zu vertreiben und die Bäume zum reichlichen
Fruchttragen zu ermuntern. Um letzteres zu erzielen,
schüttelt man auch um die betreffende Zeit die Bäume
und bewickelt sie, indem man einige Zauberworte spricht,
mit Strohseilen.

In Hessen gebraucht man bei dieser Gelegenheit die
Worte:

„Bäumchen schlaf' nicht,
Frau Holle ist da.“

denn jene Göttin soll in der Neujahrsnacht ihren altgewohnten Umzug halten.

Damit die Hühner ihre Eier nicht auf fremden
Grund legen, werden in Ostpreußen die Zäune geschüttelt
und dabei die Worte gesprochen:

„Die Eier für uns,
Das Krackeln für euch“.

Im allgemeinen gilt der erste Januar überall als
ein Tag der Freude; selbst die Sträflinge in Sibirien
haben alsdann einen Feiertag. In England trinkt man
ein starkes, mit allerlei Gewürzen versetztes Ale, das
merkwürdigerweise den Namen „Lambs wool" führt.
Dort hatte man auch bis zu Anfang dieses Jahr=
hunderts einen Gebrauch, welcher „beating the bounds"
oder „bounding the parishes" hieß und der den Zweck
hatte, der jüngeren Generation die Ausdehnung der
Dorfgrenzen genau einzuprägen.

Ein ähnlicher Gebrauch herrscht in Obersteiermark,
nur mit dem Unterschied, daß dort die Gemeinde=
berainung an einem Tage im Frühling stattfindet. Alle
zwei, fünf oder zehn Jahre wird ein Tag festgesetzt,
an welchem der Gemeindevorstand nachsieht, ob die
Markzeichen noch unverrückt stehen; dazu nimmt er das
junge Volk mit, geht von einem Grenzzeichen zum
andern und giebt bei jedem den Jungen eine Ohrfeige,
damit sie daran denken, wo sich die Grenzen befinden.
Ob man nun in einigen Gegenden Deutschlands die
Ohrfeige deshalb Dachtel nennt, weil dabei etwas vom
Empfänger derselben gedacht werden muß, darüber sind
sich die Sprachforscher noch nicht einig.

Im wilden Galloway in Westschottland ziehen auf
Neujahr die sogenannten „white boys" oder „Gala=
tians" in den Dörfern herum und führen in den Küchen
der Bauern ein religiöses Drama auf. Dabei tragen
sie große, mit farbigem Papier geschmückte Hüte und
weiße hemdartige Unterkleider; auch sind sie mit höl=
zernen Schwertern bewaffnet. In dem von ihnen auf=

geführten Drama tritt zuletzt stets der Teufel mit einem großen Besen auf und kehrt, je nachdem die Geschenke inzwischen ausgefallen sind, das Unglück in das Haus oder hinaus. In dieser Gegend trinkt man auch auf Neujahr ein gewisses Wasser, daß die Kraft haben soll, gegen alle Krankheiten zu schützen.

Die Plantagen=Neger von Louisiana betrachten den Jahresanfang als das wichtigste Fest des ganzen Jahres. Jung und alt macht sich schon in aller Frühe auf die Beine, um Glück zu wünschen und Geschenke entgegenzunehmen. Letztere bestehen gewöhnlich aus einem großen Stück Ochsenfleisch und einem Anzug; die Frauen erhalten außerdem noch grellfarbige Taschen=tücher. Am Nachmittag wird dann gegessen, getanzt und gespielt; das dabei gebrauchte musikalische Instru=ment besteht gewöhnlich aus einem mit einer Kuhhaut überzogenen Fasse, das zum Takt eines kurzen Liedes mit Händen und Stöcken geschlagen wird.

In einigen Gegenden des Staates Indiana stellen die heiratslustigen Mädchen am Sylvesterabend ihre Schuhe in Form eines lateinischen T vor das Bett und sprechen dann:

„I stand my shoes in the form of a T,
Please let me dream who my lover will be.“

Darauf schreiten sie rückwärts zum Bette und hoffen dann, daß sie von dem ihnen zugedachten Bräutigam träumen.

Einige schälen auch einen Apfel und werfen dann die Schale über die linke Schulter; dieselbe bildet so=dann auf dem Boden einen gewissen Buchstaben, aus

dem sie auf den Namen ihres Zukünftigen schließen.
Andere legen auch ein mit dem Alphabet beschriebenes
Papier in ein Wassergefäß, stellen dasselbe unter das
Bett, und der Buchstabe, der am nächsten Morgen am
meisten zusammengeschrumpft ist, ist der Anfangsbuch=
stabe des Namens ihres Bräutigams. Einige laufen
mit dem Munde voll Wasser um 12 Uhr um ein
Häusergeviert, und derjenige, der ihnen alsdann begegnet,
führt sie zum Altare. Auch kann ein junges Mädchen
in Indiana das Gesicht ihres zukünftigen Gemahls
sehen, wenn es sich in der Sylvesternacht zwischen zwei
Spiegel stellt und das Haar kämmt; den ihr bestimmten
Mann erblickt sie alsdann im Spiegel hinter sich.

Um den Namen des zukünftigen Bräutigams aus=
zufinden, nehmen die Amerikanerinnen auch noch zu
folgenden Mitteln ihre Zuflucht. Sie geben am Abend
vor dem Schlafengehen jedem Bettpfosten einen Namen;
derjenige, den sie beim Erwachen zuerst erblicken, enthebt
sie aller Zweifel. Zuweilen essen sie auch am Sylvester=
abend einen Fingerhut voll Salz und erwarten dann,
daß ihnen der zukünftige Bräutigam im Traume erscheine
und ihnen ein Glas Wasser reiche. Manchmal schreiben
sie die Namen von drei bevorzugten jungen Männern
auf Zettel, stecken jeden in einen Apfel und werfen diese
Äpfel in einen mit Wasser gefüllten Zuber. Darauf
knieen sie vor demselben nieder und versuchen, einen
Apfel mit den Zähnen zu erfassen und herauszuziehen;
dabei sprechen sie beständig:

„Oh apples ripe, oh apples three,
Please, tell me who my lover will be.“

Der von ihnen zuerst erwischte Apfel enthält den Namen ihres Zukünftigen. Auch gehen sie um die Mitternachts= stunde an eine Quelle, stellen sich rückwärts vor dieselbe und halten einen Spiegel in der Hand; das Bild, das auf demselben erscheint, ist das des ihr beschiedenen Bräutigams. Manchmal setzt sich auch um genannte Zeit ein Mädchen zwischen zwei Stühle und erwartet, daß sich beim zwölften Glockenschlag der Geist des Er= sehnten auf einem Stuhle niederläßt. Dieses Verfahren soll jedoch allen übrigen Bewohnern des Hauses Unglück bringen.

Die Irokesen in Canada lassen auf Neujahr von ihrem einflußreichsten Stammmitglied einen weißen Hund töten: denselben verbrennen sie dann unter großer Feier= lichkeit, wobei ihre Priester als Ceremonienmeister fun= gieren. Die Indianer geloben dabei, dem großen Geiste stets gehorsam zu sein; dann erhält die Hundeseele den Auftrag, Gott von diesem Gelübde zu benachrichtigen.

Die in New York und Philadelphia wohnenden Chinesen lassen am Neujahrstage häufig eine rote Fahne mit weißen Fransen flattern. In der Mitte derselben sind einige Sinnbilder der Kraft und Lang= lebigkeit angebracht, und außerdem befindet sich die Inschrift darauf: „Gehorche dem Himmel und handle recht."

Auf Korea dauert, wie W. Griffis berichtet („Corea, the hermit nation" New York 1882), das Neujahrs= fest vier Tage. Während dieser Zeit werden alle Schulden bezahlt und alle Gerichtshöfe sind geschlossen. Jedes Kind, das an einem fremden Orte beschäftigt ist,

muß alsdann zu seinen Eltern zurückkehren, und selbst
den wegen leichter Verbrechen verurteilten Gefangenen
erlaubt man, jene Tage bei Freunden oder Verwandten
zuzubringen; doch müssen sie sich vorher verpflichten,
sich nach Ablauf der Feiertage wieder im Gefängnisse
einzufinden. Wer es dort auf Neujahr vergißt, einen
Freund zu besuchen, macht sich denselben zum unver=
söhnlichen Feind. Jeder wallfahrtet alsdann zu den
Gräbern seiner verstorbenen Verwandten und teilt darauf
Geschenke an Nachbarn, Freunde und Dienstboten aus.

Der erste April.

Der April, der seinen Namen dem lateinischen Zeit=
wort aperire (öffnen) verdankt, wodurch auf das
Öffnen der Knospen hingedeutet wird, ist so recht der
Monat der Kontraste; er thut einfach, wie die alte
Bauernregel lautet, was er will, und wegen dieser
Launenhaftigkeit und Unbeständigkeit wird er auch oft
mit Herrengunst und Frauenliebe verglichen. Der April
donnert, regnet und schneit, gerade wie es ihm einfällt;
beständig treibt er seinen Spott mit den Leuten, und
diese glauben denn auch berechtigt zu sein, wenigstens
am 1. April, den man in England und Amerika „April
fool's day“ nennt, ihre Mitmenschen zum Narren zu
halten und sich auf ihre Unkosten einen Scherz zu er=
lauben.

Über den Ursprung dieses allgemein verbreiteten
Gebrauches hat man ebenso zahlreiche wie unhaltbare
Theorien aufgestellt, und es dürfte sich kaum lohnen,
dieselben dahier einer strengen Kritik zu unterwerfen.

Ein phantasiereicher Engländer hat sogar die Sitte
des Aprilscherzes auf den biblischen Noah zurückgeführt
und allen Ernstes behauptet, daß diejenigen Sünder,

welche dem Patriarchen kein Gehör schenkten, am ersten
April so urplötzlich von der Sintflut überrascht wurden,
daß sie keine Anstalten zur Rettung ihres Lebens treffen
konnten. Nach einem anderen, ebenfalls von einem
Engländer herrührenden Märchen hatte einst ein orien=
talischer Fürst im Frühling sein Land verlassen und
dabei vergessen, über den Zweck und das Ziel seiner
Reise Auskunft zu geben. Als er nun nicht wiederkam,
schickten seine beunruhigten Unterthanen ihre Kinder
aus, ihn zu suchen; diese amüsierten sich nun dabei so
köstlich, daß sie von nun an regelmäßig am 1. April
eines jeden Jahres auszogen, den vermißten Fürsten
zu suchen, d. h. um allerlei übermütige Streiche aus=
zuführen. — Wir glauben übrigens nicht fehl zu gehen,
wenn wir annehmen, daß jene Engländer diese Märchen
erfunden haben, um ihre Leser in den April zu schicken.

Beinahe ähnlich verhält es sich mit dem Versuche,
die Aprilscherze mit dem besonders in der Provinz
Oudeypore gefeierten Julifeste der Indier in Verbindung
zu bringen, obgleich zugestanden werden muß, daß die
dabei beobachteten Gebräuche lebhaft an die unsrigen
erinnern. Mit Sicherheit können wir nur annehmen,
daß die Aprilscherze vor ungefähr dreihundert Jahren
ihren Ausgang aus Frankreich nahmen und sich von
dort aus über die gesamte civilisierte Welt verbreiteten.
Als nämlich im genannten Lande im Jahre 1564 der
Kalender verändert und der Anfang des Jahres vom
1. April auf den 1. Januar verlegt wurde, da ist sich
unstreitig mancher, der von der neuen Zeiteinteilung
noch nichts wußte, und daher am erstgenannten Tage

das übliche Geschenk erwartete, vorgekommen, als habe man ihn zum Narren gehalten.

Die Franzosen nennen den Aprilsnarren poisson d'avril, also Aprilfisch, vermögen aber über den Ursprung dieser sonderbaren Bezeichnung keine genügende Erklärung zu geben. Die plausibelste dürfte übrigens die sein, daß diejenigen, die im April der Fischerei obliegen wollen, gewöhnlich erfolglos sind, weil, wie die Naturforscher behaupten, sich die Fische um diese Zeit auf den Meeresgrund zurückziehen, um dem wichtigen Geschäfte des Eierlegens obzuliegen.

Die Schottländer nennen den Aprilnarren gawk, was unserem deutschen „Gauch“ entspricht.

> The first and the second of Aprile
> Hunt the gawk another mile.

(Am ersten und zweiten April jage man den Narren noch eine Meile weiter.)

So reimen die Schotten und spielen damit auf den Gebrauch an, einen jungen Burschen, der gerade nicht im Rufe steht, viel Grütze im Kopfe zu haben, mit einem den angeführten Vers enthaltenden Briefe an eine entfernte Person zu schicken, um dann dort weiterer Befehle zu warten. Diese entfernt wohnende Person schickt ihn dann womöglich mit einem schweren Bündel an eine andere, und das geht so lange fort, bis der arme Teufel schließlich ausfindet, daß er das Opfer eines Aprilscherzes geworden ist.

Vielfach wird in Schottland auch noch folgender Vers bei dieser Gelegenheit gebraucht:

4*

Rin for your mither, boy, rin, rin, rin,
The eggs are ready, but she hasn't a hin,
And if you wait till the eggs grow cool,
Then all your life you 'll be April fool.

(Laufe zu deiner Mutter, Knabe; die Eier find fertig, doch hat fie kein Huhn; und wenn du warteft, bis die Eier kalt find, fo wirft du dein lebenlang ein April= narr fein.)

Man nennt diefen Gebrauch „hunting the gawk", und derjenige Tölpel, der dabei die Hauptrolle fpielt, muß fich noch lange Zeit gefallen laffen, andern zur Zielfcheibe ihres Spottes zu dienen.

Die Italiener behaupten, es fchade nichts, am 1. April jemanden zu verhöhnen; auch foll man fich nach einem kalabrifchen Sprichwort alsdann einen Scherz gönnen.

Die Genfer pflegen fich an diefem Tage zuweilen ein Räufchlein zu genehmigen.

Thatfache ift es, daß an den Aprilfcherzen niemand Anftoß nimmt und daß fich felbft derjenige, der zum Opfer derfelben geworden, nicht ernftlich beleidigt fühlt.

Vor dem erften April rufen fich die amerikanifchen Kinder zu:

April fool is coming
And you are the biggest fool a-running.

(Der Aprilnarr kommt und Du bift der größte herum= laufende Narr.)

Ift der erfte April vorbei, fo heißt es:

April fool is past
And you are the biggest fool at last.

(Der Aprilnarr ist vorbei, und Du bist doch der größte Narr.)

Aprilscherze gelingen am häufigsten am frühen Morgen, ehe die Leute auf die Bedeutung des Tages aufmerksam gemacht worden sind. Besondere Freude macht es den amerikanischen Kindern, ihre Eltern am Frühstückstische in den April zu schicken. Da bitten sie z. B. den Herrn Papa, ihnen irgend etwas aufzuschreiben, und wenn dieser sich dazu bereden läßt und die Feder eintaucht, so findet er aus, daß das Tintenfaß mit Wasser gefüllt ist. Da lacht er denn nun selber herzlich und freut sich zugleich im Innern, daß er solche schlauen Kinder hat.

Die Aprilscherze der Amerikaner sind mitunter sehr roh. Hat der Junge „Geld zu verbrennen" (money to burn), so legt er eine Silbermünze auf die Ofenplatte und wirft sie, wenn sie recht heiß geworden ist, auf das Trottoir. Natürlich pflanzt er sich dann in der Nähe auf und lacht sich schief, wenn er sieht, wie sich der glückliche Finder die Finger daran verbrennt. Mädchen gehen am genannten Tage spazieren und essen Konfekt; begegnet ihnen alsdann eine gute, Süßigkeiten liebende Freundin, so bieten sie derselben mit dem unschuldigsten Gesichte von der Welt nachgemachte, aus Seife bestehende Zuckerwaren an. Blumensträuße, mit Cayennepfeffer gefüllt, werden auch zuweilen als Aprilgeschenke verschickt.

Besonders müssen sich die Väter am ersten April auf allerlei Überraschungen gefaßt machen. Kommen sie am Abend spät heim und stolpern über einen im

Hausgange liegenden Stuhl, so können sie sicher sein, daß ihnen ein hoffnungsvoller Sohn diesen Schabernack gespielt hat. Wollen sie nach dem Frühstücke den Geschäftsrock anziehen, um sich in die Arbeit zu stürzen, so finden sie aus, daß die Ärmel desselben zugenäht sind. Zuweilen werden sie auch in einer wichtigen Angelegenheit früh aus dem Schlafe geweckt, und wenn sie dann in die Pantoffeln springen, verbrennen sie sich die Füße, denn irgend ein Bösewicht hat glühende Kohlen hineingesteckt.

Die Zuckerdose wird häufig mit Salz gefüllt; auch von dem heißgemachten Griff eines Schüreisens verspricht man sich erheiternde Wirkung.

Zuweilen wird auch ein an einer dünnen Schnur befestigtes Packet auf das Geleise einer elektrischen Straßenbahn gelegt, und wenn dann der Kondukteur anhalten läßt, um das Hindernis aus dem Wege zu räumen, ziehen es schnell einige böse Buben unter Hohngelächter weg. Ein auf die Straße genageltes Geldtäschchen giebt ebenfalls zu manchem Spaße Veranlassung. Bei Abendgesellschaften werden manchmal Taschentücher und Fächer auf dem Zimmerboden befestigt, und wenn dann ein galanter Herr sie aufzuheben versucht, kann er des Spottes der Gäste sicher sein. Manchmal wird auch der Sitz aus den Stühlen entfernt und das dadurch entstandene Loch mit einem Tuche oder Teppich bedeckt; der unbedachte Besucher, der sich darauf niederläßt, sinkt dann zum größten Gaudium der Anwesenden in die Tiefe.

Als einst zwei amerikanische Studenten, die zu-

sammen ein Zimmer bewohnten, an einem kalten April=
abend ausgegangen waren, hatten sich einige Klassen=
genossen heimlich in ihre Wohnung geschlichen, das
Feuer ausgelöscht, das Bett mit Eiswasser begossen
und die Wäsche der Abwesenden in das Ofenrohr ge=
steckt. Da diese nun nach ihrer Heimkehr das Zimmer
kalt fanden, wollten sie sich schnell ins Bett legen, das
ihnen aber die gewohnte Wärme nicht bot. Darauf
beschlossen sie, das Feuer wieder anzuzünden, und als
dadurch das ganze Zimmer mit Rauch gefüllt wurde
und sie die Ursache dieser Störung nicht entdecken
konnten, blieb ihnen nichts anderes übrig, als die ganze
Nacht zu wachen und sich die Zeit mit Rachegedanken
zu vertreiben.

Ein während des amerikanischen Krieges in der
Nordarmee dienender Soldat erzählte mir einst folgen=
den Aprilscherz. Sein Regiment war in der Nähe des
Hauptquartiers an einer viel benützten Straße stationiert,
und da über derselben eine große Bundesfahne flatterte,
so machte eine wegen ihrer Sympathie für den Süden
bekannte Dame jedesmal einen Umweg, sobald sie an
genannte Stelle kam, nur um die Flagge des Nordens
nicht über ihrem Kopfe wehen zu sehen. Da legte
nun ein Soldat am ersten April eine falsche Dollar=
note auf den Weg unter die Fahne; als nun besagte
Dame diese erblickte und sich von niemand beobachtet
glaubte, vergaß sie plötzlich ihren südlichen Patriotis=
mus, eilte unter die Flagge hin und hob das Geld=
stück auf. Diese Heldenthat wurde natürlich von den
im Versteck lauernden Soldaten mit donnerndem Hohn=

gelächter begrüßt. So lange die Nordarmee an jenem Platze lag, wagte sich jene Südländerin nicht mehr auf die Straße.

Hat die Amerikanerin einen Hausknecht, der das Pulver nicht erfunden hat, so schickt sie ihn am ersten April zum Schneider, um ein Pfund Knopflöcher, oder zum Apotheker, um eine Elle Taubenmilch, oder zum Buchhändler, um die Autobiographie der Stammmutter Eva zu holen. Das Dienstmädchen verehrt ihm gewöhnlich eine mit Pulver geladene Cigarre oder einen mit Baumwolle und Sand gefüllten Kuchen.

Den Knaben auf der Straße pflegt der Amerikaner zuzurufen:

„April Fool,
Wash your face and go to school.“
(„Aprilnarr,
Wasche Dein Gesicht und gehe in die Schule.“)

Die Lehrer der Schüler müssen es sich gefallen lassen, wenn ihnen am 1. April ein Papierstreifen an den Rock geheftet oder der Stuhlsitz mit Kreide beschmiert wird; am besten für sie ist es alsdann, gute Miene zum bösen Spiel zu machen und ihren Schutzbefohlenen den Spaß nicht zu verderben. Am ersten April amerikanische Damen zu sehen, denen Katzenschwänze, Waschlumpen und ähnliche Dinge an das Kleid genäht sind, ist durchaus keine Seltenheit. Auch haben in einigen Orten Pennsylvaniens an diesem Tage die Knaben das Recht, die Mädchen zu prügeln.

Großes Vergnügen macht es den Amerikanern, am ersten April eine Anzahl Freunde zu einem Gast-

mahle einzuladen; wenn sich dieselben auch rechtzeitig
einfinden, sehen sie zu ihrer Überraschung an der ver=
schlossenen Hausthür einen Zettel mit der Aufschrift:
„April Fool" prangen. Selbst die Geistlichen werden
zum Narren gehalten, und zwar nicht immer auf die
zarteste Weise. Da werden sie zum Beispiel durchs
Telephon zu einem schwerkranken Gemeindemitgliede ge=
rufen, um ihm das Abendmahl zu reichen, und wenn
sie dann wirklich hingehen, finden sie den Patienten
gewöhnlich in der heitersten Stimmung. Zuweilen
sollen sie auch eine Kindtaufe vornehmen, um zu finden,
daß das Haus, in dem ihre Dienste gewünscht werden,
nur von einer alten Jungfer bewohnt ist. Ähnlich er=
geht es den Ärzten, die einer Frau in Kindesnöten
Beistand leisten sollen.

Im allgemeinen gilt in Amerika der erste April
als Unglückstag. Wer es nur einigermaßen vermeiden
kann, tritt an ihm keine Seereise an, noch viel weniger
läßt er sich in Ehefesseln schmieden. Das heiratslustige
Mädchen, das an diesem Tage die Treppe hinauffällt,
muß noch ein ganzes Jahr warten, ehe es zum Trau=
altar schreitet.

Als sich Napoleon I. am ersten April mit
Marie Louise vermählte, kümmerte es ihn wenig,
daß er dadurch dem abergläubischen Volke Veran=
lassung gab, seiner Ehe kein günstiges Prognostikon
zu stellen.

Da man vielfach den ersten April für den Ge=
burtstag des Verräters Judas hält, so glauben die
Slaven in Schlesien, daß die an diesem Tage geborenen

Kinder kein Glück hätten, daß sie Lügner und Diebe würden und keines natürlichen Todes sterben.

Shakespeare, der doch großen Gefallen an den Narren hatte, bringt den ersten April nirgends mit denselben in Verbindung; überhaupt erwähnt er dieses Tages nur einmal, da nämlich, wo dem König Johann die Nachricht von dem Tode seiner Mutter überbracht wird.

Hauptsächlich finden in Amerika nur die Kinder an den Aprilscherzen Gefallen, den meisten Erwachsenen ist das Verständnis für dieselben doch allmählich abhanden gekommen. Trotzdem glauben wir mit dem englischen Schriftsteller Lamb, daß derjenige, der nicht wenigstens eine Unze Narrheit besitzt, manches Pfund schlechten Stoffes mit sich herum trägt.

Der weiße Hirsch.

Als Heinrich Heine die romantische Schule bitter bekämpfte, ging er in einer Anwandlung übler Laune sogar so weit, auch Uhland zu den Toten zu werfen; später besann er sich allerdings eines Besseren, wie denn auch inzwischen die Zeit die Wahrheit des alten Sprichwortes bewiesen hat, daß sich die vorzeitig Totgesagten gewöhnlich eines langen Lebens erfreuen.

So lange sich das deutsche Volk seiner charakteristischen Eigenschaften noch nicht entäußert hat, wird es Uhlands herzerquickende Lieder hochschätzen und darin eine glückliche und ungekünstelte Spiegelung und Verjüngungsquelle seines Gemütes begrüßen.

Als Dichter, Mensch, Patriot und Forscher ist Uhland eine harmonisch abgerundete Erscheinung. Jede krankhafte Schwärmerei, nichtssagende Phrasendrescherei pessimistische Leidenschaftlichkeit und rationalistische Himmelstürmerei ist ihm in innerster Seele verhaßt; wenn er die Natur, die Liebe oder den Wein besingt, so bedient er sich stets des einfachsten Ausdrucks, und giebt, wie das deutsche Volkslied, lieber ein Wort zu wenig

als eins zu viel. Obgleich er auch ein sicheres Auge
für die Schwächen und Krebsschäden des öffentlichen
Lebens hat und dieselben gelegentlich entschieden tadelt,
so hadert er doch nirgends hoffnungslos mit dem Schicksal und läßt sich niemals in seiner optimistischen Grund-
stimmung beirren, weshalb denn auch Schopenhauer
stets so schlecht auf ihn zu sprechen war.

Die alten Klassiker machten infolge ihrer Form-
vollendung wenig Eindruck auf ihn; dafür aber fühlte
er sich um so mächtiger zur alten Volkspoesie hinge-
zogen, die ihn, da sie der eigenen Phantasie mehr Spielraum
gewährte, zum selbständigen poetischen Schaffen an-
spornte. Wenn er fremde Sprachen und Litteraturen
studierte, so that er dies nur so weit, als dieselben mit
dem deutschen Volkstum zusammenhingen und zum Ver-
ständnisse desselben beitrugen.

Uhland lebt, liebt, haßt und hofft mit seinem
Volke. Den Armen und Verlassenen schenkt er Trost;
er singt bei Hochzeiten und Metzelsuppen; er feiert den
Sonntag mit dem Schäfer unter freiem Himmel; er
klagt mit dem fröhlichen Zecher, daß ihm die Kehle
immerdar lechze und die Leber einzutrocknen drohe,
und schwingt dann mit dem Knaben vom Berge mutig
das Schwert zur Verteidigung der angestammten Volks-
rechte.

Nur eins seiner Gedichte, nämlich das fast in
allen deutschen Schullesebüchern enthaltene „Der weiße
Hirsch" wollen wir hier etwas näher betrachten und
zur Erklärung desselben einen flüchtigen Streifzug in
das Gebiet der Mythologie und Folklore unternehmen.

Es gingen drei Jäger wohl auf die Birsch,
Sie wollten erjagen den weißen Hirsch.

Sie legten sich unter den Tannenbaum,
Da hatten die drei einen seltsamen Traum.

Der Erste:
„Mir hat geträumt, ich klopf' auf den Busch;
Da rauschte der Hirsch heraus, husch husch!"

Der Zweite:
„Und als er sprang mit der Hunde Geklaff,
Da brannt' ich ihn auf das Fell, piff, paff!"

Der Dritte:
„Und als ich den Hirsch an der Erde sah,
Da stieß ich lustig ins Horn, trara!"

So lagen sie da, und sprachen die drei,
Da rannte der weiße Hirsch vorbei,

Und eh' die Jäger ihn recht gesehn,
So war er davon über Tiefen und Höh'n.
Husch husch! piff paff! trara!

Motivverwandt mit diesem lustigen Schwabenstreich, wie Dünzer unser Gedicht nennt, ist das Lied von der frommen Jägerin, in welchem ebenfalls die Thatsache konstatiert wird, daß man nicht zwei grundverschiedene Dinge zu gleicher Zeit thun, also nicht in derselben Stunde jagen und schlafen, oder jagen und beten kann.

Es war eine Fürstin, so fromm und so frei,
Das Beten verstand sie, das Jagen dabei,
Es hing ihr zusammen am Gürtel vorn
Der Rosenkranz und das Pulverhorn.

Sie hält auf dem Anstand, neiget sich vor,
Die Hände gefaltet aufs Feuerrohr,

Und wie sie in solcher Vertiefung steht,
Denkt sie ans vergessene Morgengebet.

Aus der Waidtasch' holt sie ein Büchlein fromm
Und heißet die Heiligen Gottes willkomm',
Da rauscht es im Busch und hinaus ins Gefield,

Und war es kein Engel, so war es ein Wild.
O schwer ist, ihr Lieben, zu jagen zugleich
Nach Hirschen und Hasen und himmlischem Reich!
Indes sie da betet in ihrem Brevier,
Entweicht ihr der herrlichste Hirsch des Revier.

Im „Weißen Hirsch" werden uns natürlich un=
verfälschte Sonntagsjäger vorgeführt, die sich sicherlich
von einem alten Waidmann, der das Jägerlatein besser
verstand als sie, das Märchen hatten aufbinden lassen,
der weiße Hirsch sei in der Nähe gesehen worden. Da
sie von diesem Wundertier unstreitig schon früher
manches gehört hatten, so nahmen sie sich vor, dasselbe
zu erlegen, um auch einmal durch eine Heldenthat von
sich reden zu machen; sie ließen also von geübten
Händen ihre Flinten in schießbaren Stand setzen, die
Jagdtaschen aber füllten sie der Sicherheit wegen un=
streitig selber, damit es ihnen auf den ihnen bevor=
stehenden Strapazen nicht an der nötigen Magen= nnd
Herzensstärkung fehle.

Der Weg nach dem Walde muß ihnen wohl lange
und beschwerlich geworden sein, denn kaum waren sie
in demselben angekommen, da ließen sie sich auch schon
unter einem schattenkühlen Baum nieder, öffneten die
Waidmannstaschen und entkorkten die Flaschen. Den=
selben sprachen sie dann so tapfer zu, daß sie zuletzt

mit dem tröftlichen Bewußtfein, unter den obwaltenden Umftänden ihre volle Pflicht und Schuldigkeit gethan zu haben, fanft einfchlummerten. Doch der Gedanke an den weißen Hirfch, deffentwegen fie ausgezogen waren, befchäftigte fie im Traume und damit fich keiner diefer bequemen Sonntagsjäger zu fehr anftrengte, fo träumte jeder nach dem Princip der kameradfchaftlichen Arbeitseinteilung nur ein Drittel, fo daß alfo der erfte den Traum begann, der zweite ihn fortfetzte und der britte ihn zum Abfchluß brachte. Daß inzwifchen der weiße Hirfch entwich, machte ihnen keine große Sorge, denn fie waren an folche Enttäufchungen gewöhnt. Auf dem Heimwege haben fie dann ficherlich ihre Flinten ohne Schaden anzurichten, abgefchoffen, um fie wenig= ftens pulvergefchwärzt ihren Hausknechten abzuliefern und ihren Frauen fagen zu können, daß unterwegs ge= kaufte Wild fei von ihnen erlegt worden.

Jene Jäger hatten alfo einen beftimmten, d. h. den einzigen weißen Hirfch fchießen wollen, und da uns die Naturgefchichte über denfelben keine nähere Aus= kunft giebt, fo werden wir, da Uhland fo gerne feinen Gedichten einen fagenhafte Einkleidung verleiht, nicht fehl gehen, wenn wir in jenem Edelwild eine Anfpielung auf den allen Gefahren trotzenden und in zahlreichen Legenden auftauchenden Sonnenhirfch der altdeutfchen Mythologie erblicken.

Diefer Hirfch, ein Symbol des Lichtes, war den Lichtgöttern geheiligt. Er wurde denfelben nebft dem Hafen und Eber bei den großen Dingverfammlungen unferer Vorväter in der Julzeit geopfert, an welchen

Gebrauch die diese Tiere darstellenden Backwerke, wie sie noch heute um genannte Zeit von den Bäckern in Süddeutschland verkauft werden, erinnern.

In dem eddischen Sonnenlied heißt es:

Den Sonnenhirsch sah ich
Von zweien am Zaum geleitet;
Auf dem Felde standen seine Füße,
Die Hörner hob er zum Himmel."

Das Geweih dieses Hirsches besteht aus Sonnenstrahlen; der Hirsch selber repräsentiert also die Sonne, von der Glück und Unglück der Erde und der Menschen abhängt. Während der Hirsch der Edda die Weltesche benagt, entströmt seinem Geweih eine solche Honigfülle, daß zwölf Ströme derselben in den Wohnsitz der Asen und dreizehn zu den Menschen dringen; jeder, der von diesem Honigseim trinkt, wird hirschtrunken, d. h. er fühlt eine unwiderstehliche Lust zur Jagd, wie denn auch Wotan durch einen solchen Trunk zum wilden Jäger wurde. So wurde auch nach mehreren Sagen mancher Waidmann seiner leidenschaftlichen Jagdlust wegen verurteilt, den weißen Hirsch ewig zu verfolgen, ohne ihn jedoch zu erlegen.

Der weiße Hirsch stellt also den ununterbrochenen Lauf der Sonne vor. Wenn der eddische Hirsch Lärad die Weltesche oder den Himmel benagt, so wird dadurch auf sein nahes Verhältnis zu Odin, dem Lichtgotte, hingewiesen. Daß der Hirsch mit den Lufterscheinungen in Verbindung steht, geht auch aus den indischen Veden hervor, welche die Wagen der Maruts (Winde) von goldenen Hirschen ziehen lassen und diesen zugleich einen dämonischen Charakter verleihen.

Hirsche mit leuchtendem Geweih treten in Legenden und Märchen auch häufig als Wegweiser auf und führen unschuldig verfolgte Ritter, Edelfrauen und Kinder in ein sicheres Gewahrsam. Auch entdecken sie zuweilen Heilquellen und geben die Stellen an, an welchen Kirchen gebaut werden sollen. Da, wo die Gubener Stadtkirche jetzt steht, befand sich früher, wie Karl Gander in seinem Werke „Niederlausitzer Volks- sagen" (Berlin 1894) berichtet, ein Teich, und als dem- selben einst ein weißer Hirsch entstieg, kamen die Leute zu der Überzeugung, daß dort eine heilige Stätte sei, auf welche eine Kirche gebaut werden müsse. Daß weiße Hirsche in Seen bemerkt worden sind, erzählen auch noch zahlreiche andere Lokalsagen.

Dr. Spielmann berichtet in seinen „Sagen und Geschichten aus dem Nassauer Lande" (Wiesbaden 1894):

Gegenüber von Weilburg liegt an der Lahn ein steiler Felsen, welcher die „Hauslei" genannt wird; in demselben befinden sich die unter dem Namen „Wölven- löcher" bekannten Höhlen, in denen früher eine greise Priesterin namens Wölva gehaust haben soll. In ihrer Nähe wohnte auf seinem Schlosse Fürst Brenno, der das Christentum angenommen hatte, während seine Tochter Almeida, welche das Waidwerk leidenschaftlich liebte, noch dem deutschen Heidenglauben zugethan war. Als diese nun eines Tages auf der Hauslei stand und den Bogen auf einen Hirsch anlegen wollte, erschien

plötzlich ein strahlender Jüngling vor ihr und unter=
sagte ihr ernstlich das Tier zu schießen; dabei bemerkte
er auch, daß sie sich vergeblich gegen den neuen Glauben
stemme.

Als der Jüngling verschwunden war, brach ein
schreckliches Unwetter los, und Almeida flüchtete sich in
die Felsenwohnung der Wölva. Diese brachte sie dann
durch ihre Zauberkünste dahin, daß sie sich mit einem
fürstlichen Jüngling verlobte, welcher ein geschworener
Feind des Christentums war. Als dieser sie nun auf
seine Burg führen wollte, erschien plötzlich der christ=
liche Jüngling wieder vor ihr und ermahnte sie, doch
die neue Religion anzunehmen; dies ärgerte nun den
Heiden so sehr, daß er den Eindringling erstach. Nach=
dem derselbe in den Armen der Jungfrau verschieden
war, tötete sie ihren Bräutigam nebst der Priesterin,
dann ward sie Christin und ging niemals mehr auf
die Jagd.

Der heilige Hubertus wurde durch die plötzliche
Erscheinung eines Hirsches, der ein Kruzifix zwischen
dem Geweih trug, von seinem losen Lebenswandel kuriert;
ähnlich erging es seinem Kollegen Eusebius. In der
Nähe der Heiligen halten sich der Legende nach die
Hirsche überhaupt gern auf und zeigen sich denselben
gefällig. Als zum Beispiel der irländische Gottesmann
Echinus, ein Bischof des sechsten Jahrhunderts, keine
Ochsen zum ziehen seines Pfluges hatte, spannten sich
einige wilde Hirsche vor denselben. Als Retter der
Genovefa und ihres Schmerzenreichs trat eine weiße
Hirschkuh auf.

Vielfach findet man auch den Hirsch auf Tauf=
becken abgebildet, um auf die Seele, die sich nach Gott
sehnt, wie der Hirsch des Psalms nach frischem Wasser,
hinzuweisen. Das berühmte Bild in der Taufkapelle
zu Pesaro, auf welchem ein Hirsch einem Hasen gegen=
über gestellt ist, harrt noch einer befriedigenden Er=
klärung. Auf einem bekannten, das Begräbnis des
Jägers schildernden Bilde erscheint der Hirsch als
Geistlicher, der eine Seelenmesse liest. Wie H. von
Pfister in seinem Buche „Sagen und Aberglaube aus
Hessen und Nassau" (Marburg, 1885) erzählt, so
kündeten einst die Hirsche durch auffallendes Geschrei zu
ungewöhnlicher Zeit im Walde bei Schmalkalden den
Tod des Landgrafen Wilhelms VI. an.

Nach der Oswaldlegende soll der weiße Hirsch,
dessen Goldgeweih von zwölf Schmieden angefertigt
wurde, nicht zu erlegen sein; doch soll er einst vom
Grafen Botho für den Kaiser Barbarossa gefangen
worden sein; derselbe erhielt dann zum Lohne die Graf=
schaft Stolberg=Wernigerode und durfte einen Hirsch
im Wappen führen. Auch das württembergische Fürsten=
haus führt ein Hirschgeweih im Wappen, und der Sage
nach soll ein solches Geweih im Zimmer der Prinzessin
Sophia, der Tochter des Schwabenherzogs Christoph,
beim Tode derselben geblutet haben.

Als christlich angehauchter Schutzherr der Tiere
verlockt der weiße Hirsch oft Jäger in einen Abgrund,
läßt sie auch zuweilen zur Strafe für ihre unbezähm=
bare Waidmannslust ewig pürschen oder verwandelt sie
in einen Hirsch. So mußte Graf Bernhard von

Württemberg, der sich von Gott die Gnade ausgebeten hatte, ewig jagen zu dürfen, hundert Jahre lang einen Hirsch verfolgen, ohne ihm jemals zu erreichen. Auch Aktäon, der wilde Jäger Griechenlands, wurde durch Artemis in einen Hirsch verzaubert.

Wer in Krain in der Christnacht auf die Jagd geht, dem begegnet manchmal ein Hirsch mit einem Kruzifix im Geweih; sobald er denselben erblickt, muß er schleunigst nach Hause eilen. Sauft, was bei dieser Gelegenheit auch manchmal vorkommt, die wilde Jagd über ihn her, so muß er sich, um sich vor Schaden zu hüten, schnell auf den Boden werfen und Füße und Hände kreuzweis übereinander legen.

Als Agamemnon zu Aulis einen Hirsch der Artemis geschossen und dadurch den Zorn der Göttin auf sich herabgeschworen hatte, wußte er diese nur dadurch zu versöhnen, daß er sich bereit erklärte, ihr seine Tochter Iphigenia zu opfern. Wie diese nun abgeschlachtet werden sollte, entrückte sie plötzlich Artemis oder Diana in ihr Heiligtum auf Tauris und ließ an ihrer Stelle einen jungen Hirsch als Opfer zurück.

Die Chinesen halten außer dem Phönix, der Schild= kröte und dem Drachen auch den Hirsch für ein über= natürliches Tier, wovon das Schicksal des Reiches der Mitte abhängt.

Nach Heckewelder verrichteten die Delawaren ihre Andacht vor der Haut eines Hirsches; dies thaten auch die Ureinwohner von Florida. Dieselben weihten außer= dem bei ihrem jährlichen Frühlingsfeste der Sonne das Bild eines Hirsches.

Die Neger von Georgia erzählen sich von einem
weißen Hirsch, der unverwundbar sei; um ihn zu er=
legen, wandten sie sich einst an den Medizinmann, der
ihnen dann den Rat gab, mit silbernen Kugeln auf ihn
zu schießen. Als sie dies nun thaten, verschwand das
Tier auf Nimmerwiedersehen.

Nach einer Fabel der Tscherokesen beratschlagten
sich einst die Tiere, wie sie den Verfolgungen der Rot=
häute entgehen könnten. Als wirksames Mittel wurde
nun empfohlen, die Jäger mit dem von einem Hirsch
erfundenen Rheumatismus anzustecken; zugleich wurde
aber auch der Beschluß gefaßt, einem hungrigen In=
dianer die Tötung eines Tieres unter der Bedingung
zu erlauben, daß er dasselbe erst um Entschuldigung
bäte und sich dabei einer gewissen Formel bediene.
Käme er dieser Vorschrift nicht genau nach, so solle er
zur Strafe vom Rheumatismus geplagt werden.

Nach der Sintflutsage der Algonkins wurde der
Hirsch von Menabuscho beauftragt, die Erde aus dem
Wasser heraufzuholen und sie neu zu bilden. Er that
es auch, schuf aber, während er über das junge Land
lief, so viele Thäler, Berge und Abgründe, daß ihm
der genannte Gott Einhalt gebot.

Wie der Hirsch seine Hörner bekommen hat, wird
von den Tscherokesen auf folgende Weise erklärt (Journal of American Folk-Lore, Vol. I):

In alten Zeiten hielten die Tiere häufig Ver=
sammlungen ab und führten alsdann allerlei Spiele auf.
Einstmals hatten sie dem Tiere, das den feinsten Pelz
hatte, einen Preis zugesagt und diesen würde sicherlich

die Otter gewonnen haben, wenn ihr der Hase nicht den Pelz gestohlen hätte.

Bei einer anderen Gelegenheit hatten sie dem besten Läufer ein paar schöne Hörner als Preis versprochen; dieselben sollten dem Tiere gehören, das sie sich an den Kopf heftete und dann am schnellsten durch ein näher bezeichnetes Dickicht eilte. Alle waren einig, daß nur zwei Tiere, nämlich der Hase und der Hirsch, Aussicht auf Erlangung des Siegespreises hatten; da jedoch ersterer sich besonderer Beliebtheit erfreute, so wetteten die meisten Tiere auf ihn.

Nun hatte der Hase keinen Schwanz, um die schweren Hörner beim Laufen zu balancieren; sie machten ihm daher einen solchen aus einem mit Vogelfedern bekleideten Stocke. Darauf verschwand dann der Hase im Gehölze, um, wie er sagte, erst das Terrain zu rekognoszieren. Da er aber lange Zeit nichts von sich hören oder sehen ließ, schickten ihm die Tiere heimlich einen Spion nach und dieser sah dann, wie der Hase das Unterholz benagte und sich so einen Weg durch das Dickicht bahnte. Als er damit fertig war, eilte er zur Versammlung zurück und erklärte, daß er nun bereit sei, den Wettlauf mit den Hörnern am Kopf zu beginnen.

Da nun sein langes Ausbleiben den Verdacht der Tiere, daß er sich einen bequemen Weg ausgesucht habe, erregt hatte, so gingen sie alle in das Gehölze und sahen dann, daß sie sich nicht getäuscht hatten. Darauf sprach der Häuptling ärgerlich zum Hasen: „Von nun an sollst du dein ganzes Lebenlang Zweige und Büsche benagen!" An dem Wettlauf durfte der Hase sich nun gar nicht beteiligen. Darauf setzte der Hirsch die Hörner auf, und, nachdem er stolz durch das Gehölze und wieder zurück gelaufen war, wurde ihm einstimmig der Siegespreis zugesprochen.

Dies ärgerte nun den Hasen so sehr, daß er sich vornahm, dem Hirsch einen Schabernack zu spielen. Er hing also eine starke Weinrebe quer über einen Wald= pfad und nagte sie in der Mitte durch, jedoch nicht ganz, so daß sie noch lose zusammenhing. Als nun der Hirsch kam, sagte er zu ihm: „Ich bin so stark, daß ich diese dicke Weinrebe im Sprunge durchbeißen kann." Da dies der Hirsch nicht glauben wollte, so hüpfte der Hase zur Weinrebe hinauf und zerbiß sie an der Stelle, die er vorher zum größten Teile durchnagt hatte.

„Was du kannst, kann ich auch," bemerkte nun der Hirsch, und der Hase zog darauf eine neue Wein= rebe über den Pfad. Nachdem der Hirsch nun wieder= holt ohne Erfolg versucht hatte, jene Rebe im Springen zu durchbeißen, bat ihn der Hase, ihm einmal die Zähne zu zeigen. „Kein Wunder," rief er darauf aus, „deine Zähne sind viel zu stumpf, komme her, ich will sie dir schärfen." Nun nahm der Hase einen rauhen Stein und feilte damit so lange an den Zähnen herum, bis beinahe nichts mehr davon übrig blieb. „Jetzt versuche deine Kunst," sprach er dann. Bald fand der Hirsch aus, daß er überhaupt nicht mehr beißen konnte.

„Jetzt hast du für die Hörner bezahlt", rief der Hase und verschwand im Walde. Seit dieser Zeit sind die Zähne des Hirsches so stumpf, daß er sie nur zum Abbeißen des Grases und der Blätter gebrauchen kann.

Letzeburger Deitsch.

———

Die Bevölkerung des ungefähr 47 deutsche Quadrat=
meilen umfassenden Großherzogtums Luxemburg hat, be=
sonders in den letzten fünfzig Jahren, im Verhältnis zu
den benachbarten Ländern äußerst langsam zugenommen,
da die Bewohner desselben durch die Armut und poli=
tische Unsicherheit ihres angestammten Vaterlandes stets
mehr zur Auswanderung gedrängt wurden, als die
Bürger anderer Gegenden. Dazu kam der Umstand,
daß seit Anfang dieses Jahrhunderts die allgemein als
Seelenverkäufer bezeichneten Auswanderungsagenten be=
sonders thätig waren, die als fleißige und genügsame
Landwirte bekannten Luxemburger für gewisse überseeische
Länder zu gewinnen.

So hatten es, wie der nun verstorbene N. Gonner
in seinem, von beachtenswertem Sammelfleiße zeugenden
Werke „Die Luxemburger in der neuen Welt" (Dubuque,
Jowa, 1889) berichtet, diese Agenten hauptsächlich dar=
auf abgesehen, jene Deutschen zur Auswanderung nach
Brasilien, woselbst sie ihnen goldene Berge versprachen,
zu bereden. In einem damals auf Märkten und in

Spinnstuben in Luxemburg verteilten „Gedichte" hieß es
unter anderem:

Einstmals sah ich in den Himmel,
Eine Stimme ruft mir zu:
Kinder, segelt jetzt nach hinnen,
Nach dem Land Brasilien zu.

Wenn das Schiff geht in den Hafen,
Wenn wir treten an das Land,
Wird Brasiliens Kaiser sagen:
„Kommt und reichet mir die Hand."

Weil uns Gott hat auserkoren,
Wir dem Kaiser Treu geschworen,
Daß wir treu und unterthan
Kommen in Brasilien an.

Diesen bethörten Auswanderern ging es dann be=
kanntlich wie den meisten anderen, die infolge ähnlicher
Versprechungen ihre Heimat verließen — sie starben
entweder aus Not und Elend in der Fremde, oder
kehrten, von allen Mitteln entblößt, wieder zurück.

Als von 1851—60 sich die europamüden Luxem=
burger hauptsächlich nach den Vereinigten Staaten
wandten, veröffentlichte einer derselben in der Zeitschrift
„Luxemburger Wort" am 14. April 1854 einen längeren
Abschiedsbrief, aus dem wir folgende charakteristische
Stellen mitteilen wollen:

„Ehe ich dich, liebes Vaterland, verlasse, dem ich
das Dasein und so viel Nützliches verdanke, will ich
dir zum letztenmal Lebewohl sagen und dir zeigen, daß
ich kein undankbarer Sohn bin. Vielleicht klagst du
mich des Undanks an, daß ich dich in einem Augenblick

verlasse, in dem ich mich erkenntlich zeigen sollte für so
viele von dir empfangene Wohlthaten.

Einerseits bin ich das wirklich und zeige mich
sehr barbarisch. Aber, liebes Vaterland, liebe Mutter,
Deine Brüste, denen so viele Wohlthaten für eine so
große Zahl entflossen, sind vertrocknet. Deine Kinder
müssen sich deinen Armen entwinden und in ferne Lande
ziehen, um ihren Lebensunterhalt zu suchen. Seit vielen
Jahren tragen wir großes Elend mit Geduld, ohne je
die Stimme erhoben zu haben, um die Aufmerksamkeit
der Regierung oder des Publikums auf uns zu lenken.
Der Staat sah unsere unglückliche Lage, aber er blieb
gefühllos — hatten wir doch Wasser und Wein genug.
Man kennt das! Aber man weiß auch, daß uns die
Lebensmittel fehlen, daß uns der Hunger bald aufreibt,
daß wir durch Schulden gänzlich ruiniert sind. Wir
gehen unter, man weiß es; man könnte uns Rettung
bringen, aber man thut's nicht. Unsere Mutter, das
Vaterland, hat genug erzeugt, um alle ihre Kinder zu
ernähren; aber es war vorteilhafter, die Gaben der
väterlichen Erde in die Fremde zu verkaufen und das
Kind des Vaterlandes umkommen zu lassen. Nein, liebes
Vaterland, du kannst uns nicht undankbar nennen, da
wir dich verlassen."

Das damals in ganz Süddeutschland vielgesungene
Lied:

> Jetzt ist die Zeit und Stunde da,
> Wir ziehen nach Amerika.

von dem Mittler in seiner Sammlung deutscher Volkslieder (Frankfurt 1865), die in Oberhessen bekannte

Version mitteilt, ertönte zu jener Zeit auch in Luxem=
burg und zwar in vier verschiedenen, von Gonner auf=
gezeichneten und in seinem oben genannten Buche ab=
gedruckten Fassungen. Einige derselben lauten:

Und wenn wir in Amerika sein,
So schießen wir Hasen und wilde Schwein;
Amerika, du edles Land,
Europa ist ein Bettelland.

In Amerika, da ist gut sein,
Da trinken wir Bier und Branntewein.
Und sind wir in Amerika,
So singen wir Viktoria.

Ach, wie viel schöne Sachen
Erzählt man von Amerika;
Dahin wollen wir uns machen,
Das schönste Leben hat man da.

Hier hat man täglich seine Not
Und kaum das liebe bischen Brot;
Vollauf zu leben hat man da
Im schönen Land Amerika.

Nun laßt uns auf die Reise gehn,
Der liebe Gott wird uns beistehn;
Es wird uns schützen seine Hand,
Uns bringen ins gelobte Land.

Die eingewanderten Luxemburger bestanden größten=
teils aus Landwirten, doch waren auch einige Hand=
werker, wie Möbelschreiner, Schmiede, Schlosser u. s. w.
darunter vertreten, die, da sie keine Arbeit scheuten und
anfangs mit geringem Lohne zufrieden waren, bald Be=
schäftigung fanden und sich in verhältnismäßig kurzer
Zeit eine sichere Existenz gründeten. Die Landwirte

ließen sich hauptsächlich in Waldgegenden nieder und richteten sich anfangs, so gut es ging, in sogenannten Erdhütten (dug-outs) häuslich ein, die sie dann, da sie außerordentlich thätig und sparsam, um nicht zu sagen geizig, waren, bald durch Blockhäuser und später durch bequem eingerichtete Bretterhäuser ersetzten.

Das Land, das die Luxemburger heute in den Vereinigten Staaten besitzen, bedeckt einen größeren Flächenraum als ihr ehemaliges Großherzogtum. Als echte Deutsche schonen sie den Wald, wo sie nur können. Überhaupt waren sie von jeher konservativ, weshalb denn auch die Reformation keine Wurzel bei ihnen faßte. In ihren Wohnungen fehlt selten der Weih=wasserkessel; sie sind eifrige Verehrer der Jungfrau Maria, der Schutzpatronin ihrer alten Heimat, und glauben steif und fest an die Wunderwirkung des Ge=betes.

Der Luxemburger Farmer ist in Amerika mit seinem Lose vollkommen zufrieden, weiß er doch aus Erfahrung, daß sich Fleiß und Sparsamkeit nirgends besser lohnen als dahier. Er geizt nicht nur mit seinem Gelde, son=dern auch mit seiner Zeit. Wenn es im Winter nichts auf dem Felde zu thun giebt, dann geht er auf die Freite und macht Hochzeit. Zur letzteren ladet er alle benachbarten Farmer ohne Unterschied der Nationalität ein und tischt ihnen aus Küche und Keller so reichlich auf, daß sich der Zimmerboden biegt. Alsdann geht es hoch her; es wird musiziert und getanzt, und die älteren Leute, die sich nicht in eine Ecke verzogen haben, um dem Lieblingsspiele „Mensch oder Zweck" zu huldigen,

versuchen alsdann die Lieder ihrer alten Heimat zu
singen.

Die Luxemburger behaupten, echte Deutsche zu sein;
doch wollen sie von den bösen Preußen nicht das Aller=
geringste wissen, und als im August 1871 zu Dubuque
in Iowa die noch bestehende, katholischen Tendenzen
huldigende Wochenschrift „Luxemburger Gazette" ge=
gründet wurde, konnte sich Pastor Flammang nicht ent=
halten, gleich in der ersten Nummer seinem Preußen=
hasse freien Lauf zu lassen und Preußen als das Land
hinzustellen, das ganz Deutschland ruinieren werde.

In der besseren Gesellschaft des Großherzogtums
Luxemburg dominiert die französische Sprache; dieselbe
wird auch fast ausschließlich in allen Gerichtshöfen ge=
sprochen. Wallonisch redet man nur in zwei Ortschaften,
nämlich in Soller und Donkols; Hochdeutsch hingegen
ist die Sprache der Geistlichkeit und der Zoll= und
Militärverwaltung. Das sogenannte „Letzeburger Deitsch",
ein dem Hochdeutschen schwer verständlicher Dialekt
bildet die Umgangssprache des gewöhnlichen Volkes, be=
sonders der Landbewohner. An diesem Dialekte aber,
der viel weniger als man erwarten sollte, durch franzö=
sischen Einfluß korrumpiert worden ist, halten sie fest.
Gründlich behandelt wurde derselbe zuerst durch P. Klein
in der Schrift „Die Sprache der Luxemburger" (1855).
Außerdem giebt auch die Einleitung und das Glossar,
das N. Gonner den „Prairiebluemen", einer Sammlung
luxemburger Dialektgedichte (Dubuque 1883) beigegeben
hat, einigen Aufschluß darüber.

Nach jenem Vokabularium wird b als Inlaut

meiſtens zu w, z. B. bleiwen, lewen, bedrcwen (betrüben),
Fewer (Fieber) u. ſ. w. Pf wird ſtets zu p und nb
in der Mitte eines Wortes zu nn, wie auch im Pfälzi=
ſchen. St wird auch im Auslaute als ſcht geſprochen,
Die Vorſilbe ein und un werden zu a und u z. B.
afehren, ugezun (ungezogen) u. ſ. w. Das Wort Vögel=
chen iſt zu Filchen, Jungfer zu Joffer, Nachbar zu
Noper und Grundbirne (Kartoffel) zu Gromper zu=
ſammengeſchrumpft. „Eſſekaſcht“ iſt der pleonaſtiſche
Ausdruck für Koſt oder Eſſen; ob aber der Name
„Schmuolmeſch“ (wörtlich überſetzt: Schmalmoraſt) für
Schwalbe auf den Umſtand zurückzuführen iſt, daß jener
Zugvogel ſein Neſt aus Schlamm bereitet, vermögen
wir nicht mit Beſtimmtheit zu ſagen.

Gonner wollte durch jene verdienſtvolle Anthologie
den Beweis liefern, daß den Luxemburgern in der neuen,
den Büffeln und Indianern abgerungenen Heimat der
angeborene Sinn für Poeſie durch das Streben nach
dem allmächtigen Dollar doch nicht ſo ganz und gar
abhanden gekommen ſei. Außer Gonner haben auch
noch die Dichter J. B. Nau und N. E. Becker Bei=
träge dazu geſteuert. Nau, ein wiſſenſchaftlich gebildeter
Bergmann, der es nur wenige Jahre in Amerika aus=
hielt, zeigt ſich in jenem Werke als edel denkender,
formgewandter Lyriker, der in ſeinen ſinnigen, ſangbaren
Liedern ſtets mit tiefer Wehmut ſeiner glücklichen Kinder=
jahre und ſeiner alten Geburtsſtätte gedenkt. In dem
zarten Gedichte „Herem, erem herem“ (Wieder zurück)
heißt es zum Schluſſe:

J hellt meischt me an der Fremt mech zureck;
Hm, erem hem, erem iwer d' Mer
Zo mengem Land, zo mengem Gleck,
Dat as mein enzege Beger!

Hun och um Eltregraf gekrascht,
Meng Freun gesinn, de nach daher
Am Dall, am Heischen hun ech rascht,
Ech sterwen dann fun Herze ger.

(Es hält mich nichts mehr in der Fremde zurück; Heim,
wieder heim zurück übers Meer, zu meinem Land, zu meinem
Glück, das ist mein einziges Begehr. Hab' ich am Elterngrab
geweint, meine Freunde gesehn, die noch im Thal, hab' ich am
Häuschen gerastet, dann sterbe ich von Herzen gern.)

Selbst in seinem, die Reiselust verherrlichenden Gedichte „Loscht fer ze Resen" kann er sich nicht von dem
beständig an seinem Herzen nagenden Heimweh frei
machen und klagt:

Meng Hemecht, lest Letzeburg,
Ech sen dach ze weit fun der gang.

In Becker lernen wir hingegen eine viel kräftigere
und entschiedenere Persönlichkeit kennen. „Steh fest, mei
Jong!" ist sein Wahlspruch, und diesen festen Stand-
punkt nimmt nach seiner Ansicht nur der ein, der im
Glauben bleibt.

Steh fest, mei Jong! Dei Selenhel,
Et muß der iwer alles gon.
Dei Glaf (Glaube), de se der kemol sel,
Wat och be aner mege son (sagen).

Weil ohne den Bauernstand die ganze Welt verhungern müßte, so lobt er denselben über alles. Wenn
alles über schlechte Zeiten klagt, wenn dem Schreiner

die Bretter zu teuer sind, wenn dem Schuster das Geld
zu schnell durch die Finger läuft, wenn der Schmied
sein Eisen nicht bezahlen kann, wenn der Kaufmann
abends beim Kassensturz ein langes Gesicht macht, wenn
der Wirt sein Bier selber trinken muß, um es nicht
sauer werden zu lassen, wenn beim Schulmeister Schmal=
hans Küchenmeister ist, dann kann sich der Bauer doch
unbekümmert um die Außenwelt wenigstens vor eine
volle Schüssel setzen und Gott einen guten Mann sein
lassen.

Mit stolzer Befriedigung blickt er auf die alte Zeit
zurück, da die Luxemburger mit bescheidener Börse, aber
mit Mut, Fleiß und gesundem Menschenverstand nach
Amerika kamen, das Land klärten und die Baumstumpen
verbrannten.

Mer hatte keng Bettstett, keng Still, a ken Desch,
An d'Lant, dat mer kaft hu, wor alles noch Besch (Busch).
Wat hu mer geplot (geplagt) ons matt Ruoden a Brennen,
Den Damp an den Aen (Augen), keng Haut un den Hennen
(Hänben).

Nachdem er dann noch weitere, mit der Urbar=
machung des jungfräulichen Bodens verknüpfte Mühsale
geschildert hat, sagt er:

Nu hu mer sche Lenner, schen Heiser a Scheiern,
Fleicht (vielleicht) Gelt op der Bank, a sleicht soft noch
Popeiern (Wertpapiere);
Mer hun iwertane fill Trubel a Pet (Leib),
An danken dem Herrgott, datt haut et gutt get.

Die Schilderung des achtzigjährigen Großvaters,
der sich im Frühjahr vor seiner Thüre unter spielende

Kinder wagt, ist ein wahres Kabinettsstück gemütreicher Kleinmalerei. Überhaupt ist Becker bei all seiner hausbackenen Einfachheit ein Mann von edler, kerniger Gesinnung. Trotzdem er ein entschiedener Gegner der Frauenemancipation ist, so giebt er doch in seinem köstlichen Schwanke „Deier Erzen" (Theure Erbsen) zu, daß kein Ehemann gefunden werden kann, der sich von seiner Frau nicht zuweilen beherrschen lasse.

Gonners Gedichte, welche den Hauptteil der genannten Sammlung bilden, sind zuweilen stark katholisch gefärbt. Bei jeder Gelegenheit rühmt er die deutsche Abstammung der Luxemburger; in dem Gedichte „Deitsch se mer an Deitsch bleiwe mer" sagt er:

> Mir letzeburger Menner
> Sen deitsch su Stam a Blutt,
> Bekannt an alle Lenner
> For frei, a frank,. a gutt.

Wo es angeht, da legt er auch eine kräftige Lanze für die Erhaltung des Luxemburger Dialektes in Amerika ein und ermahnt seine Landsleute ernstlich, ihren Stolz darin zu setzen, sich im Verkehr desselben zu bedienen und sich vor dem in acht zu nehmen, der sich desselben schämt.

> A wah e Letzeburger as,
> De wert seng Sproch och schwetzen,
> En as sech hirer wuolbeslaß,
> Sei Stolz wert hen dra setzen.
> Wan enas, den seng Sproch feruocht (verachtet),
> Den laß mer goech goen,
> Fir dem huolt ech, dir Leit, an uocht,
> Soß hu der bal ze kloen (klagen).

Knortz, Folkloristische Streifzüge. I.

Sonst aber freut sich Gonner aufrichtig, daß er in einem Lande wohnt, wo man nicht Soldat zu werden braucht, wo niemand den Hut viel „quetschen" muß und wo man Prinzen, Grafen und Barone nicht höher schätzt, als irgend einen Bauernjungen.

Mir schwere lengem Kinek Trei,
Mir selwer sin be Kinek hei.

So ganz und gar zufrieden aber ist er doch nicht mit seiner neuen Heimat; denn ein Land, in dem die Leute da einen Geldsack tragen, wo das Herz sein soll, in dem die Frauen das Hausregiment führen und in dem neben jeder Blume eine Klapperschlange liegt, ist nicht nach seinem Geschmack. Amerika ist ihm überhaupt die verkehrte Welt; wo Gott sein soll, ist Geld, der Mann ist die Frau, der Bauer Minister und der Schneider Präsident. Deshalb sagt er zum Schlusse seines „Heim= weh" betitelten Gedichtes:

Fort an d'Hemecht well ech zeen,
Wo dach d'Menschen Herzer hun,
D'Blumme rieche, wann se bleen,
Wo dach jibber Full (Vogel) sein Tun;
Wo de gelben Drauwe blanken
An dem schene Muselstrant,
D'Leit a Ro (Ruhe) hir Scheppchen drenken
Fort an d'Letzeburger Lant.

Die Biene.

Die Biene ist das einzige Insekt, dessen Zähmung den Menschen gelungen ist. Als Spenderin des zu zahlreichen Zwecken verwandten Honigs, als Vorbild des Fleißes, der Reinlichkeit, des Gehorsams und des Mutes erfreute sie sich zu allen Zeiten hoher Verehrung und liebevoller Behandlung, und mehr als ein Volk hat sie mit seinen Göttern in nahe Verbindung gebracht.

Sie ist das Attribut des indischen Liebesgottes Kama oder Kamadeva, dessen Bogensehne aus einer Kette von Bienen besteht; Wischnu, das Urbild der erhaltenden Kraft, wird als eine im Kelche einer Lotosblume ruhende Biene dargestellt. Unterägypten wird durch eine Biene symbolisiert. In verschiedenen katholischen Legenden treten Bienen als treue Begleiterinnen der Heiligen auf. Daß die Mormonen den Bienenkorb zu ihrem Symbol erkoren haben, dürfte allgemein bekannt sein.

Zeus wird manchmal mit einem von Bienen umschwärmten Haupte abgebildet; auch waren der Artemis die Bienen geheiligt, und ihre Priesterinnen wurden

6*

nach denselben genannt (Melissen). Die Biene brachte Glück und ihren Günstlingen die Gabe der Rede und Poesie, als deren Sinnbild sie vielfach gilt. Endlich feiern die Biene mehrere griechische Märchen, worunter auch das, welches den Dichter Pindar im Schlafe von Bienen ernäht werden läßt. Sophokles wird auf Grund dieser Anschauung häufig die „attische Biene" und Plato das „bienenlippige Orakel" oder die „Biene von Athen" genannt.

Für die alten Germanen hatte die Biene deshalb hohe Bedeutung, weil sie ihnen den zu ihrem Lieblings= getränke nötigen Honig lieferte. Nach ihrem Glauben nährten sich die Bienen von dem Honigtau, der von der Welt=Esche Yggdrasil auf die Erde tropfte.

Wie Prometheus das Feuer, so holt nach der finnischen Kalewala die Biene den Honig aus dem Himmel.

> „Bienchen, du der Lüfte Vogel,
> Fliege nun zum dritten Male
> In die Höhe nach dem Himmel;
> Fliege über neun der Himmel,
> Honig giebt es dort in Fülle,
> Süßer Seim so viel man wünschet."

Von dem dortigen Honig heißt es:

> „Dieses ist die rechte Salbe,
> Ist der Mächt'gen Zaubermittel,
> Womit Gott, der Höchste, salbet,
> Selbst den Schmerz der Schöpfer stillet."

In Yukatan, woselbst man schon in den ältesten Zeiten der Bienenzucht große Aufmerksamkeit geschenkt hatte, hielten die Bienenzüchter früher jährlich ein Fest

ab, um ihren Spezialgott Hobnil durch Priester verehren zu lassen. Bei derselben Gelegenheit wurden
auch ihren vier Göttern des Überflusses vier mit Honig
gefüllte Schalen geopfert.

Ägypten ist die Heimat der in Rom und Griechenland, sowie auch während des Mittelalters in Frankreich und Deutschland viel verbreiteten Sage, nach
welcher die Bienen ursprünglich aus dem Körper eines
verwesenden Stieres hervorgegangen seien. Ein Anklang
an diese Sage findet sich in der Erzählung „Die beiden
Lügner", die Haltrich in seinem Werke „Volksmärchen
aus dem Sachsenlande in Siebenbürgen" mitteilt. Me-
leager, Virgil, Ovid, Philetus u. s. w. gedenken derselben mit mehr oder weniger Ausführlichkeit. Von
der alten Legende, nach welcher der in Memphis gött-
lich verehrte Apisstier, in dem die Seele des Gottes
Osiris wohnte, die Bienen hervorgebracht haben soll,
findet sich ein Nachklang in der hebräischen Simsonsage
in der ja auch berichtet wird, wie „Süßigkeit aus dem
Starken" hervorging.

Der Bienenstaat bildet eine kommunistische Monarchie.
Aristoteles nennt ihn das Muster eines wohlgeordneten
Reiches, denn alle Bewohner desselben arbeiten gemeinschaftlich für einen bestimmten Zweck, und alle fügen
sich ruhig den Winken eines Herrschers. Faulenzer
werden darin nicht geduldet; haben die wehrlosen
Drohnen ihre Schuldigkeit gethan, so werden sie getötet und zum Tempel hinausgeworfen. Selbst der
Königin geht es nicht besser, sobald sich Altersschwäche
bei ihr einstellt. Pensionen werden nicht gezahlt; wer

im Bienenstaate nicht arbeiten kann, soll auch nicht essen.

Seneca nennt es eine weise und lehrreiche Einrichtung, daß die Bienen beim Stechen nicht nur ihren Giftstachel, sondern zugleich auch ihr Leben einbüßen. Jede kann also nur einmal ihrem Hasse freien Lauf lassen, was leider bei den Menschen nicht der Fall ist. „Die Biene hat nur einen Pfeil in ihrem Köcher," heißt es in einem von Ellen Emerson in dem Werke „Indian Myths" (Boston 1884) mitgeteilten indianischen Kinderlied.

Auch in dem bitaktisch-satirischen Gedichte Mandevilles, das 1706 zu London unter dem Titel erschien „The grumbling bee-hive, or, knaves turned honest", wird der Bienenstaat wegen seiner musterhaften Einrichtung, die alle utopischen Träume vernichte, ernstlich gepriesen. Es wird darin nachgewiesen, daß die Welt deshalb nichts tauge, weil man es nicht verstehe, die Fehler der Menschen, die doch nichts als der Ausfluß ihres Thätigkeitstriebes seien, passend und nutzbringend zu verwerten.

Trotzdem nun in Mandevilles Bienenkorb Wohlstand, Ordnung und Fleiß herrschten, so hatten doch einige hyperkritische Moralisten mancherlei daran auszusetzen; einer derselben beschuldigte sogar vor dem Throne Jupiters einige Bienen des Diebstahls, was den Götterkönig bewog, kräftig gegen dieselben einzuschreiten. Sobald er jedoch die angeklagten Bienen entfernt hatte, ließ der Fleiß der übrigen nach, der Wohlstand schwand und die Bevölkerung nahm zusehends ab. Die Schlußmoral dieser Tierfabel ist allerdings nicht sehr trostreich; da sie aber das politische und soziale Leben Amerikas trefflich illustriert, so will ich sie hier nach Glocks Übersetzung („Symbolik der Bienen", Heidelberg 1891) mitteilen:

> . . . . Der Thor nur kann
> Des Glaubens sein: es könne Redlichkeit
> Nur eines Volkes Größe bilden. Nein!
> Genuß der Lebensfreuden, Kriegesruhm,
> Zufriednen Sinn, von keinem Lastergift
> Verpestet, trifft man nur im Himmelreich
> Utopia. Die List, die Eitelkeit,
> Der Stolz muß sich stets regen, wenn wir uns
> Des Guten freuen sollen. Hunger ist
> Ein Übel unfehlbar; doch wer verdaut,
> Gedeiht denn ohne ihn? Verdanken wir
> Die Traube nicht der magern, krummen Rebe,
> Die, wenn sie unbeschnitten bleibt, sich selbst
> Im Wachstum stört und nur an dünnem Reis
> Gewinnt, doch uns die schönste Frucht beschert,
> Wenn sie gerichtet und gelichtet wird?
> So kann das Laster selbst zu unserm Heil
> Erwachsen, wenn Gerechtigkeit es nur
> Bewacht und zügelt. Ja, dort, wo das Volk
> Nach Größe geizt, thut es dem Staat so not,
> Wie Hunger dem Genuß der Speise. Mit
> Der nackten Tugend kann kein Volk im Glanz
> Erscheinen. Soll ein goldenes Zeitalter
> Den Menschen wiederkehren, muß bei Redlichkeit
> Die Eichel ihnen Leckerbissen sein."

Über Mandeville und die Bienenfabel-Kontroverse hat neuerdings (1897) der Ulmer Professor P. Sackmann eine ausführliche Studie im Mohrschen Verlage zu Freiburg i. B. erscheinen lassen.

Die Bienenkönigin wird zuweilen auch „der Weisel" genannt, was allerdings nicht zu ihrem Geschlecht paßt, das jedoch in früheren Zeiten unbekannt war. Im Althochdeutschen hieß sie Wiso, nämlich Herzog, und deshalb galten die Bienen auch vielfach als Zeichen königlicher Würde. So war der Purpurmantel des 481 gestorbenen Frankenkönigs Childerich mit 300 goldenen Bienen besetzt, und Napoleon I. ließ auf seinem Krönungsmantel Bienen die Stelle der bourbonischen Lilien einnehmen.

Der einer Armee begegnende Bienenschwarm bedeutete je nach Umständen Sieg oder Niederlage. In einer angelsächsischen Bienensage werden die Bienen als Siegweiber oder Walküren bezeichnet. Die Heere nahender Feinde werden im alten Testamente mit Bienenschwärmen verglichen. Debora, der Name der streitbaren jüdischen Richterin, heißt auf deutsch Biene; sie erhielt denselben nach Ansicht einiger Kirchenväter wegen ihres großen Mutes. In Rollenhagens Tierfabel „Der Froschmäuseler" nehmen die Bienen eifrigen Anteil an dem Kriege zwischen Fröschen und Mäusen. Ihren kriegerischen Charakter schildert ferner das afrikanische Märchen „Der Krieg der Tiere" in Bleeks interessantem Sammelwerk „Reinecke Fuchs in Afrika" (Weimar 1870).

Bei den Bienen berühren sich zwei Extreme, Süßigkeit und Gift. Deshalb lautet ein altes Sprichwort:

„Wer Honig will sammeln und Rosen will brechen,
Muß leiden, daß Biene und Dorn ihn stechen."

Fel (Galle) und mel (Honig) werden im Latei=
nischen oft gegenüber gestellt; „ubi mel, ibi fel" lautete
Luthers Wahlspruch. Aber auch in intellektueller Hin=
sicht berühren sich bei der Biene die Extreme, denn sie
ist nicht nur kampfesmutig, sondern auch dankbar und
diensteifrig. Bienenzüchter behaupten, daß edle Menschen
ihre Stachel nicht zu fürchten hätten, und dies wird
auch durch zahlreiche Märchen bekräftigt.

In russischen Volkserzählungen erscheint die Biene
zuweilen auch als wohlthätige Fee, welche Unglücklichen
beisteht. Eine Legende im „Tuti=Name" erzählt von
einer Biene, welche Brot vom Tische des Königs stahl
und einen blinden Sperling damit ernährte. In dem
Märchen „Der Königssohn und der Bartlose", das
Hahn im ersten Bande seiner „Griechischen und alba=
nischen Märchen" mitteilt, hat sich der Königssohn die
Bienen dadurch zu Dank verpflichtet, daß er einen
Bären erschlug, der ihre Wohnung zerstören wollte.
Dafür zeigen sie ihm dann später die aus vielen Tän=
zerinnen zu wählende Braut.

In dem von Haltrich aufgezeichneten Märchen
vom Rosenmädchen weist eine Biene einem armen
Waisenknaben, der von einer alten Frau an Kindesstatt
angenommen worden war, den Weg zu einer reichen
Braut und damit zum Glück. In einem wallachischen
von Schott mitgeteilten Märchen erscheint die Biene
als Botin Gottes, die von demselben, als er eben im
Begriff war, die Welt zu schaffen, zu dem Teufel ge=
schickt wurde, um diesen zu fragen, ob es besser sei,
nur eine oder mehrere Sonnen zu schaffen. Während

der Teufel sich darüber besann, setzte sich die Biene
auf seinen Kopf und erfuhr so die geheimen Gedanken
desselben. Der Teufel nämlich überlegte gerade, daß,
wenn mehr als eine Sonne geschaffen würde, ihre Glut
die Flammenglut der Hölle übertreffen und die Nacht
zum Tage machen könne, so daß die Werke der Finster=
nis vor lauter Licht nicht mehr möglich wären. Er
entschied sich deshalb für die Erschaffung einer Sonne.
Erst als die Biene aufflog, um Gott die Antwort
des Teufels zu überbringen, bemerkte dieser, daß auf
seinem Kopf sitzend, ihn belauscht habe. Da hieb er
dann im Zorne mit seiner Peitsche nach dem fort=
fliegenden Insekt und traf es auf den Leib. Durch
diesen Schlag erhielt die Biene ihre eingeschnittene Ge=
stalt und die schwarzen Ringe des Hinterleibes; denn
vorher war sie, nach der Sage der Wallachen, als
Dienerin Gottes weiß wie das Licht. Heute noch heißt
die Biene bei ihnen Albina.

Der amerikanische Folklorist Jeremiah Curtis
teilt im 2. Band des „Journal of American Folklore"
folgendes ihm von einer alten Irländerin erzählte
Märchen mit:

„Mark Flaherty führte einst nach Sonnenuntergang
sein Pferd auf die Weide. Als er in der Mitte des Feldes an=
gekommen war und dem Pferde den Zaum abgenommen
hatte, hörte er plötzlich seinen Namen rufen. Er blickte
sich um, sah jedoch niemanden; auch konnte sich nie=
mand versteckt haben, da das Feld flach war und sich
weder Baum noch Stein auf demselben befand. Auf
seinem Heimwege vernahm er einen Lärm, als ob der

Wind in den Segeln eines großen Schiffes heulte; woher derselbe kam, konnte er jedoch nicht ergründen. Da ihn dieses Geräusch bis in die Nähe seiner Wohnung verfolgte, so glaubte er, sein letztes Stündlein sei nahe, und legte sich bekümmert ins Bett. Aber der Schlaf floh ihn und es kam ihm vor, als läge jemand auf ihm. Am nächsten Morgen war sein Haar so weiß wie Schnee. Noch drei Jahre lang war er denselben Verfolgungen ausgesetzt, und da er inzwischen bis auf die Knochen abgemagert war, so erwartete er stündlich sein Ende. Nun trat eines Tages ein alter Bettler zu ihm und sprach: „Du mußt zu den Bienen gehen, Honig holen und damit deinen Körper von Kopf bis zu den Füßen einsalben. Du mußt den ersten Honig junger Bienen selber holen; denn wenn es ein anderer für dich thut, so verliert er seine Kraft. Die Bienen fliegen auf jede Blume der Welt und nehmen das Beste daraus; ihr Honig enthält also die Eigenschaften aller Blumen; er wird dich heilen und wieder jung machen." Mark befolgte den Rat und ward wieder frisch so und gesund wie jemals."

Im Märchen von der verzauberten Prinzessin, das sich in Bechsteins bekannter Sammlung befindet, wird der böse Helmerich, der sich bei seinem Versuche, die Königstochter· zu befreien, lediglich auf seine Klugheit verließ und Enten, Ameisen und Bienen dabei mißhandelte, von diesen bei der Ausführung dreier Arbeiten im Stiche gelassen, so daß er also seine Eltern und seinen ungeschickten Bruder Hans nicht, wie er versprochen, in einem sechsspännigen Wagen abholen konnte.

Hans hingegen ging schlauer zu Wege. Auf seiner Reise zum Zauberschlosse fütterte er die Enten, half den Ameisen bei ihrer Arbeit und beschenkte die Bienen mit frischen Blumen, wofür sich alle rechtzeitig dankbar zeigten. Als er zur Lösung der dritten Aufgabe in einen Saal geführt wurde, um aus drei tief verschleierten Jungfrauen die richtige zu wählen, flog eine Biene herein und summte leise: „Die Mittle, die Mittle!" Hans erlöste nun die bezeichnete Königstochter, nahm sie zur Frau und ließ seine Eltern mit einem goldenen, von sechs Pferden bespannten Wagen abholen.

Als treues, nützliches Insekt erwarten die Bienen auch ein liebevolles Entgegenkommen von seiten ihres Herrn. Sie gehören ins Haus und wollen anständig behandelt werden. Wenn in New Hampshire ein Bienenzüchter stirbt, so müssen sie davon pflichtschuldigst benachrichtigt werden; wird dies unterlassen, so schwärmen sie nicht, haben wenig Honig und sterben bald. Todesfälle in der Familie wurden früher in Neuengland den Bienen dadurch angezeigt, daß die Hausfrau die Körbe mit schwarzem Tuch behängte und ein Trauerlied dabei sang. Dieses Gebrauchs gedenkt auch Whittier in einer seiner „Home ballads".

In Westfalen wird ein neuvermähltes Paar den Bienen vorgestellt und dabei gesprochen: ·

„Imen in, Imen ut,
Hir is de junge Brut.
Imen um, imen an,
Hir is de junge Mann.
Imeles verlätt se nitt,
Wenn se nu mal Kinner krit."

In Böhmen verziert man bei dieser Gelegenheit die Bienenstöcke mit roten Tüchern.

Verlassen die Bienen plötzlich ihre Wohnung, ohne zurückzukehren, so ist dies ein sicheres Zeichen, daß ihr Herr bald das Zeitliche segnet. Die Bienen eines Verstorbenen kauft man deshalb nicht gerne, weil sie meistens zu Grunde gehen.

Damit die Bienen wohl gedeihen, vergraben die Südslaven, wie Dr. Krauß erzählt, ein lebendiges Ferkel oder einen lebendigen Igel; darauf bohren sie ein Loch in den Hausthürpfosten, stecken eine Biene hinein und verstopfen die Öffnung mit Wachs. Letzteres thun sie auch, um die schwärmenden Bienen zu verhindern, eine fremde, weit entfernte Gegend aufzusuchen.

Vom Schwärmen der Bienen handelt folgender, allen amerikanischen Imkern wohlbekannte Reim:

„As swarm of bees in May
Is worth a load of hay;
A swarm of bees in June
Is worth a silver spoon;
A swarm of bees in July
Is not worth a fly.“

Da die Bienen der Sage nach dem Paradiese entstammen und mithin heiliger Natur sind, so können sie auch keine entehrende Behandlung ertragen. Den Herrn, der sie vernachlässigt, verlassen sie bald. Wenn man vergißt, sie von irgend einem wichtigen Familienereignis in Kenntnis zu setzen, so fliegen sie fort oder sterben. Dieser Glaube findet sich sogar, wie Frl. Owen in ihren „Voodoo Tales“ (New York 1893) mitteilt, bei den Vooboo in Louisiana. Diese Leute verlangen auch, daß der Bienendieb den Preis für den gestohlenen Stock auf dessen Stelle zurücklassen müsse, damit die Bienen nicht sterben. Das Sprichwort der Vooboo und der Neger:

> „Dream o' honey—lots o' money,
> Dream o' bees—lib at yo' ease"

ist durch ganz Amerika verbreitet. Fast ebenso bekannt ist der amerikanische Kindervers:

> „Burnie bee, burnie bee,
> Tell me when your wedding be?
> If it be to-morrow day,
> Take your wings and fly away."

Derjenige, dem sich eine Biene während des Schlafes auf den Mund setzt, kann sich den Glücks= kindern zuzählen. Daß die Bienen mit dem Glücke in naher Verbindung stehen, davon zeugen zahlreiche Sprichwörter, wie aus Glocks früher erwähntem Buche zu ersehen ist.

Auf den sprichwörtlichen Fleiß der Bienen deutet auch das amerikanische Kinderrätsel von der Taschen= uhr hin:

> „Round as a biscuit.
> Busy as a bee,
> Prettiest little thing
> I ever did see."

Zwei andere, sich auf die Bienen beziehende Rätsel befinden sich in Eckarts verdienstvoller Sammlung niederdeutscher Rätsel (Nr. 84 und 711); ihres derben Inhaltes wegen wage ich es jedoch nicht, sie hier an= zuführen.

Ein von Hugo von Meltzl in seiner kleinen
Schrift über die Rätsel und Vexierfragen der Szekler
mitgeteiltes, „Schnee“ bedeutendes Rätsel lautet in
deutscher Umdichtung:

„Den großen Bienenkorb umgiebt ein dichter Schwarm,
Doch schnell zerfließt er, macht die Sonn' ihn warm.“

In Süddeutschland braucht man häufig den Namen
„Imme“ für Biene; derselbe, von dem, beiläufig ge=
sagt, der Mädchenname „Emma“ stammt, ist wie auch
Wespe, Hummel und Bremse, nichts anderes als eine
onomatopoetische Bezeichnung unseres Insektes.

Mit dem Ausdruck bees verbindet der Amerikaner
den Begriff einer Volksversammlung zu gemeinschaft=
lichem Zwecke. Will sich ein Ansiedler eine Hütte
bauen und hat er die nötigen Baumstämme auf einen
bestimmten Platz gefahren, so ruft er seine nächsten
Nachbarn herbei, um ihm bei der Aufstellung seines
Hauses behilflich zu sein. Dies ist dann eine sogenannte
building oder raising bee. Dabei mitzuhelfen, ist die
Pflicht jedes Ansiedlers; wer es nicht thut, erhält in
Virginien den Namen „Lawrence“*) und wird in die
Acht erklärt.

Soll ein Grundstück schnell von Bäumen oder

*) „Lazy Lawrence“ ist die in der neuesten Auflage
des Websterschen Diktionärs nicht enthaltene sprichwörtliche Be=
zeichnung eines Faullenzers. Das seine Lebensgeschichte be=
schreibende altenglische Volksbuch führt den Titel: „The history
of Lawrence Lazy, containing his birth and slothful
breeding; how he served the schoolmaster, his wife, the
squire's cook, and the farmer, which, by the laws of

Steinen gesäubert werden, so thun sich die Pioniere zu chopping oder stone bees zusammen; dies geschieht besonders, wenn auf dem betreffenden Grund ein öffent= liches Gebäude errichtet werden soll. Husking bees, bei denen die Maiskolben enthülst werden, nehmen bei dem jüngeren Geschlecht Amerikas die Stelle der Spinn= stuben Deutschlands ein. Der junge Mann, der bei dieser Beschäftigung eine rote Ähre findet, hat das Recht, von jedem anwesenden Mädchen einen Kuß zu verlangen. Ursprünglich war dies, wie auch Longfellow in „Hiawatha" bezeugt, ein indianischer Gebrauch.

An den sogenannten quilting bees, auf denen hunderterlei Fetzen und Fetzchen zu einer großen Decke zusammengenäht werden, beteiligen sich nur Damen. Fast jede dieser Sitzungen wird mit Musik und Tanz geschlossen. Diese „Quilts" sind mitunter wahre Kunst= werke; denn die vielen farbigen Kattunläppchen sind oft so zusammengestellt, daß sie Tiere, Bäume, Blumen oder Zimmergeräte darstellen. Im östlichen Massa= chusetts nennt man dieselben „Peter pay Paul"; in Louisiana sagt man dafür "Robbing Peter to pay Paul", was auf den Gebrauch zurückzuführen ist, hier oder da ein Stück wieder auszuschneiden, um es an einer anderen Stelle einzusetzen. Diese kunstreichen

---

Lubberland (Schlaraffenland), was accounted high treason." Der englische Kinderreim:

> „Lazy Lawrence, let me go,
> Don't hold me summer and winter too"

wird einem faulen Jungen in den Mund gelegt, der da thut, als wolle er sich zur Arbeit aufraffen.

„Quilts" führen ihre Namen nach den auf denselben dargestellten Gegenständen. So findet man besonders in Ohio die „Zuckerdosen-" und „Fliegenquilts" stark vertreten. In Illinois hat man „Bärenklauen"- und in Massachusetts „Entenfußquilts". Bestehen sie aus recht vielen buntfarbigen Stückchen, so werden sie crazy quilts genannt.

Bei den spelling bees soll ausgefunden werden, wer am besten buchstabieren kann.

Wer überspannt oder übergeschnappt ist, hat, wie die Schottländer sagen "a bee in the head" oder er ist "in the bees".

Und von dem amerikanischen Politiker, der krampfhaft nach der Präsidentschaft der Vereinigten Staaten trachtet, sagt man, ihm summe die Präsidentenbiene (presidential bee) im Kopfe.

Der Rabe.

Auf einem allgemein bekannten Holzschnitte, das Begräbnis eines Jägers darstellend, tritt der Rabe in schwarzem Federkleide und weißen Bäffchen als amtierender Geistlicher auf, um dem gestorbenen Tierfeinde die Leichenpredigt zu halten, wozu er außer seinem unheimlichen Aussehen auch noch durch seine sich stets in den engsten Grenzen bewegende Redekunst sicherlich berechtigt war. Außerdem ist es auch durch zahlreiche Märchen und Sagen bestätigt, daß der Rabe stets in naher Beziehung zu den Göttern stand und sich vielfach als Diener derselben nützlich machte, wozu ihn besonders seine Klugheit und Langlebigkeit befähigten.

Odin verdankte seine Kenntnis der Vorgänge auf der Welt hauptsächlich seinen beiden Raben Hugin und Munin (Gedanke und Erinnerung); dieselben pflegten gewöhnlich auf seinen Schultern zu sitzen, so daß er sich nicht lange nach ihnen umzuschauen brauchte, wenn er sich ihrer als Kundschafter bedienen wollte. In dem eddischen Gedichte „Odins Rabenzauber" macht Hugin auf die bald hereinbrechende Götterdämmerung aufmerksam, ohne jedoch dadurch den auffallenden, dem Anscheine nach ungerechtfertigten Titel jenes dunklen Ergusses zu erklären.

Da nach einer altgriechischen Notiz die Raben 3600 Jahre alt werden sollen*), so ist es kein Wunder, daß uns die alten odinschen Raben nach langen Jahren wieder auf dem Kyffhäuserberge begegnen, wo sie ihr gewohntes Wächteramt insofern ausüben, als sie beständig auf der Hut sind, um dem schlafenden Kaiser die Wiedererstehung des deutschen Reiches rechtzeitig zu verkünden.

Daß auch die Raben die Schlafstätte Kaiser Karls V. im Untersberge bei Salzburg zu ähnlichem Zwecke umkreisen, ändert an der historischen Prophetenaufgabe derselben nichts.

Erst durch seine beiden Raben wurde Odin allwissend. So singt Rückert in dem Gedicht „Bau der Welt":

„Gewärtig saßen seines Winks
Auch bei dem Mahl zwei Raben
Auf seinen Schultern rechts und links,
Die stets ihm Kundschaft gaben.
Sie flogen alle Welt hindurch
Und kehrten dann zu Odins Burg,
Und brachten alle Worte
Vor seines Ohres Pforte."

Odin aber ist seinem Grundwesen nach der nordische Sonnengott. Die Raben repräsentieren die Nacht; schwindet dieselbe, so tritt der Gott hervor und hängt seinen Schild, die Sonnenscheibe, an einen dürren Baum, worauf alles zu neuem Leben ersteht.

---

*) Häußner, Die deutsche Kaisersage. Bruchsal 1882.

Als Erforscher der Welt tritt der Rabe auch bei
Noah und dessen babylonischem Kollegen Xisuthrus auf.
Nach einer jüdischen Sage soll jedoch der vorsintflut=
liche Rabe weiß gewesen sein und zur Strafe dafür,
daß er sich in der Arche mit einer befiederten Gesell=
schafterin gepaart, schwarze Federn erhalten haben*).
Auch sagen die Juden, daß er deshalb heute noch lebe,
weil er seit jener Katastrophe beständig Aas gefunden habe.

Da die Römer dem Glauben huldigten, der Rabe
höre in der Luft die Götter sprechen, so galt er bei
ihnen als Orakel. Seinem Geschrei und Fluge legten
sie allerlei Bedeutungen unter, und wer sich von ihnen
nach dem Besitze der Prophetengabe sehnte, aß sein Herz
und seine Eingeweide. In einigen Apollo geweihten
Tempeln wurden Raben gehalten; auch leitete einst
Apollo in Rabengestalt die Wanderung der Theräer
nach Kyrene.

Einige Indianerstämme Kaliforniens glauben, daß
die Raben mit ihren Zauberern reden könnten. Die
Bewohner der Katharineninseln verehren den Raben als
göttlichen Botschafter und die Tschimschianer im Nord=
westen Columbias als den Schöpfer der Welt**). Als

---

*) Nach einer griechischen Sage verwandelte Apollo die
weißen Federn des Raben in schwarze. Dies soll den Übergang
der weißen Wolke zur dunklen Gewitterwolke darstellen.

**) Vol. IV, Journal of American Folklore. — Der
Rabe ist auch Gründer der Mythologie der Haidas. Siehe den
Artikel „Raven Myths of the Northwest Coast“ by James
Deans. („American Antiquarian and Oriental Journal“,
Sept. 1889).

Caugh, so heißt er dort nämlich, die Erde vollendet hatte, sann er darüber nach, wie er Wesen schuf, welche dieselbe beherrschen sollten. Er pflog also geschlechtlichen Umgang mit einem Steine und einem Hollunderbusche und wartete ängstlich, welches der beiden zuerst Mutterfreuden genösse. Wäre dies der Stein gewesen, so würden die nun entstehenden Geschöpfe mit Schuppen bedeckt sein und ewig leben; im andern Falle aber würden sie Nägel an Fingern und Zehen erhalten haben und früher oder später sterben. Letzteres trat nun ein.

Die Thlinkihts verehren in Yehl, einer geheimnisvollen Rabengottheit, den Schöpfer aller Dinge*). Am Anfange war die Welt dunkel, feucht und wüste; nur Yehl war das einzige lebende Wesen, das in Rabengestalt mit seinen Flügeln das Wasser verscheuchte, so daß das trockene Land zum Vorschein kam. Dann wurden die Thlinkihts erschaffen; Sonne, Mond und Sterne aber gab es damals noch nicht.

Nun hatte, wie es weiter heißt, ein gewisser Indianer eine Schwester und eine Frau, auf welch letztere er so eifersüchtig war, daß er sie, während dem er im Walde mit der Herstellung von Canoes beschäftigt war, beständig von acht roten Vögeln beobachten ließ. Um nun recht sicher zu gehen, steckte er sie, wenn er sich entfernte, jedesmal in einen Holzkäfig. Selbst auf die Söhne seiner verwittweten Schwester war er so eifersüchtig, daß er sie der Reihe nach mit auf die See nahm und dort ertränkte.

*) P. 98, vol. III. Bancroft, Native Races of the Pacific States.

Als nun die Mutter einst weinend am Ufer saß, schwamm ein Delphin — andere sagen, es sei ein Walfisch gewesen — auf sie zu und sagte ihr, sie solle einen Kieselstein verschlucken und etwas Seewasser dazu trinken. Nachdem sie es gethan, fühlte sie sich schwanger und gebar nach acht Monaten einen Sohn. Dieser war Yehl, der menschliche Gestalt angenommen hatte und nun zu einem tüchtigen Jäger und Bogenschützen heranwuchs. Eines Tages erschien ihm ein großer Vogel mit einem Elsterschwanz und einem langen, glänzenden Metallschnabel. Der Name dieses Vogels war Kutzghatuschl, oder „der Kranich, der bis hinauf an den Himmel fliegen kann". Diesen schoß Yehl und zog ihm die Haut ab; wenn er nun später fliegen wollte, so brauchte er sich nur das Federkleid des getöteten Vogels anzuziehen.

Nun nahm er sich vor, den Tod seiner Brüder an seinem Oheim zu rächen. Er öffnete zuerst die Kiste und befreite die gefangene Frau. Sobald dies der Oheim durch die acht roten Vögel erfuhr, eilte er nach Hause und lud Yehl mit der freundlichsten Miene zu einer Spazierfahrt auf dem Wasser ein. Dieser nahm die Einladung auch an und wurde dann bald über Bord geschleudert. Nun glaubte der Oheim seinen schlimmsten Feind beseitigt zu haben und ruderte also vergnügt dem Ufer zu. Yehl schwamm jedoch heimlich auf einem anderen Wege ans Land und begab sich in das Haus seines Oheims. Dieser wurde nun so wütend, daß er eine große Flut über die Erde kommen ließ; Yehl entging jedoch der allgemeinen Zerstörung dadurch, daß er sein Federkleid anlegte und sich so lange in den Wolken aufhielt, bis sich das Wasser verlaufen hatte.

Auch in der Sintflutsage der Algonkins spielt der Rabe eine Rolle. Als das Wasser so hoch gestiegen war, daß es dem auf einem Baume sitzenden Menabuscho*) bis an das Kinn reichte, schickte er den Raben aus, um trockenes Land zu entdecken. Da dieser nun nicht zurück kehrte, so sandte er eine Moschusratte in die Tiefe, um etwas Erde zu holen. Dies gelang derselben auch, und nun schuf Menabuscho aus dem Erdklümpchen eine neue Erde mit zahlreichen Thälern, Bergen und Schluchten. Nach einiger Zeit kehrte auch der Rabe zurück und berichtete, daß die jetzige Erde endlos sei, was den Menabuscho so sehr erfreute, daß er ihm die Versicherung gab, es solle ihm niemals an Nahrungsmitteln fehlen.

Aber der Rabe läßt sich nicht nur ernähren, sondern er trägt auch den Notleidenden Speise zu und tritt in einzelnen Fällen auch noch als rettender Arzt auf. Den Propheten Elias und den christlichen heiligen Oswald schützte er vor dem Verhungern; der verwundete altdeutsche Sinfiötli wurde durch ein Blatt geheilt, das ein Rabe herbeigeholt hatte. In dem Werke „The Indians of Cape Flattery" von J. G. Swan (Washington 1869) steht von einem Indianer zu lesen, der den Gebrauch eines Beines verloren hatte und durch einen Raben kuriert worden war. Als er sich nämlich eines

---

*) Über diese Gottheit siehe die Einleitung zu meiner Hiawatha-Übersetzung. Jena 1872.

Tages in einem Flusse dicht bei seiner Hütte badete,
vernahm er plötzlich ein so lautes Geräusch über sich,
daß er sich vor Angst in seine Decke hüllte und nur
mit einem Auge herauszublicken wagte. Da bemerkte
er nun, daß sich ein Rabe neben ihn niederließ und
nachdem er mehrmals laut gekrächzt, einen Knochen
fallen ließ und dann fortflog. Der Indianer hob den
Knochen auf und zeigte ihn einem Medicinmanne, der
dann erklärte, daß derselbe von Hahektoak, dem Gotte
des Blitzes, stamme, und ihm von seinem Schutzgeiste
geschenkt worden sei. Drei Tage darauf war der Patient
geheilt. Derselbe schenkte jenen Glücksknochen später
seinem Sohne."

Als zuverlässiger, treuer Freund tritt der Rabe in
einer Fabel des Hitopadeśa auf. Dort rettet er ein
Reh, das durch die Falschheit eines Schakals in Lebens=
gefahr geraten war, vor dem sicheren Tode. In der
langen skandinavischen Ballade „Warner Rabe"*) trägt
sogar ein Rabe eine Braut ihrem Bräutigam zu, wobei
allerdings zu bemerken ist, daß dieser Rabe der ver=
zauberte Bruder der Jungfrau war.

Bei den Druiden verwaltete der Rabe das Amt
des Schiedsrichters. Jede der klagenden Parteien setzte
ihm nämlich einen Kuchen vor, und diejenige, deren
Kuchen er zuerst verzehrte, galt als Siegerin*).

Als Repräsentant der Klugheit zeigt sich der Rabe

*) S. 230 Talvj, Charakteristik der Volkslieder.
*) S. 105 Barth, Über die Druiden der Kelten. Er=
langen 1826.

in dem ungarischen Märchen vom klugen und unklugen
Mädchen*).

„Es war einmal ein Wald, in dem Walde war
ein großer Baum, auf dem Baume war ein eingestürzter
Ofen, auf dem Ofensims war ein Märchenbüchlein und
in diesem war das Märchen, das ich jetzt erzählen will.

Es war einmal eine Frau, die hatte eine leibliche
und eine Stieftochter; jene liebte sie, diese hingegen
haßte sie und pflegte sie zu schlagen. Sie schickte das
Mädchen einmal in die Burg der Bösen, damit es zu
Grunde gehe, und gab ihm nichts mit als ein Stück
trockenes Brot; das nahm es in die Schürze und alles,
was es zum Nähen brauchte.

Wie die Stieftochter so geht, kommt sie in einen großen
Wald, und in dem Wald begegnete sie einem Raben.
Der Rabe fragte sie, wohin des Weges, die Maid aber
erzählte ihm alles, wie es war. Da sagte der Rabe, er
sei die Klugheit, und bat sie, ihn mitzunehmen, vielleicht
könne er ihr noch von Nutzen sein; da nahm ihn das
Mädchen mit. Nicht lange darauf begegnete ihnen ein
kleiner Hase, der war die Güte; auch den nahm sie auf,
sowie das kleine Hündchen, das war die Treue.

Gar bald kamen sie in der Burg der Bösen an.
Das Mädchen machte sich da ans Spinnen, und als
die Spindel voll war, aß sie vom trockenen Brote und
gab auch den drei Tieren davon. Und als sie so im
Essen war, da entsteht auf einmal ein Lärm; die Bösen
richten die vielen Tische her und darauf das viele teure

---

*) A. Herrmann, Ethnologische Mitteilungen aus Ungarn,
1. Jahrg., Heft 2.

Eßwerk, und sie nötigen das Mädchen fast von ihrem
Platze heraus, aber es rührte sich auf den Rat der
Tiere nicht. Doch damit war es noch nicht alle. Es
folgte hierauf Musik und Tanz, doch sie konnten das
Mädchen nicht verlocken, auch mit den schönsten Kleidern
nicht, die sie ihm anboten. Es wandte sich von ihnen
ab und spann nun weiter, und da sie fertig war, packte
sie zusammen und machte sich nach Hause auf. Auf
dem Heimweg im Walde gab ihr die Klugheit Blätter,
die Güte Gräser und die Treue Blumen und dann
nahmen sie Abschied. Als das Mädchen aber nach
Hause kommt, da ward Gras, Blumen und Blatt zu
lauter Gold, Silber und diamantenen Kleidern.

Die Stiefmutter schickte nun ihre leibliche Tochter
in die Burg der Bösen; da diese sich jedoch den ihr
begegnenden Tieren gegenüber roh und herzlos benahm
und sich auch in der Burg nicht ordentlich aufzuführen
wußte, kam sie mit schweren Brandwunden nach Hause.

Nach dem griechischen Märchen vom Haar der
Schönen helfen die Raben einem Knaben, der sich in
der Unterwelt befand, wieder in die Höhe, so daß er
dem König das verlangte Haar bringen konnte. Im
alten Volksliede von „Ulrich und Ännchen" weinen
die Engel am Grabe der letzteren, währenddem die
Raben den Galgen umkrächzen, an dem ihr Mörder
enden soll.

Als Rächer erscheint der Rabe auch in der Sage
vom heiligen Meinrad; derselbe hatte zur Zeit, da er
sich als Einsiedler in einen Wald zurückgezogen, ein
Nest voll junger Raben gefunden und dieselben groß

gezogen, wofür sie später zum Danke die Mörder ihres Wohlthäters an den Galgen brachten.

In einem Kindermärchen giebt sogar ein Rabe Mittel an, wie die Blinden das Gesicht wieder erhalten können.

In dem Märchen von den sieben Raben werden sieben ungeratene Söhne erst dadurch gebessert, daß sie eine Zeitlang Rabengestalt annehmen müssen.

Die Normannen hatten zum Feldzeichen das Bild des Raben genommen und weißsagten aus dessen Bewegungen Sieg oder Niederlage.

Nimmt man ein Rabenei und legt es, nachdem man es vorher gekocht hat, wieder in das Nest zurück, so fliegt die Rabenmutter über das rote Meer und holt einen Stein, mit dem sie das Ei wieder frisch macht. Wer sich diesen Stein verschafft und in den Mund nimmt, der kann die Vogelsprache verstehen; auch vermag er damit geschlossene Thüren zu öffnen und Ketten zu sprengen. Nach anderer Ansicht bewirkt der Rabe die Wiederbelebung des gekochten Eis durch eine Wurzel, deren Besitz Glück bringt. In Thyrol glaubt man, daß der Rabenstein jedem die Gabe verleihe, sich unsichtbar zu machen*). „Wer einen solchen suchen will, muß wissen, daß er in gewissen Nestern liegt. Diese aber kann man nur vermittelst eines Spiegels finden, da der Stein alles, was in seine unmittelbare Nähe kommt, für den direkt darauf gerichteten Blick unsichtbar macht.

---

*) Siehe das Märchen „Der Rabenstein" in Marie Schaelings „Sagen und Märchen", Basel o. J.

In Neupommern und Rügen ist das Verfahren ein anderes. Wer einen Rabenstein holen will und ein Rabennest weiß, dessen ältere Bewohner bereits 100 Jahre alt sind, der muß hinaufsteigen und einen der jungen Raben töten, der aber ein Männchen sein muß und nicht über sechs Wochen alt sein darf. Nun steigt man von dem betreffenden Baum herab, merkt sich aber dessen Stelle. Gleich kommt der alte Rabe zurück und legt den kostbaren Stein in den Schnabel seines Söhnchens, worauf Baum und Nest sofort unsichtbar werden. Dann fühlt man nach dem Baum, steigt wieder nach dem Horste des Rabenpaares hinauf und holt sich den Stein. Auf Rügen glaubt man, daß ein solcher Erwerb nur mit Hilfe des Teufels gelinge, dem der betreffende Steinsucher seine Seele versprechen müsse*).

Da sich nun die Folklore gern in Extremen bewegt, so braucht es uns nicht zu verwundern, daß der Rabe auch häufig als Repräsentant des Teufels erscheint und Krieg, Tod und Zerstörung verkündet. Die persische Göttin der Zwietracht reitet auf einem schwarzen Rosse und hält das Panier des Raben in der Hand. Ein altes Sprichwort lautet:

„Wo der Rabe sitzt auf dem Dach und der Fuchs
vor der Thür,
Da hüte sich Roß und Mann dafür."

Auf die Verschmitztheit und Schadenfreude des Raben deutet folgendes englische Kinderlied hin:

---

*) C. G. Steiner, die Tierwelt. Gotha 1891.

A farmer went trotting
Upon his grey mare,
    Bumpety, bumpety, bump!
With his daughter behind him,
So rosy and fair,
    Lumpety, lumpety, lump!

A raven cried Croak!
And they all tumbled down,
    Bumpety, bumpety, bump!
The mare broke her knees,
And the farmer his crown,
    Lumpety, lumpety, lump!

The mischievous raven
Flew laughing away,
    Bumpety, bumpety, bump!
And vowed he would serve them
The same the next day,
    Lumpety, lumpety, lump!

In des Amerikaners Poe berühmtem Gedichte „The raven" ist der Rabe der Verkünder der trost=losesten Verzweiflung. Shakespeare spricht stets von ihm als einem notorischen Unglücksboten, und Spenser läßt Raben und Eulen hinter dem herfliegen, der dem Tode geweiht ist*). Auf der Insel Man glaubt man, daß

---

*) Daß der Rabe die Pest verbreiten soll, war früher ein allgemeiner Glaube. Marlowe gedenkt desselben in seinem „Jew of Malta" mit folgenden Worten:

Like the sad-presaging raven that holds
The sick man's passport in her hollow beak,
And, in the shadow of the silent night,
Doth shake contagion from her sable wing.

Macauley sagt auf Grund einer alten Legende, daß an

der Rabe der Viehherde, die er umschwebt, Unglück brächte. Wie der Teufel der Seele, so stellt der Rabe dem Körper des Menschen nach; auch tritt ersterer häufig in Rabengestalt auf, um fromme Einsiedler zu necken.

Hexen sollen sich deshalb in den Besitz von Raben= flügeln zu bringen suchen, weil sie glauben, mittelst derselben die Pest überall hin tragen zu können. Dieses Glaubens gedenkt auch Shakespeare im „Sturm", wo= selbst in der zweiten Scene des ersten Aktes Caliban spricht:

„As wicked dew as e'er my mother brush'd
With raven's feather from unwholesome fen
Drop on you both."

In Schottland sollen sich sogar die Hexen in Raben verwandeln können.

Als Aasfresser ist der Rabe Sinnbild des Todes*).

---

dem Tage, an dem Cicero ermordet wurde, zwei Raben in das Schlafzimmer des Redners flogen und die Bettdecke herunter zerrten. — In Athen glaubte man, daß Hungersnot und Pestilenz einträten, sobald die Raben die Wälder verließen.

*) Die Mississaguas haben folgendes Rabenlied:
„Kakaki wawi wisiniung
Anibadinonga."

(d. h. die Raben fressen an der Hügelseite.) Indem ein Krieger dieses singt, zeigt er durch allerlei Bewegungen an, wie die Raben über seinen Körper herfallen. Die Umstehenden hören entweder zu oder tanzen. Dieses Lied wurde besonders während des amerikanischen Unabhängigkeitskrieges gesungen; unter der „Hügelseite" soll Boston verstanden sein. Pag. 152 vol. III. Journal of American Folklore.

Stellt man einem Taugenichts den Tod am Galgen in Aussicht, so sagt man, die Raben werden bei ihm Frei= tafel haben. Da sie sich an einem Hinrichtungsplatze gerne aufzuhalten pflegten, so wurde dieser früher auch vielfach Rabenstein genannt.

Wenn die Haidahs einen toten Walfisch finden, so sagen sie, derselbe sei dadurch gestorben, daß ihm der Rabe Hooyeh in den Bauch gekrochen sei. Dieser mythologische Vogel, von dem jene Indianer zahlreiche Märchen zu erzählen wissen, soll sich wie Menabuscho und Rübezahl in zahlreiche Gestalten verwandeln und sich auch unsichtbar machen können.

Die Langlebigkeit des Raben hat zu dem Glauben Veranlassung gegeben, daß die menschliche Seele zu= weilen in seiner Gestalt erscheine. Die Bewohner von Cornwall glauben noch heute, daß die Seele des Königs Arthur als Rabe fortlebe, und ein viel verbreitetes deutsches Märchen berichtet von einem Dienstmädchen, das ihrem Herrn, einem Pastor, versprochen hatte, sich nach dem Tode bei ihm einzufinden und auch wirklich in Rabengestalt erschien.

In einer russischen Sage*) wird der Held Dobrynja von einem riesigen Räuber erschlagen und ihm Herz und Leber aus dem Leibe gerissen. Sein Freund Aljoscha suchte ihn zu rächen, und als er den Riesen glücklich besiegt hatte und ihm ebenfalls Herz und Leber aus dem Leibe schneiden wollte, flog ängstlich ein Rabe herbei und schrie mit heiserer Stimme: „Halte

---

*) C. Stern, Fürst Wladimirs Tafelrunde. Berlin 1892.

ein, zerreiße nicht seine Brust! Ich fliege zum blauen Meer, wo Todeswasser quillt und Lebenswasser sprudelt; von beiden bringe ich dir, dir und Dobrynja zum ewigen Leben!"

Der Rabe flog davon und Aljoscha wußte nicht, ob es Traum oder Wirklichkeit gewesen, was er eben erlebt. Einen Augenblick zögerte er in der Vollziehung der Strafe an dem Unhold, dann hob er das Messer zum zweiten Male.

Da umschwirrte ihn plötzlich wieder der Rabe und hielt das Zauberwasser im Schnabel. Er benetzte zuerst mit dem Todeswasser Dobrynjas Wunden, und diese schlossen sich sofort; er benetzte darauf mit dem Lebenswasser Dobrynjas Lippen, und die Seele kehrte in den schönen Leib des Helden zurück.

Wie aus einem tiefen Schlaf erwachte er und Aljoscha sank ihm freudig an die Brust.

Aber während sie sich voll Freude herzten und küßten, hatten sie keine Acht auf das Thun des Vogels. Und dieser benutzte gut die Gelegenheit und träufelte auch dem Riesen einige Tropfen auf das Herz, und aus dem toten Riesenleibe stieg ein riesiges Heer herauf, so riesig, daß kein grauer Wolf es hätte umbringen können. Und jede Zehe des Räubers wurde ein Held, und jeder Finger ein Held, und jedes Knöchelchen ein Held mit Schwert und Spieß und Schild. Und rachedürstend warf sich die Schar auf die beiden Kijehelden, und deren Not war bitterlich groß.

Diesen eilte jedoch bald der Held Ilja Muromjes

zu Hilse. Drei Stunden und drei Minuten*) währte das Schlachten, bis endlich die ganze Heidenschar tot dalag.

Der Ausdruck „Rabenmutter", worunter man eine Frau, die ihre Kinder Not leiden läßt, versteht, hat bekanntlich keinen guten Klang. Der Rabe soll nämlich beim Anblick seiner häßlichen Jungen einen so großen Schreck bekommen, daß er davon fliegt und nicht eher in das Nest zurückkehrt, bis sich dieselben zu ihrem Vorteil verändert haben. Die Schwaben glauben, daß die Jungen während dieser Zeit vom Tau des Himmels leben.

Die Stehlwut des Raben ist sprichwörtlich und hat zu manchen Sagen Veranlassung gegeben. In Merseburg sieht man häufig über den Hausthüren in Stein gehauene Raben, welche Ringe im Schnabel halten. Im 16. Jahrhundert war nämlich dort einem hart-herzigen Bischof, welcher sich zum Zeitvertreib einen Raben hielt, ein goldener Ring weggekommen, und er hatte seinen Diener, den er des Diebstahls verdächtig hielt, hinrichten lassen. Als später der vermißte Ring im Neste eines Raben entdeckt wurde, vertauschte der Bischof aus Reue sein bisheriges Wappen mit dem Bilde eines Raben, der einen Ring im Schnabel hielt.

Einige amerikanische Indianerstämme glauben, daß der bereits erwähnte Rabe Hooyeh nicht nur den Köder, sondern auch die Netze der Fischer stehle**). Einst

*) Die Zahl drei kommt in den russischen Heldensagen auffallend häufig vor.
**) The Coast Indians of Southern Alaska and Nor-thern British Columbia. By A. P. Niblack. Washington 1890.

wollte der Fischer Houskana ausfinden, wer ihm eigent=
lich die Fische vom Angelhaken abreiße, und band daher
einen magischen Haken an die Schnur. Bald darauf
hatte er den gefräßigen Raben, der sich im Meere auf=
hielt, gefangen und zog ihn ans Ufer, wobei er ihm
den Schnabel abriß. Gleich darauf verwandelte sich
Hooyeh in einen Mann und hüllte seinen Kopf in einen
Hautmantel, so daß man nur noch seine Augen sehen
konnte. Nachdem man ihn lange vergeblich ersucht
hatte, doch sein Gesicht zu zeigen, nahm ein junger
Mann eine Hand voll Schmutz und rieb ihm damit
kräftig die Augen ein. Darauf legte er seinen Mantel
ab, und nun sahen alle, daß sie Hooyeh vor sich hatten.
Dies ärgerte ihn nun so sehr, daß er seit jener Zeit
sich keine Gelegenheit entgehen läßt, um mit Hilfe
seiner Freundin Kaltzda (Krähe) die Canoes der In=
dianer zu beschmutzen und ihre Fische zu stehlen.

Auch als Wetterprophet stellt der Rabe nichts
Gutes in Aussicht. Der Seemann, dessen Schiff von
Raben umschwirrt wird, erwartet Unglück, denn dieselben
sind doch nur, wie aus mehreren altenglischen Balladen
hervorgeht, verzauberte Teufel. Ein Rabe zur See
bedeutet jedoch Glück; zwei bringen Sturm und drei
sicheren Tod. In einer Ballade heißt es:

> „'Ah! well-a-day', the sailor said,
> 'Some danger doth impend;
> Three ravens sit in yonder glade,
> And evil will happen, I am afraid,
> Ere we reach our journey's end.'

'And what have the ravens with us to do?
Does their sight betoken us evil?'
'To see one raven 's lucky, 't is true,
But it's certain misfortune to light upon two,
And meeting with three is the devil.'"

Auch wurde zuweilen der Rabe als Helfershelfer der Seeräuber angesehen*).

Nach der Ansicht der auf Cape Flattery wohnenden Indianer ist der Ursprung der Ebbe und Flut auf folgenden Vorfall zurückzuführen:

Da Klookschoob, der Rabe, mit seiner bisherigen Frau, der Krähe, nicht mehr zufrieden war, so stahl er die Tochter Tuchees, des Ostwinds. Dieser suchte nun seinen Schwiegersohn auf und verhandelte mit ihm wegen der Rückgabe seiner Tochter. Er schlug ihm vor, dafür zu sorgen, daß das Wasser des Oceans alle zwanzig Tage zurücktrete, so daß sich der Rabe Futter suchen könne. Damit war dieser jedoch nicht zufrieden und es dauerte lange, bis sie sich dahin geeinigt hatten, daß das Wasser alle 24 Stunden zweimal zurücktreten mußte, so daß Raben und Krähen Nahrung fanden.

Der Name des Raben ist onomatopoetischen Ursprungs und bedeutet Schreier. In der Sprache der Dakotas heißt er Kangi; die Tschippewäer nennen ihn Kakagi und die Klamaths Kaak. In Sachsen wird der wilde Jäger Nachtrabe genannt; sehen kann man ihn allerdings nicht, doch hört man sein beständiges Har, har!

---

*) S. 216, Band 2, G. v. Buchwald, deutsches Gesellschaftsleben im endenden Mittelalter. Kiel 1887.

Nach einem in „Des Knaben Wunderhorn" ent=
haltenen Verse lautet sein Ruf cras!

„Der Rabe thut täglich singen sein groben, rauhen Baß,
Heut will's ihm nicht gelingen, drum singt er cras, cras, cras!
Wer sein Sach schiebt auf morgen, will's nicht verrichten heut,
Der muß allzeit besorgen, es werd' ihm fehlen weit."

Die Galgenkandidaten deuten den Rabenruf als
„Grab, Grab!" und Heine interpretiert ihn in einem
seiner Traumbilder als „Kopf ab, Kopf ab!"

Die Bewohner des Ungava=Distriktes im Hudsonbay=
Territorium erklären den Ursprung des Raben und
seines Geschreis auf folgende Weise:

Der Rabe war einst ein Mensch, der, während
die Mitglieder seines Stammes sich beeilten, einen an=
deren Lagerplatz aufzusuchen, diese beständig ermahnte,
doch das Rehfell für ihre Betten nicht zu vergessen.
Dasselbe heißt in der Eskimosprache kak und da er
dieses Wort in einem fort wiederholte, so ward er all=
mählich zu einem Raben. Wenn die Leute der ge=
nannten Gegend sich nach einer anderen Wohnstätte
umsehen, so versammeln sich heute noch die Raben und
Krähen in ihrer Nähe und rufen immerwährend „Kak,
kak! Vergeßt das Rehfell nicht!"*)

---

*) Pag. 262 Annual Report of the Bureau of Eth-
nology. Washington 1889—90.

Das Salz.

In allen Zeiten wurde das Salz hoch geschätzt; ist es doch, wie Maurus Jokai schreibt, der einzige Edelstein, den wir essen können. Ohne das Salz wäre keine Röte auf den Wangen der Jungfrau und keine Kraft in den Muskeln des Mannes:

„Salz und Brot
Macht Wangen rot"

sagt man den Knaben und Mädchen, wenn man ihrer Näscherei entgegentreten will und streicht ihnen, wenn sie den schnobbrigen Vers

„Aber Butterbröter
Machen sie noch röter"

hinzufügen, zur Besänftigung noch etwas auf das Brot.

„Salt is det halwe Fett," sagt der Plattdeutsche, und

„Ein Pfund Salz
Giebt zehn Pfund Schmalz"

der Schweizer. Wer also dieses hochwichtige Lebens-mittel dadurch verachtet, daß er es verschüttet, zieht mit aller Gewalt Unglück auf sich herab. Dieser all-gemein verbreitete Glaube soll auf das letzte Abend-

mahl, bei welchem ein Apoſtel — nach Leonardo da
Vinci's berühmten Gemälde iſt es Judas — das Salz-
fäßchen umwirft, zurückzuführen ſein. Ein engliſcher
Vers lautet:

> „We'll tell you the reason
> Why spilling of salt
> Is esteemed such a fault —
> Because it does everything season.
> The antiques did opine
> 'Twas of friendship a sign,
> To serve it to guests in decorum,
> And thought love decayed
> When the negligent maid
> Let the saltcellar tumble before them.“

Verſchüttet die Braut beim Hochzeitsſchmauß Salz,
ſo wird ihre Ehe eine unglückliche. Dieſer Aberglaube
hat ſeinen ethiſchen Grund in dem Umſtand, daß früher
das Salz ziemlich teuer war; diejenige Frau alſo, die
verſchwenderiſch damit umging, brachte, beſonders da
ſie, wie leicht erklärlich, auch in andern Dingen nicht
ſparſam war, ihren Mann an den Bettelſtab und ſich
ſelber damit ins Unglück.

Wer Salz verſchüttet, wird bald Zank haben,
glaubt man beſonders in den Weſtſtaaten Amerikas.
Dieſe üble Folge kann man jedoch dadurch leicht abwenden, daß man einige der verſchütteten Salzkörner
verbrennt und dabei die Worte ſpricht:

> „Quarrel, quarrel go away,
> Come along some other day.“

Die Neger in Georgia ſind der Anſicht, daß
man Streit heraufbeſchwört, wenn man Salz in das
Feuer wirft.

Nach Ansicht der Franzosen soll es stets der Teufel sein, welcher das Verschütten des ihm widerwärtigen Salzes veranlaßt; die Pariser werfen daher jedesmal, wenn ihnen ein solches Unglück passiert, einige Salzkörnchen hinter sich und glauben, damit den unsichtbaren Gottseibeiuns zu vertreiben.

Der Türke schwört nicht nur beim Barte, sondern auch beim Salz des Propheten.

Wenn die Japanesen früher einen Vertrag abschlossen, so verneigten sie sich gegen die vier Wände und tranken Schiwoschira, d. h. Salzwasser. Damit deuteten sie an, daß sie fest entschlossen seien, die ihnen auferlegten Pflichten gewissenhaft zu erfüllen.

In einigen Gegenden Afrikas, woselbst das Salz rar ist, bezeichnet man einen reichen Mann dadurch, daß man von ihm sagt, er esse Salz.

Das Salz ist das Sinnbild der Frische, Stärke, Treue, Weisheit, Energie und des Friedens. Christus nannte daher seine Jünger auch das Salz der Erde, befürchtete aber dabei mit Recht, daß es dumm werde. Von dem, der wenig leistet, sagt man daher auch, er verdiene das Salz nicht.

Wenn eine Köchin die Suppe zu stark salzt, so heißt es, sie sei verliebt. Unter dem „Salze der Jugend" versteht Shakespeare leidenschaftliche Liebe; in diesem Sinne gebraucht er gelegentlich auch den Ausdruck: „Salt imagination."

Juden und andere orientalische Völker baden die neugeborenen Kinder häufig zur Stärkung der Haut in Salzwasser.

In der Rheinpfalz streut man denselben einige Körnchen hinter die Ohren; in anderen Teilen Deutschlands legt man dem Säuglinge ein Päckchen Salz in die Wiege und glaubt, ihn dadurch gegen die Unholdinnen zu schützen.

Die Juden der bayrischen Rheinpfalz stellen bei starkem Gewitter ein Salzfäßchen nebst Brot zur Abwehr etwaigen Schadens auf den Tisch.

Wenn der Irländer ein neues Haus bezieht, legt er erst in jedes Zimmer desselben ein Körnchen Salz; dies soll Glück bringen. Wenn sich ein Amerikaner oder Engländer gegen Heimweh schützen oder seine Sehnsucht nach einem fernen Freunde beseitigen will, so trägt er ein herzförmiges Salzsäckchen um den Hals.

In den Kampen (la campine in Belgien) nimmt der Vater, dessen Kind zur Taufe in die Kirche getragen wird, ein Quantum Salz mit. Nachdem dieses vom Priester geweiht worden ist, steckt er dem Säugling ein Körnlein in den Mund und hebt den Rest auf. Dieses Salz wird Korstezout genannt und soll zu vielen Dingen gut sein. Unter die Aussaat gemischt, hält es die Rade und anderes Unkraut vom Getreide fern; auch kann man dadurch den Kühen beim Kalben und den Stuten beim Fohlen Linderung verschaffen.

Wenn ein ungarischer Zigeuner sich vom Fieber kurieren will, stellt er sich vor Sonnenuntergang auf einen Kreuzweg, wirft eine Hand voll Salz, ein Ei und einen Kreuzer hinter sich und ruft: „Wenn diese Dinge zu mir zurück kommen, komm' auch du Fieber zu

mir zurück." (Ethnolog. Mitteilungen aus Ungarn,
1. Heft.)

In Ostpreußen wird der Braut beim Kirchgang
Salz, Brot und Geld voran getragen. Unter den Bauern
in Westfalen*) ist es Gebrauch, daß, wenn eine Braut
die Wohnung ihres Bräutigams beziehen soll, sie sich
auf den Wagen setzt, der stattlich mit ihrer Mitgift be=
laden ist und wo dann vor allem eine buntbemalte
„Salzmeste" (Salzbütte) ins Auge fällt mit der In=
schrift: „Ho, ho, wat hört do alle to!" Diese Salz=
meste wird dann zuerst ins Haus gebracht und auf
einer gleich in die Augen fallenden Stelle festgemacht.
Daher rührt die Redensart: „Se sött so ehrbar da
wie 'ne Salzmeste!"

Die alten Germanen glaubten, eine Gegend, in
der sich Salz gewinnen ließe, läge der Himmel am
nächsten. Wo sich Salzquellen befanden, wurden ihre
Gebete am sichersten erhört. Die Bereitung des Salzes
wurde von Priestern und Priesterinnen geleitet.

Die Wichtigkeit des Salzes wird durch folgendes
italienische Märchen demonstriert:

„Es war einmal ein König, der hatte drei Töchter.
Eines Tages, als er mit denselben bei der Tafel saß,
sprach er zu ihnen: „Laßt mich doch wissen, wer von
euch mich liebt." Darauf erwiderte die älteste: „Papa,
ich liebe dich wie meine Augen." Die zweite sprach:
„Ich liebe dich wie mein Herz." Die dritte bemerkte:
„Ich liebe dich wie Salz und Wasser."

*) C. G. Steiner, das Mineralreich usw. Gotha 1895.

Über letztere Antwort wurde nun der König so wütend, daß er seinem Scharfrichter befahl, die Tochter hinauszuführen und zu töten.

Die beiden Schwestern gaben ihm aber einen Hund mit und baten ihn, diesen zu töten und ihre Schwester, nachdem er ihre Kleider zerrissen, in einer Höhle zu verstecken. Der Scharfrichter befolgte diesen Rat und überlieferte bald darauf dem König die Hundezunge und das zerrissene Kleid seiner Tochter.

Die unglückliche Prinzessin wurde bald darauf von einem Zauberer entdeckt und nach seiner Wohnung geführt. Derselben gegenüber wohnte ein König, dessen Sohn sich in das Mädchen sterblich verliebte und ihr versprach, sie zu heiraten.

Als dies der Zauberer hörte, sprach er: „Auf euren Hochzeitstag müßt ihr drei Könige einladen; mich aber müßt ihr am Tage vorher töten. Allen Gästen müßt ihr Wasser und Salz vorsetzen, nur dem Vater der Braut nicht."

Als der Vater die Einladung zur Hochzeit erhielt war er im Zweifel, ob er dieselbe annehmen solle oder nicht, denn er hatte inzwischen seine rasche Handlung bitter bereut und war nicht in der Stimmung, an einem Freudenfeste teilzunehmen. Um jedoch jenen König nicht zu beleidigen, machte er sich schließlich doch auf den Weg zu ihm.

Am Tage vor der Hochzeit wurde der Zauberer getötet und Teile seines Körpers in alle Zimmer gelegt; dann wurden alle Treppen und Wände mit seinem

Blute bespritzt und siehe da, sein Blut und Fleisch verwandelten sich in Gold und Edelsteine.

Als die Trauung vorüber war und sich die Gäste an der Tafel niederließen, gab der junge Ehemann Befehl, allen Personen, nur einem bestimmten Könige nicht, Salz und Wasser vorzusetzen.

Dem Könige schien das Essen nicht zu schmecken, und er verschmähte alle ihm gereichten Speisen.

Als das Mahl vorüber war, verbrachte man die Zeit mit dem Erzählen von allerlei Geschichten und der König teilte das Erlebnis mit seiner jüngsten Tochter mit. Diese, welche inzwischen das Kleid, in dem sie hatte ermordet werden sollen, angezogen, trat nun vor ihn und fragte ihn, ob er sie kenne. „Du wolltest mich umbringen lassen,“ sprach sie, „weil ich dir gesagt hatte, ich liebe dich wie Salz und Wasser; jetzt hast du wohl ausgefunden, wie das Essen ohne diese Dinge schmeckt.“

Der Vater umarmte sie und bat sie um Verzeihung.“

Die alten Mexikaner hatten sogar eine Salzgöttin*), dieselbe hieß Huixtocihuatl und soll eine Schwester der Regengöttin gewesen und von dieser in den Ozean gejagt worden sein. Sie war die Erfinderin der Salzfabrikation. Das ihr zu Ehren gefeierte Fest dauerte gewöhnlich zehn Tage, wobei die Frauen einige zum Opfertode bestimmte Gefangene singend umtanzten.

*) Bancroft, Native Races of the Pacific States, vol. II p. 325.

Dabei beteiligte sich auch die ebenfalls dem Tode ge=
weihte, reich geschmückte Repräsentantin jener Göttin;
doch tanzte sie gewöhnlich in der Mitte des Kreises.
Zeigte sie sich nun nervös, so mußten ihr zwei alte
Frauen Beistand leisten. Am Schlusse des Festes
warfen sie fünf Männer auf den Opferstein und hielten
sie so lange fest, bis ihr die Priester die Brust geöffnet
und das Herz herausgerissen hatten. Während dieser
Operation wurde ihr, um sie am Schreien zu verhindern,
die Kehle zugedrückt.

Seiner geheimer Kräfte wegen wird das Salz
vielfach als Orakel und Heilmittel benützt. Bei den
Sylter Friesen stülpt das Mädchen mit einem Finger=
hute in der Walpurgisnacht drei Häuschen Salz auf
den Tisch; ist am folgenden Morgen eins umgefallen,
so verheiratet sich das Mädchen innerhalb eines Jahres;
sind zwei umgefallen, so verliert es die Jungfernschaft;
sind jedoch alle zusammen umgefallen, so stirbt es in dem
genannten Zeitraum.

In dem chinesischen Tempel zu Tientsin, welcher
der Matrosengöttin geweiht ist, hängen zahlreiche Salz=
säcke mit den Namen der Geber darauf. Dieselben
sollen den letzteren Glück bringen. Im vorigen Jahr=
hundert betrat kein Bewohner der Insel Man ein
Schiff, ohne sich vorher Salz in die Taschen zu stecken.
Der englische Seemann, der Salz verschwendet, muß
sich auf schwere Stürme gefaßt machen.

Da die an den Ufern des Tweed wohnenden
Fischer, sowie diejenigen von Yorkshire glauben, daß
die Nixen ihr Handwerk beeinträchtigen, so waschen sie

ihre Netze mit Salzwasser und werfen zur Blendung jener Unholdinnen Salz in das Wasser.

Salz ist dem Teufel sowie den Hexen ein Gräuel. Letztere gebrauchen es daher auch niemals bei ihren Mahlzeiten, und sobald jemand bei einer Hexenver= sammlung Salz verlangt, zerstiebt die ganze unheimliche Gesellschaft. In Ganders „Niederlausitzischen Volkssagen" brachte der Nachtjäger dem Knechte dafür, daß er nächt= lich auf einem seiner Ochsen reiten durfte, täglich ein Stück Fleisch, was aber diesem sowie seiner Herrin mit der Zeit zu viel wurde. Nun riet ein Mädchen dem Knechte, jenen Jäger zu bitten, doch auch Salz mitzubringen und da er dies nicht konnte, blieb er fort. Alle hierauf bezüglichen Sagen der Niederlausitz stimmen darin überein, daß man den wilden Jäger nur durch Salz vertreiben kann.

In Oberbayern heilen nach Dr. Höfler die Bauern mit dem auf Ostern oder am Heiligendreikönigstage ge= weihten Salze allerlei Krankheiten des Viehs. In Hessen will man sogar die Sterbestunde durch Anwendung des Salzes hinausschieben; dasselbe soll nämlich die Macht der bösen Geister brechen und das Band zwischen Leib und Seele aufs neue befestigen. In der Diöcese Mainz wird nach alter Ordnung das Salz zur Gesundheit des Leibes und der Seele jährlich geweiht. Die Römer opferten im Monat Februar den Seelen der Ver= storbenen Salz.

Wenn in einem schlesischen Dorfe Feuer ausbricht*)

---

*) Grabinski, Die Sagen, der Aberglaube und die aber= gläubischen Sitten Schlesiens.

so braucht man bloß um das brennende Haus dreimal mit geweihtem Salze herumzugehen und dasselbe dann hineinzuwerfen, wonach wenigstens nicht die benachbarten Gebäude den Flammen zum Opfer fallen.

Findet man, wie Schurig erzählt, menschliche Exkremente vor seiner Thüre, so vermischt man Wein und Salz, gießt es auf jene Masse und legt dann ein glühendes Eisen darauf. Der Übelthäter wird alsdann ein unerträgliches Brennen am ganzen Körper spüren und zwar so lange, bis er sich mit frischer Kuhmilch kuriert hat.

Als einst in Wales ein Mann sämtliche Möbel eines Hauses auf einer Versteigerung erstand, wurde ihm geraten, doch ja das Salzfaß mitzukaufen, da er sonst sein Leben lang vom Unglück verfolgt werden würde.

Hin und wieder trifft man Personen an, die sich am Tische nicht selber mit Salz bedienen, sondern es sich stets reichen lassen. Dieser Gebrauch ist durch die englische Redensart „help to salt, help to sorrow“ bezeichnet.

Geliehenes Salz soll man nie zurück geben, lautet ein in den Vereinigten Staaten überall bekanntes Gebot. Man soll es einfach als Geschenk betrachten, für das man zur geeigneten Zeit einen Gegendienst zu leisten hat. Der Irländer sagt zu dem, der Salz von ihm borgt: „Ich leihe es dir nicht; wenn ich aber selber welches gebrauche, werde ich es bei dir holen.“ Er erwartet alsdann, daß ihm später ein größeres Quantum zurückerstattet wird.

Vom Genügsamen sagt man, er sei mit Salz und Brot zufrieden; die Römer hatten dafür die Redensart salem delingere. Von demjenigen, der sich nicht täuschen läßt, sagt man, er betrachte alles mit einem Körnchen Salz (cum grano salis), d. h. er läßt niemals die nötige Vorsicht außer Acht. Zur Vorsicht mahnt auch die Redensart, niemandem sein Vertrauen zu schenken, mit dem man nicht einen Scheffel Salz gegessen habe. Cicero sagt dafür in „De amicitia": „Multos modios salis simul edere."

Die englische Redensart „Unter dem Salze sitzen!" wird auf einen Menschen von untergeordnetem Rang angewandt. Dieselbe ist auf folgenden Gebrauch, dessen auch Ben Jonson gedenkt, zurückzuführen: In alten Zeiten besaßen die meisten Familien gewöhnlich nur ein Salzgefäß, das beim Essen in die Mitte des Tisches gestellt wurde. Hatte man jedoch Gäste, so placierte man jenes Gefäß in die Nähe desjenigen, den man am meisten achtete. Personen niedrigen Ranges saßen also am weitesten davon.

Der eddische Weltstoff besteht aus Wasser, Gift und Salz. Aus letzterem sind sogar die Götter entstanden. Als einst die Kuh, welche den Riesen Ymir säugte, die salzigen Reifsteine (hrimsteina) leckte, kam zuerst ein Menschenhaar, dann ein Kopf und schließlich ein ganzer Mann hervor. Derselbe hieß Buri und war schön von Angesicht; er vermählte sich später mit einer Riesentochter und ward Vater des Gottes Odin.

Die Frage, weshalb das Meer salzig ist, haben die Märchen fast aller Völker zu beantworten gesucht.

Die jüngere Edda erzählt, daß, als König Mysingr (Mäusesohn) den hartherzigen Frodi getötet und dessen Müllerinnen Fenja (Wasserbewohnerin) und Menja (Halsbandträgerin) auf sein Schiff gebracht hatte, er den letzteren befahl, Salz für ihn auf ihrer Wunder=mühle zu mahlen. Sie thaten dies nun auch, aber da Mysingr nicht genug jenes wertvollen Minerals be=kommen konnte, so mahlten sie das Schiff so voll, daß es sank und so das ganze Meer salzig machte.

Ein hierauf bezügliches norwegisches Märchen, das in Bezug auf die darin figurierende Zaubermühle lebhaft an Goethe's, auf Lukian basirendes Gedicht „Der Zauber=lehrling" erinnert, lautet nach Asbörnson:

Es waren einmal zwei Brüder; der eine war reich und der andere arm. Als nun das Weihnachtsfest herankam, hatte der Arme kein Brot im Hause; er ging daher zu seinem Bruder und bat um eine Kleinig=keit. Dieser war eben nicht sonderlich froh darüber, denn es war nicht das erste Mal, daß seine Milde von Jenem in Anspruch genommen wurde.

„Willst du thun, was ich dir sage," sprach er, „so sollst du einen ganzen Schinken haben, so wie er im Rauch hängt."

Das wollte der Arme gern und bedankte sich. „Da hast du ihn," sagte der Reiche, indem er ihm den Schinken zuwarf, „nun geh' zur Hölle!"

„Hab' ich es versprochen, so muß ich es thun," sagte der Arme, nahm den Schinken und ging fort. Er wanderte den ganzen Tag; als es dunkel wurde, erblickte er einen hellen Lichtschimmer vor sich. Hier muß es sein, dachte er.

Etwas weiter hin im Walde aber stand ein alter Mann mit einem langen weißen Bart und hackte Holz. „Wo willst du hin?" fragte er.

„O, ich wollte nur zur Hölle, aber ich weiß nicht, ob ich recht gegangen bin," versetzte der Arme.

„Ja, du bist auf dem rechten Wege," sagte der Alte, „das hier ist die Hölle. Wenn du nun hinein= kommst, werden sie dir alle deinen Schinken abkaufen wollen, denn Schweinefleisch ist ein seltenes Gericht in der Hölle; aber du sollst ihn für kein Geld verkaufen, sondern dafür die alte Handmühle, die hinter der Thüre steht, verlangen. Wenn du dann wieder herauskommst, will ich dir auch sagen, wie du sie zu stellen hast; denn die Mühle ist zu etwas gut, mußt du wissen."

Der Mann mit dem Schinken dankte für den guten Bescheid und klopfte beim Teufel an. Als er herein= trat, eilten alle Höllenbewohner auf ihn zu und einer über= bot den andern auf den Rauchschinken. „Es war freilich meine Absicht, ihn zum Weihnachtsabend mit meinem Weibe zu verzehren," sagte der Mann; „aber weil ihr alle so darauf erpicht seid, will ich ihn euch wohl über= lassen; doch verkaufe ich ihn für keinen andern Preis, als für die alte Handmühle hinter der Thüre."

Wohl oder übel mußte ihm die Handmühle überlassen werden. Als nun ihr neuer Besitzer wieder zu dem alten Holzhacker kam, fragte er ihn, wie er die Mühle zu stellen habe und nachdem dieser es ihm ge=

sagt hatte, bedankte er sich und begab sich auf den Heimweg.

Nachts um zwölf Uhr kam er zu Hause an. „Wo bist du gewesen?" fragte ihn seine Frau, als er in die Stube trat; „du weißt doch, daß ich kaum zwei Holzsplitter unter den Grützkessel zu legen hatte, um uns eine Weihnachtssuppe zu kochen."

„O," sagte der Mann, „ich konnte nicht eher kommen, denn ich hatte ein Geschäft zu besorgen und mußte dabei einen langen Umweg machen. Nun aber sollst du sehen was ich mitgebracht habe."

Jetzt stellte er die Mühle auf den Tisch und ließ sie mahlen, erst Lichter, dann ein Tischtuch, darnach Essen, Bier und alles, was zu einem guten Schmaus gehört und so wie er befahl, so mahlte die Mühle.

Seine Frau wollte durchaus wissen, wo er die Mühle herbekommen, aber er antwortete bloß: „Das kann dir ganz gleich sein; du siehst, daß sie gut ist."

Am dritten Tage danach bat er seine Freunde zu sich, denn er wollte ihnen ein Gastmahl geben. Als der reiche Bruder sah, was da alles zum Schmaus bereit stand, lief es ihm kalt und heiß über den Rücken, weil er dem Armen überhaupt nichts gönnte. „Wo hast du den Reichtum herbekommen?" fragte er.

„Hinter der Thür," war die Antwort.

Als nun der Arme gegen Abend einen Rausch bekommen hatte, holte er die Mühle herbei und ließ sie bald dies, bald jenes mahlen. „Da siehst du die Gans, die mir den ganzen Reichtum gebracht hat," sagte er zu seinem Bruder. Dieser wollte ihm nun die Mühle abkaufen; aber der andere wollte sich anfangs gar nicht dazu verstehen. Endlich aber, wie der Bruder so sehr darum anhielt, sollte er sie für dreihundert Thaler haben, jedoch nicht vor Juni, denn bis dahin konnte sich der Arme Vorrat für viele Jahre mahlen.

Als nun der Heumonat heran kam, erhielt sie der Reiche, aber der Arme hatte sich wohl gehütet, ihm zu sagen, wie man sie stellen müsse.

Es war am Abend, als der Reiche die Mühle nach Hause brachte. Am folgenden Morgen sagte er zu seiner Frau, sie sollte mit den Schnittern ins Feld gehen und Heu hinter ihnen kehren, er wolle indes das Mittagsmahl bereiten.

Als es nun so gegen Mittag war, stellte er die Mühle auf den Küchentisch. „Mahle Hering und Milch= suppe!" sprach er, und die Mühle mahlte alles was er verlangte, erst alle Schüsseln voll und nachher so viel, daß die ganze Küche schwamm. Er stellte und drehte die Mühle, aber sie hörte nicht auf zu mahlen und zu= letzt stand die Milchsuppe schon so hoch, daß er nahe daran war, zu ertrinken. Nun riß er die Stubenthüre auf; aber es dauerte nicht lange, so hatte die Mühle auch die Stube voll gemahlen, und nur mit genauer Not konnte der Mann noch die Thürklinke in der Milch= suppenflut erfassen. Er stürzte nun ins Freie, doch Hering und Milchsuppe eilten hinter ihm her.

Indessen däuchte es der Frau, die das Heu auf dem Felde kehrte, es dauere ziemlich lange, ehe der Mann käme und sie zum Mittag abriefe. „Wir wollen nun nach Hause gehen," sagte sie zu den Schnittern,

9*

„denn ich kann es mir wohl denken, daß mein Mann mit der Milchsuppe nicht allein fertig wird; da muß ich ihm helfen."

Sie machten sich also auf und gingen nach Hause. Wie sie aber hinter den Berg kamen, schwamm ihnen Hering, Milchsuppe und Brot entgegen und der Mann lief immer voraus. „Nehmet euch in acht," rief er, „daß ihr in meinem Mittagessen nicht ersauft!" Er eilte dann zu seinem Bruder und bat ihn um Gotteswillen, die Mühle doch wieder zurück zu nehmen.

Dieser wollte sie aber nur unter der Bedingung wieder nehmen, daß ihm der Bruder noch dreihundert Thaler dazu zahle. Nachdem dieses geschehen, hatte der Arme die Mühle und noch Geld dazu, und bald baute er sich ein Haus, welches noch prächtiger als das seines Bruders war. Mit der Mühle mahlte er so viel Geld zusammen, daß er die Wände mit lauter Goldplatten bekleiden konnte.

Das Haus lag so nahe am Strande, daß man den Glanz desselben schon von weitem auf dem Meere sah. Alle, die vorbei segelten, hielten dort an, um den reichen Mann in dem goldenen Hause zu besuchen und die Wundermühle zu sehen.

Einmal sprach dort ein Schiffer vor und fragte, ob auch die Mühle Salz mahlen könne. „Ja, Salz kann sie auch mahlen," sagte ihr Eigentümer.

Nun wollte der Schiffer sie ihm durchaus abkaufen, sie möchte kosten, was sie wolle. „Habe ich sie," dachte er, „dann brauche ich nicht mehr so weit über das

Meer zu segeln, um Salz zu holen und kann mich zu Hause pflegen.“

Anfangs aber wollte sie der Eigentümer durchaus nicht losschlagen, jedoch der Schiffer bat ihn so lange und so flehend, bis er sie ihm endlich für tausend Thaler verkaufte. Als nun der Schiffer die Mühle bekommen hatte, blieb er nicht lange in der Gegend, denn er dachte, dem Manne könne der Handel bald wieder leid werden. Er ließ sich auch nicht einmal so viel Zeit, daß er ihn fragte, wie er die Mühle stellen müsse, sondern ging schnell auf sein Schiff und stieß vom Land. Als er ein Stück auf die hohe See gekommen war, nahm er die Mühle hervor. „Mahle Salz!“ rief er und die Mühle mahlte Salz, daß es knisterte und sprühte.

Als der Schiffer sein Fahrzeug voll hatte, mahlte die Mühle immer noch weiter; der Salzhaufen wuchs höher und höher und zuletzt versank das Schiff. Jetzt steht die Mühle auf dem Meeresgrunde und mahlt noch immer, und daher kommt es, daß das Meer salzig ist*).

Nach einer anderen Version dieses Märchens hatte der jüngere Bruder die Zaubermühle für ein Stück Rindfleisch vom Teufel erhalten. Sobald er zu ihr sagte:

„Mahle Malz und Salz,
Mahle im Namen Gottes,“

spendete sie ihm reichliche Nahrung. Sein älterer

---

*) Auch Dasent teilt dieses Märchen in seinem „Popular Tales from the Norse“ mit.

Bruder, ein Seemann, brachte die Mühle an sich und trug sie auf sein Schiff. Da er jedoch die Zauber=formel nicht behalten hatte, so sprach er:

„Mahle Malz und Salz,
Mahle im Namen des Teufels."

Darauf versank das Schiff, und das Meer ist seit=dem salzig.

Nach einer von D. Hay aufgezeichneten Sage der Berber schuf Gott einst Mücken, um das Wasser des rebellischen Ozeans, das damals noch süß war, zu ver=schlucken. Nachdem sie dieses gethan, versprach der Ozean, sich in Zukunft ruhig zu verhalten, wenn die Mücken das Wasser wieder ausspuckten. Diese gingen darauf ein, aber seit jener Zeit ist das Wasser salzig.

Der Speichel.

Dem Folkloristen geht es wie dem Arzte; auch er muß sich zuweilen mit unappetitlichen, seinem ästhetischen Gefühle widersprechenden Dingen befassen. Der Speichel, von dem in diesem Kapitel die Rede sein soll, wird jedoch nur von krankhaft zimperlichen Dämchen dazu gerechnet, und da er zu allen Zeiten als Heil- und Zaubermittel, sowie als Symbol der Achtung und des Abscheus gebraucht wurde, so verdient er es wohl, daß wir seine Bedeutung etwas näher untersuchen.

Der Speichel kommt aus dem Blute, und da letzteres das Leben repräsentiert, so ist es auch erklärlich, daß die griechische Mythologie zuweilen neue Wesen aus dem vereinigten Speichel der Götter erstehen ließ. Auch Kwasir, der altdeutsche Gott der Klugheit und Dichtkunst, ist ein Produkt des Speichels. Daß der Glaube, nach welchem im Speichel Weisheit enthalten sei, noch nicht ausgestorben ist, das ist durch zahlreiche Verwendung desselben nachweisbar.

Wenn die Knaben zu Salem in Massachusetts früher ausgingen, um Vogelnester zu suchen, spuckten

sie in eine Hand, schlugen mit dem Zeigefinger der
anderen darauf und sprachen dabei:

"Spit, spat, spot,
Tell me where that bird's nest is."

Sie achteten nun genau, in welcher Richtung der
Speichel flog, da ihnen dadurch der Weg zu einem
Vogelneste gezeigt wurde. In Illinois wendet man
dasselbe Orakel an, um gestohlene Sachen zu entdecken;
doch sagt man in diesem Falle:

"Spit, spat, spo,
Where 'd that go?"

Vielfach sieht man auch Leute zur Auffrischung
ihres Gedächtnisses in die Hand spucken. In Balti-
more glauben die Neger, daß derjenige, der beim Ausgehen etwas vergessen hat und deshalb wieder zurück
nach Hause eilt, das Zeichen des Kreuzes machen und
darauf spucken müsse, damit ihm dies nicht abermals
passiere.

Da nun Weisheit in den meisten Fällen Glück
im Gefolge hat, so wird der Speichel auch häufig dazu verwendet, um damit die Erfüllung der Wünsche
zu erzielen. Die Fallensteller von Maine spucken auf
den Köder, wenn sie denselben zum Gebrauche herrichten;
ähnlich verfahren die amerikanischen Jungen beim Fischen
mit ihren Angelhaken.

Daß man der Hand dadurch, daß man in dieselbe
spuckt, größere Kraft und Geschicklichkeit verleiht, davon
ist jeder Ballspieler, Holzhacker und Handwerker überzeugt. Selbst die ebenso harmlosen wie dummen Schildbürger huldigten diesem Glauben.

„Sie ließen," so erzählt Dr. Hauffen in seinem reizenden Werke „Die deutsche Sprachinsel Gottschee" (Graz 1895), „einst einen tiefen Brunnen graben. Als er nun fertig war, wollte man den Brunnengräber wieder an das Tageslicht befördern. Aber wie es anstellen? Eine Leiter wollte man nicht hinunterlassen, weil man fürchtete, sie zerdrücke den Arbeiter in der finsteren Tiefe. Quer über die Öffnung des Brunnens wurde eine dicke Holzstange gelegt. Nun hielt sich der stärkste Schildbürger mit beiden Händen fest daran und ließ den Körper frei in den Brunnen hängen. „Jetzt," sprach er, „komme einer her und klettere an mir hinab, bis er sich an meinen Füßen festhalte." Es geschah. „Nun komme ein zweiter und thue desgleichen," sprach er weiter. Es geschah ebenfalls. So kletterte auch ein dritter hinab, bis er sich an den Füßen des zweiten festhielt. Auf diese Art sollte ein vierter, fünfter und sechster hinabsteigen, bis die Menschenleiter an den Boden des Brunnens reichte. An dieser Leiter sollte dann der Brunnengräber emporklettern, und die einzelnen Schildbürger sollten auf dem gleichen Wege wieder zurückkehren. Der Einfall war also ganz gut. Doch was geschah? Kaum kletterte der dritte Schildbürger hinab, als schon dem obersten, der die Stange hielt, das Körpergewicht der frei Hängenden zu schwer wurde. „Männer," rief er, „wartet ein bischen, ich muß mir in die Hände spucken, um fester anpacken zu können." Aber, o weh, als er die Hände losließ, um darauf zu spucken, konnte er die Querstange nicht mehr erreichen. Alle drei Bauern fielen in die finstere Tiefe."

Auf das erste Geld, das man an einem Tage ein=
nimmt, zu spucken, soll nach einem in Schottland, Ir=
land, England und auch in Schlesien weit verbreiteten
Glauben Glück bringen und weitere Geldeinnahmen im
Gefolge haben. Es wird also zu einem Heckepfennig. Im
Englischen heißt dieses Geldstück handsel; doch versteht man
darunter auch ein Geschenk, das man einer Braut am
Hochzeitstage schickt. In Schottland bedeutet handsel
zuweilen eine Gabe, die man einem Verwandten, der
sich in einem neuen Anzug zeigt, verehrt.

Englische Höckerinnen und Hausierer stecken das an
einem Tage zuerst eingenommene Geld in eine besondere
Tasche; dieselben sollen sogar ihre ersten Waren unter
dem Preise verkaufen, nur um schnell in den Besitz
eines einträglichen handsel zu gelangen. Unter den
irländischen Frauen Amerikas ist das Bespucken des
Geldes ziemlich allgemein.

Aber nicht nur Weisheit und Glück, sondern auch
Gesundheit vermittelt der Speichel; daß dieses zu allen
Zeiten geglaubt wurde, dafür hat uns die Amerikanerin
Fanny D. Bergen, die unser Thema zu einem Spezial=
studium gemacht hat, im zweiten Bande des "Journal
of American Folklore" zahlreiche Beweise geliefert.

Ist ein Junge in Pennsylvanien, Ohio und Maine
so schnell gelaufen, daß er Seitenstechen bekommen hat,
so hebt er einen Stein auf, spuckt auf die untere Seite
desselben und legt ihn dann wieder an seine frühere
Stelle. Dies soll ihn von seinem Leiden befreien. In
Chelsea in Massachusetts legen in diesem Falle die
Knaben einen Kieselstein unter die Zunge und in Cam=

bridge unter die Oberlippe. In letzgenannter Stadt glauben sie auch, daß sie bei zeitiger Anwendung dieser Vorsichtsmaßregel den ganzen Tag ohne Beschwerde herumlaufen können.

Das Spucken unter einen Stein heilt übrigens auch Herzklopfen und Zahnschmerzen, jedoch nur in Schwaben, wie Dr. Buck in seinem Werke „Medizinischer Volksaberglaube" schreibt. Nach Fred. Starr (Journal of American Folklore, Vol. IV) spuckten früher die von Seitenstechen geplagten Jungen des Staates New-York auf den Grund, legten einen Stein darauf und drückten denselben mit den Füßen fest ein.

Im östlichen Massachusetts und auch in einigen Teilen von New Hampshire herrscht die Sitte, über einen eingeschlafenen Fuß mit dem Finger, der mit Speichel benetzt ist, das Zeichen des Kreuzes zu machen. Manchmal wird zur Linderung auch Speichel in die Kniekehle gerieben. Die keltischen Bewohner von Cape Breton reiben die linke Augenbraue, wenn der linke, und die rechte, wenn der rechte Fuß eingeschlafen ist, mit Speichel ein. Nach Plinius soll man jenes unangenehme Gefühl auch dadurch beseitigen können, daß man das obere Augenlid mit Speichel anfeuchtet, oder daß man sich in den Schoß spuckt.

Ist jemand in Japan ein Bein eingeschlafen, so wird ihm ein mit Speichel angefeuchteter Strohhalm auf die Stirne geklebt. Da derselbe nun bald abfällt, so wird diese Prozedur dreimal wiederholt und jedesmal dabei gesprochen: „Schibire Kyo ye agare", das heißt: „Starrheit, gehe hinauf nach Kyo". Unter diesem Kyo

ist die Stadt Kyoto verstanden, woselbst bis zur Mitte
dieses Jahrhunderts die Kaiser zu residieren pflegten.
In einigen Gegenden Japans macht man beim Auflegen
des Strohhalms auch das Zeichen des Kreuzes, was,
da weder der Buddhismus noch der Schintoismus
dieses Symbol verwertet, auf den Einfluß katholischer
Missionäre zurückzuführen ist.

Nach Plinius kann eine Brandwunde dadurch geheilt werden, daß man sie dreimal mit Speichel be-
feuchtet. Viele Amerikaner glauben dies noch heute.
Hat jemand im Staate Maine eine solche Wunde, so
sagt er keinem Menschen etwas davon, sondern spuckt
auf einen Finger und legt denselben zur Linderung
seiner Schmerzen hinter das Ohr. Im genannten
Staate will man auch Geschwüre und den Ringwurm
mit Speichel kurieren; in letzterem Falle muß man ihn
in der Richtung des Sonnenlaufs einreiben.

In der Grafschaft Kent kann man Warzen dadurch
beseitigen, daß man sie in der Richtung eines vorbei-
passierenden Leichenzuges mit Speichel benetzt und dabei spricht: „Warze, gehe mit dir!"

In Boston spielt der Speichel die Rolle des
Hühneraugendoktors, denn die Zehe, die viermal hintereinander abends damit eingerieben wird, ist bald von
ihrem schmerzhaften Auswuchs befreit.

Auch zur Heilung entzündeter Augen wird der
Speichel vielfach in Anspruch genommen und zwar nicht
nur von Schwaben, sondern auch von Amerikanern in
Massachusetts. In einigen Gegenden letztgenannten
Staates verwendet man dazu auch das grünliche vege-

tabilische Gewebe, das sich zuweilen auf der Oberfläche
stiller Teiche oder langsam fließender Gewässer befindet
und das man im Englischen frog-spit nennt.

Sogar Blindheit kann durch Hilfe des Speichels
kuriert werden, wofür auch der Stifter der christlichen
Religion einen Beweis geliefert hat. In Blacks „Folk
Medicine" lesen wir: „Hilarion kurierte eine blinde
Frau in Ägypten dadurch, daß er auf ihre Augen
spuckte. Vespasian kurierte einen blinden Mann in
Alexandrien auf ähnliche Weise."

Die ungarischen Zigeuner glauben, man könne das
Fieber fortspucken. Sie bohren nämlich, wie im ersten
Hefte der „Ethnologischen Mitteilungen aus Ungarn"
(1887) erzählt wird, ein Loch in ein Bäumchen, spucken
dreimal hinein und sprechen dabei:

> „Fieber, Fieber, fahre hinein,
> Das soll deine Wohnung sein,
> Hier sollst du wohnen."

Um ein Pferd gegen Krankheiten zu schützen, geben
sie ihm Salz zu fressen und spucken ihm siebenmal in
die Augen.

Wenn nach Grabinski ein Schlesier, dem etwas
in das Auge geflogen ist, dreimal ausspuckt und dabei
„Pfui Teufel, pfui!" ruft, so wird er bald von allen
Schmerzen befreit sein.

Der Speichel, der aus nüchternem Munde kommt,
soll, wie auch schon Plinius behauptet, der wirksamste
sein; deshalb glauben auch die Bewohner von Mada-
gaskar, damit alle Krankheiten des Auges und Ohres
heilen zu können. Heine erwähnt in seiner „Harzreise"

einen wohlgenährten, dumm-klugen Bürger von Goslar, der seinen Hautausschlag stets mit nüchternem Speichel zu kurieren pflegte.

Muskito= und andere Insektenstiche werden in Schwaben und Amerika durch Speichel geheilt. Dieser Gebrauch dürfte sich insofern auf natürliche Weise er=klären lassen, als bei der Benetzung des wunden Teiles das darin enthaltene Gift durch den Speichel aufge=saugt wird.

Nach Plinius ist im menschlichen Speichel ein Gift enthalten, mit dem man Schlangen töten kann. Dieser Glaube ist heute noch in ganz England ver=breitet. Galen wollte mit dem Speichel Skorpionen töten. In New Jersey hält man den Speichel der Kröte für giftig.

Plinius behauptet, daß ein Frosch zerplatze, wenn man auf ihn spucke. Die Canadier wollen auf dieselbe Weise Kröten töten; sie glauben auch, daß der Speichel der Kröte Warzen verursache. In Schwaben soll er Anschwellungen hervorrufen.

Der Kröte wird übrigens auch Heilkraft zuge=schrieben. Spuckt man ihr in das Maul, so kann man nach Plinius seine Erkältung los werden.

In dem von Haltrich aufgezeichneten Märchen vom „Zauberroß" verhilft die Kröte einem Blinden zum Augenlicht, jedoch nicht durch Speichel. Wegen dieser vermeintlichen Heilkraft töten die Sicilianer die Kröte nicht, füttern sie vielmehr mit Brot und Wein, also mit geweihten Dingen, damit sie ihnen zu Glück ver=helfe. Wer die Kröten hingegen, wie Gubernatis in

feinem Werke „Die Tiere in der indogermanischen My=
thologie" erzählt, beunruhigt, den suchen sie in der
Nacht auf und speien Wasser auf seine Augen; darauf
erkranken die Augen und heilen nie wieder.

Nach Dr. Krauß („Südslavische Hexensagen") kann
man durch den sogenannten Hexenspeichel, den man am
Sonntage nach Neumond beim Morgengrauen in
Wäldern oder an Zäunen findet, wo in der vorher=
gehenden Nacht ein Hexenfest stattgefunden hat, einen
Menschen von Wahnsinn befreien. Wenn, wie Auning
in seiner Schrift „Der lettische Drachenmythus" (Mitau
1892) mitteilt, der von Hexen hinterlassene Speichel
nicht sorgfältig in Flaschen gethan und vergraben wird,
dann kann man die Puhkis (Hausgeister) und Regana
(Hexen) nie aus seinem Hause vertreiben. Nach Enne=
moser muß jeder, der in die Nähe des Hauses einer
Hexe kommt, dreimal ausspucken, um sich gegen Unglück
zu schützen. Dasselbe muß man auch thun, wenn man
einer solchen Dame begegnet.

Daß der Speichel eines wütenden Hundes, eines
bösen Menschen, einer gejagten Ratte und eines wilden
Pferdes giftig sei, wird allgemein angenommen. Die
Griechen spuckten beim Anblick eines Rasenden dreimal
in den Busen.

Da nach Ansicht der Neugriechen und Slaven
das einem Menschen in dessen Anwesenheit gezollte Lob
Unglück bringt, so schützt sich dieser dadurch, daß er
schnell ausspuckt. Die russischen Ammen sollen jeden,
der ihr Kind lobt und dabei vergißt, „Gott behüte es!"
zu sagen, in das Gesicht spucken.

Wenn, wie Perfius in seinen Satiren berichtet, eine römische Tante oder Großmutter einen Säugling gegen Unglück feien wollte, so nahm sie das Kindchen aus der Wiege und beschmierte ihm die Stirne mit Speichel. Dies sollte besonders gegen den bösen Blick schützen.

Die Römer glaubten zur Zeit des Plinius, daß das Spucken gegen ansteckende Krankheiten schütze.

In Maine wagt man es nicht, einen Tierkadaver zu bespeien, weil man sonst leicht die Krätze bekommen kann. Ähnliches glauben die Schwaben.

Gegen den Wind spucken ist gefährlich. Nach altfranzösischem Glauben darf man auch nicht in das Feuer spucken, wenn man sich vor Mißgeschick bewahren will; im nördlichen Ohio glaubt man dadurch einen wunden Mund zu bekommen. Spuckt man dort zufällig auf ein Kleid, so ist dies ein Zeichen, daß jemand Übles von einem spricht. Auch wird in genannter Gegend der Speichel häufig als Orakel gebraucht. Man spuckt auf eine heiße Kohlenschaufel; springt dann der Speichel plötzlich ab, so deutet er dadurch die Richtung an, in der man seine zukünftige Heimat zu suchen hat; verdunstet er hingegen auf der Schaufel, so braucht man nicht zum Wanderstabe zu greifen, sondern kann zu Hause bleiben.

Wenn den alten Mexikanern das spinnenähnliche Insekt Pinaviztli zufällig ins Haus lief, was als schlechtes Vorzeichen galt, so machten sie ein Kreuz, setzten das Tierchen in die Mitte desselben und bespuckten es. Darauf fragten sie es, weshalb es gekommen sei und aus der Richtung, in welcher es sich dann entfernte, deuteten sie die Antwort.

Im alten Rom war es gebräuchlich, vor der Abreise nach dem Kriegsschauplatz in den rechten Schuh zu spucken. Begegnete ein Römer einem Lahmen oder einem Schielenden, so spuckte er zu seiner Sicherheit schnell aus.

Dasselbe thun einige Nordamerikaner, wenn sie einem Neger begegnen. Wer in Maine ein Kleid verkehrt anzieht, spuckt, sobald er es bemerkt, schnell darauf.

Fräulein Gilchrist, die berühmte englische Tänzerin, erzählte einst einem Reporter:

„Nennen sie es Aberglauben oder nicht, ich verdanke mein ganzes Glück dem Umstande, daß ich stets, wenn ich tanze — in meinen Schuh spucke. Am Tage meines ersten Debuts zog ich auf den Rat meiner Mutter den linken Atlasschuh aus, spuckte hinein und zog ihn wieder an. Wie Sie wissen, fiel das Debut ungemein günstig aus; was Sie aber nicht wissen, ist, daß sich am selben Tage der Herzog von Beaufort in mich verliebte. Tag für Tag wuchs mein Erfolg, Tag für Tag seine Liebe. Eines schönen Tages entführte er mich, und ich verlebte mit ihm die glücklichste Zeit meines Lebens. Wie aber alles ein Ende nimmt, so auch unsere Liebe. Ich kehrte zum Theater zurück, spuckte in meinen Schuh und wurde enthusiastisch empfangen. An demselben Tage verliebte sich Hugh Drummond in mich, der mich jedoch weiter bei der Bühne ließ. Eines Tages — ich war zu spät gekommen und mit Mühe und Not mit meiner Toilette

fertig geworden — vergesse ich meinen Schuh auszu=
ziehen und das Glückszeichen zu machen. Ich gleite
aus und verstauche mir den Fuß. Meinem Geliebten
wird es zu langweilig, mich in meiner Kunst nicht be=
wundern zu können und er verläßt mich. Nach Wochen
trete ich wieder auf. Diesmal spucke ich in beide Schuhe
und ich tanze wie noch nie. Der Earl von Orkney
verliebt sich in mich, hält um meine Hand an und in
drei Wochen ist die Hochzeit. Und nun gehen Sie hin
und spotten Sie über meinen Aberglauben."

Der Speichel wird auch infolge der in ihm ent=
haltenen geheimnisvollen Kraft vielfach als Zeichen des
Grußes gebraucht. So begrüßen sich die Muhamedaner
am Senegal dadurch, daß sie sich die mit Speichel be=
netzten Hände entgegenhalten.

Wie der Russe B. L. Prinkonskij in seiner von
Dr. Fr. Krauß übersetzten Schrift über das Schamanen=
tum der Jakuten (Wien 1888) erzählt, spucken die
Zauberer und Siechen jenes Volkes dreimal auf ein von
dem Geiste der Krankheit zum Opfer bestimmtes Tier
und lassen es dann, baldige Besserung erwartend,
laufen.

Die Häuptlinge einiger Indianerstämme im ameri=
kanischen Westen spucken gemeinschaftlich in ein Loch,
wenn sie Frieden geschlossen haben. Die Knaben im
Norden Englands spucken zur Beteuerung ihrer Aus=
sage aus.

Die Südseeinsulaner sind der Ansicht, daß sie
jedem Menschen, dessen Speichel sie besitzen, Schaden
zufügen können. Ihre Häuptlinge führen daher be=

ständig Spucknäpfe bei sich und fangen ihren Speichel auf, um ihn später verscharren zu können. Wie Paul Kane berichtet, so thun die Indianer vom Columbia= flusse dasselbe.

In Deutschland zertreten viele Leute ihren Speichel, damit ihn niemand, wie Dr. Buck schreibt, zu Zauber= zwecken benutzen kann. Dieser Gebrauch dürfte jedoch eher im Reinlichkeitsgefühle wurzeln.

John Dunn teilt in seiner „History of the Ore- gon Territory" (London 1844) mit, daß die Indianer des Millbank Sundes seinen Speichel sammelten und ihn ihrem Medizinmann brachten, der ihm dann mit= telst desselben das Leben fortzaubern sollte.

Das Ausspucken vor Personen gilt als Zeichen der Verachtung. So beklagt sich auch Shylock darüber, daß ihm Antonio das Kleid bespuckt habe.

Nach einer arabischen Sage soll die Tabakpflanze aus dem Speichel Muhameds entstanden sein. Die Sage lautet:

„Der Prophet ging einst auf dem Felde und fand dort eine vor Kälte erstarrte Schlange. Mitleidsvoll hob er sie auf und erwärmte sie. Als die Schlange wieder zu sich gekommen war, sprach sie: „Göttlicher Prophet, wisse, daß ich dich jetzt beißen werde." — „Und warum?" fragte Muhamed. — „Weil dein Ge= schlecht das meine verfolgt und es auszurotten trachtet." — „Aber führt nicht auch dein Geschlecht gegen das meinige täglich Krieg?" entgegnete der Prophet. „Wie kannst du ferner so undankbar sein und so schnell ver= gessen, daß ich dir das Leben gerettet habe!" —

„Dankbarkeit giebt es auf der Welt nicht," erwiderte die Schlange, „und wenn ich dich jetzt verschonte, so würdest du oder ein anderer deines Geschlechts mich später doch töten. Bei Allah, ich werde dich beißen." — „Wenn du bei Allah geschworen hast, dann will ich nicht die Ursache davon sein, daß du deinen Schwur brichst," sprach der Prophet, indem er seine Hand zum Munde der Schlange führte. Die Schlange biß ihn; er aber sog die Wunde mit seinen Lippen aus und spie das Gift auf die Erde hin, und es sproßte an dieser Stelle eine Pflanze empor, welche das Gift der Schlange und die Barmherzigkeit des Propheten in sich vereinigt. Die Menschen nennen jene Pflanze Tabak.

Der Speichel steht auch insofern mit dem Tabaks= genuß in Verbindung, als viele Menschen nicht rauchen können, ohne dabei beständig auszuspucken. Besonders zeichnen sich in dieser Hinsicht die Amerikaner vor allen andern Rauchern aus, weshalb man es ihren Damen auch nicht übel nehmen kann, wenn sie den Tabaksverbrauch in ihrer Nähe nicht dulden wollen. Steckt der Ameri= kaner eine Cigarre in den Mund, so kann man sicher sein, daß er die Hälfte davon zerkaut und die Brühe nach allen Richtungen der Windrose verspritzt. Dem Tabakkauen giebt er daher auch den Vorzug. Ein altes Sprichwort aber sagt: „Wer raucht, riecht wie ein Schwein, wer schnupft, sieht aus wie ein Schwein, und wer kaut, der ist ein Schwein." So schlimm ist es nun freilich nicht.

Rübezahl.

Von allen Märchensammlungen, welche von Rübe=
zahl, dem Lokalgeiste des Riesengebirges handeln, ist
keine populärer geworden, als diejenige, die Musäus
veranstaltete; und da dieselbe alle Eigenschaften jenes
Gnomen zur Anschauung bringt, so sei es uns, ehe wir
versuchen, ihm seinen eigentlichen Platz in der Mytho=
logie anzuweisen, erlaubt, den Inhalt derselben erst kurz
zu wiederholen.

Um die Verhältnisse der Menschen, ihre Not,
Leidenschaften und Sitten genau kennen zu lernen und
danach sein Auftreten gegen dieselben einzurichten, hatte
einst Rübezahl Knechtsgestalt angenommen und war bei
einem Bauern in Dienst getreten. Trotz seines wunder=
baren Fleißes erntete er jedoch keinen Dank, sondern
mußte vielmehr zusehen, wie sein Arbeitgeber nur desto
verschwenderischer lebte. Ein zweiter Bauer, dem Rübe=
zahl darauf seine wertvollen Dienste widmete, entpuppte
sich als schmutziger Geizhals, der ihn um den ihm
rechtlich zukommenden Lohn betrog. Der Richter, dem
er sich später nützlich machte, zeigte sich so bestechlich

und rachgierig, daß er Rübezahl, als er ihn auf die
Verwerflichkeit seiner Handlungen aufmerksam machte,
ins Gefängnis sperren ließ, aus dem er jedoch
bald nach Art der Geister durch das Schlüsselloch
entfloh.

Darauf beschloß Rübezahl, sich wieder in seine
unterirdische Behausung zurückzuziehen, denn er hatte
vor den Menschen allen Respekt verloren und ver=
wunderte sich nur noch darüber, daß die Natur ihre
zahlreichen Gaben an diese undankbaren Gesellen so
reichlich verschwendete. Als er nun gerade im Begriff
war, seinen Vorsatz auszuführen, erblickte er plötzlich
ein schönes Mädchen beim Baden, und um sich an
ihrem Anblick so recht nach Herzenslust ungestört weiden
zu können, nahm er die Gestalt eines Raben an und
flog auf eine hohe Esche, um bald zu seiner schmerz=
lichsten Enttäuschung auszufinden, daß er nun alles
mit Rabenaugen ansah und infolgedessen mehr Ge=
fallen an einer spielenden Mäuseschaar, als an der
lieblichen Prinzessin hatte. Schleunigst verwandelte er
sich daher in einen schmucken Jüngling und zauberte
den Badeplatz zu einem wahren Paradiese um, so daß
das holde Mädchen keinen Tag verstreichen ließ, ohne
sich daselbst einzufinden. Natürlich fehlte auch Rübe=
zahl nicht.

Um die Jungfrau nun schließlich in seine Gewalt
zu bekommen, zog er sie in die Tiefe und führte sie
in sein unterirdisches Schloß, worauf er dem Badeplatz
wieder sein früheres Gepräge verlieh. Trotzdem nun
Rübezahl alles Erdenkliche aufbot, die Liebe der ge=

fangenen Maid zu gewinnen, so war er damit doch
nicht erfolgreich. Um sie von ihrer sich täglich steigern=
den Melancholie zu befreien, eilte er eines Tages auf
die Oberfläche der Erde, zog zwölf Rüben aus einem
Acker und brachte sie der Gefangenen mit dem Be=
merken, daß diese, wenn sie sie mit einem Stab berühre,
solche Gestalten annehmen würden, die ihr am meisten
gefielen. Auf diese Weise zauberte sie sich nun zehn
ihrer liebsten Freundinnen herbei und aus den beiden
übrig gebliebenen Rüben bildete sie eine Katze und einen
Hund. Leider welkten aber die auf die angegebene
Weise entstandenen Jungfrauen schnell dahin und wurden
wieder zu dem, was sie früher gewesen waren, nämlich
zu Rüben und als sich die Prinzessin eines Morgens
von ihrem Lager erhob, hatte sie zu ihrer schmerz=
lichsten Überraschung nur noch eine eingeschrumpfte
Matrone vor sich, die mühsam an einem Stabe dahin
keuchte.

Rübezahl erklärte darauf zu seiner Entschuldigung,
daß er zwar die Kräfte der Natur, nicht aber die Ge=
setze derselben beherrsche, und versprach ihr einen neuen
Korb voll Rüben zu holen. Da es aber inzwischen
Winter geworden war, so konnte er natürlich keine mehr
auf dem Felde entdecken; er kaufte also einen Sack
voll Rübsamen, bepflanzte einen Acker damit und be=
auftragte einen seiner dienstbaren Geister, die Erde
von unten tüchtig zu heizen, damit die Rüben bald
wüchsen.

Inzwischen sann die Jungfrau, die auf der Ober=
welt einen Bräutigam zurück gelassen hatte, der seit der

Zeit ihres Verschwindens rastlos auf der Suche nach
ihr im Walde herumirrte, beständig darüber nach, wie
sie den Berggeist überlisten und wieder in Freiheit gelangen
könnte. Als nun der Lenz erschien, und die Rüben
wieder wuchsen, da verwandelte sie eine derselben in
eine Biene und sandte sie zu ihrem Geliebten, um ihm
Nachricht von ihr zu bringen. Die Biene wurde jedoch
unterwegs von einer Schwalbe verschlungen; eine Grille,
die sie ebenfalls aus einer Rübe hervorgezaubert und
zur Botin ihres Grames gemacht hatte, wurde von
einem Storch verzehrt und erst die dritte Rübe erreichte
in Elstergestalt den Ort ihrer Bestimmung.

Inzwischen suchte sie den Berggeist dadurch zu
beruhigen, daß sie ihm Hoffnung auf ihre Hand machte.
Eines Tages bat sie ihn, doch die Rüben auf dem
Acker zu zählen, da sie dieselben in Kranzjungfern zur
bevorstehenden Hochzeit verwandeln wolle; er solle sich
deshalb unter keiner Bedingung verzählen. Rübezahl
that nun sein möglichstes, um die richtige Zahl der
Rüben festzustellen, fand jedoch dabei aus, daß er sich
infolge seiner Verliebtheit häufiger verzählte, als ihm
angenehm war. Während dieser Zeit wurde es der
Prinzessin möglich, eine Rübe in ein Pferd zu verwandeln und damit in die Arme ihres Geliebten zu
fliehen.

Als nun Rübezahl ausfand, daß er hintergangen
worden war, eilte er hinter ihr her, auch schickte er
Wolken und Blitz nach ihr; aber alle Versuche, sie
wieder in seine Gewalt zu bringen, waren vergeblich.
Er mußte sich also wohl oder übel mit seinem vom

bitterſten Menſchenhaß erfüllten Herzen wieder in die
Unterwelt zurückziehen und ſich gefallen laſſen, daß die
befreite Prinzeſſin überall erzählte, wie ſie den Berg=
geiſt zum Narren gehabt, und daß ihm alle Welt von
nun an den Spitznamen „Rübezahl“ beilegte.

Nach Verlauf von 999 Jahren machte einſt ein
drolliger Kobold dem Berggeiſte den Vorſchlag, zur
Abwechslung einmal eine Luſtpartie ins Gebirge zu
unternehmen; er willigte auch ein und zauberte die
ganze Gegend zu einem wahren Paradieſe um, das
jedoch nur für Geiſteraugen ſichtbar war, denn mit den
Menſchen hatte er ſich noch nicht ausgeſöhnt, ſondern
vielmehr ſich vorgenommen, dieſelben gründlich zu
plagen, damit ſie wieder Reſpekt vor ihm bekämen. Als
ihm nun auf ſeinem Ausfluge ein verwegener Geſelle
zurief: „Komm her, Rübezahl, du Mädchendieb!“ da
wollte er denſelben augenblicklich erwürgen, doch fiel
ihm noch rechtzeitig ein, daß er durch eine ſolche Ge=
waltthat alle Menſchen aus dem Gebirge vertreiben
und er ſich dadurch der Gelegenheit berauben würde,
ſie derb zu züchtigen. Er machte ſich alſo unſichtbar,
folgte jenem Grobian bis nach ſeiner in Hirſchberg ge=
legenen Wohnung und kehrte dann wieder um.

Darauf begegnete ihm ein reicher Jude. Schnell
nahm Rübezahl die Geſtalt des jungen Mannes, der
ihn verhöhnt hatte, an, beraubte den Reiſenden ſeiner
Schätze und ließ ihn, nachdem er ihn halbtot ge=
ſchlagen, hilflos auf dem Platze liegen. Nach geraumer
Zeit erſchien ein freundlicher Herr bei dem Juden, ver=
band ihm die Wunden und führte ihn in die Wohnung

des Spötters, der gerade bei einer Flasche Wein saß und den geraubten Geldsack, ohne daß er es wußte, neben sich liegen hatte. Er wurde darauf dem Gericht überantwortet, doch leugnete er standhaft das ihm zur Last gelegte Verbrechen und erst als man ihm mit den Daumschrauben drohte, gestand er alles, was man nur von ihm verlangte. Er wurde also zum Tode verurteilt, seine Hinrichtung jedoch deshalb auf drei Tage verschoben, weil der Geistliche erklärte, ihn nicht eher auf sein letztes Stündlein vorbereiten zu können.

Inzwischen streifte Rübezahl im Gebirge herum und begegnete einer Jungfrau, die so auffallend traurig aussah, daß er sie nach dem Grunde ihres Kummers fragte. Sie erzählte nun, daß sie ihrem Geliebten gesagt habe, er solle nur dann um ihre Hand anhalten, wenn er den Beutel voll Batzen habe; darauf habe er dann einen reichen Juden beraubt und solle deshalb morgen hingerichtet werden.

Da versprach Rübezahl, ihren Geliebten zu befreien. Er schlich sich also in der Kleidung eines Mönchs in das Gefängnis und ließ den Todeskandidaten ins Freie; auch gab er ihm einen Laib Brot und eine mit Goldstücken gefüllte Knackwurst mit, so daß sich nun der junge Mann verheiraten, nach Prag ziehen und dort ein Geschäft anfangen konnte.

Rübezahl, der im Gefängnis zurückgeblieben war, wurde nun an Stelle des eigentlichen Verbrechers gehängt; doch als man am nächsten Tage den Leichnam vom Galgen schnitt, fand man nur einen mit Lumpen bedeckten Strohwisch vor.

Von nun an ließ sich Rübezahl keine Gelegenheit entgehen, den Menschen allerlei Schabernack zu spielen. Er führte die verirrten Wanderer in Sümpfe, erschreckte die Marktweiber und zerbrach den Fuhrleuten die Wagenräder oder hielt den Wagen so fest, daß ihn die stärksten Pferde nicht vom Platze bringen konnten. Fluchte dann einer derselben auf den Berggeist, so sandte dieser schnell eine Schar Hornissen über ihn her.

Rübezahl schloß auch einmal Freundschaft mit einem Schäfer und erlaubte diesem sogar, daß er die Schafe in der Nähe seines Gartens grasen ließ; eines Tages jedoch, als er wieder einmal bei böser Laune war, jagte er den Schafen plötzlich solche Furcht ein, daß diese in eine tiefe Felsenschlucht sprangen. Der Schäfer grämte sich infolge dieses unersetzlichen Verlustes zu Tode.

Auch mit einem Arzte schloß er eines Tages Freundschaft und ließ ihn in seinem Garten botanisieren.

Als er ihn jedoch über die Natur der Kräuter belehren wollte, nahm dies der Doktor gewaltig übel; darauf fragte ihn Rübezahl, der in der Gestalt eines Holzhackers auftrat, auf welchem Grunde er jetzt stehe, ob auf dem des Königs von Böhmen, oder auf dem des Berggeistes. Als darauf der Arzt antwortete, daß der Grund, worauf er stehe, dem Könige von Böhmen gehöre und daß Rübezahl nur ein Hirngespinnst oder ein Popanz sei, da wurde der Berggeist so wütend, daß er schnell Riesengestalt annahm und den Doktor windelweich schlug.

Eines Tages kam ein verarmter Bauer zu ihm

und hatte die Keckheit, hundert Thaler von ihm borgen
zu wollen. Trotzdem nun Rübezahl, der bei dieser
Gelegenheit als rotbärtiger Köhler auftrat, über ein
solches Ansinnen äußerst ungehalten war, so führte er
den Bittsteller doch in seine unterirdische Wohnung,
überlieferte ihm die gewünschte Summe und ließ sich
das schriftliche Versprechen geben, daß er sein Geld
nach drei Jahren zurückerhalte. Der Bauer hatte Glück
in seinen Unternehmungen, doch als er am bestimmten
Tage seine Schuld abtragen wollte, ließ sich Rübezahl
nirgends blicken, sorgte aber dafür, daß der Wind dem
Bauern die Quittung zuwehte. Als darauf die Frau
des Bauern dies Geheimnis ausgeplaudert, eilten schnell
alle Faullenzer, alle bankerotten Kaufleute und Handwerker ins Gebirge, um ihr Glück beim Berggeiste zu
versuchen. Dieser ließ sie auch Töpfe mit Geld finden,
als sie dieselben jedoch nach Hause brachten, hatten sie
bloß noch stinkenden Unrat darin.

Einer armen Frau, die etwas Laub für ihre Ziege
gesammelt hatte, machte er die Last so schwer, daß sie
dieselbe kaum nach Hause schleppen konnte. Ihre Ziege
starb in der folgenden Nacht vor Hunger, da sich das
ihr vorgeworfene Laub in Gold verwandelt hatte.

Nach einigen von Prätorius*) mitgeteilten Märchen
war Rübezahl auch ein leidenschaftlicher Freund des
Kegelspiels und schenkte einst einem Reisenden, der mit

---

*) Näheres darüber das Werk „Rübezahl, seine Begrün-
dung in der deutschen Mythe" vom Österreich. Riesengeb.
Verein. (Hohenelbe 1884.)

ihm gespielt hatte, einen Kegel, der sich später in Gold
verwandelte. Auch zeigte er sich einst bei einer gewissen
Gelegenheit als wackerer Zecher, indem er eine mit Bier
gefüllte Bütte auf einen Zug austrank. Da er in der
Heilkunst erfahren war, so konnte er, ohne daß es ihm
schadete, sich ein Bein ausreißen und dasselbe als Hacke
benutzen. Seine Heilkräuter fuhr er gewöhnlich in
einem von einem Ziegenbock oder Bären gezogenen
Wagen auf den Markt.

Aus dem hier Mitgeteilten geht hervor, daß sich
Rübezahl bei seinen Handlungen größtenteils von seiner
augenblicklichen Laune regieren, sich aber nie zu einem
wirklich rohen Streiche verleiten ließ.

Als Berggeist ist er albern und weise, schalkhaft
und bieder, wohlwollend und tyrannisch, gerade wie
es die Gelegenheit mit sich bringt. Was er auch thut,
seine grundehrliche Gutmütigkeit verleugnet er schließlich
niemals. Er erscheint als Riese, seltener als Zwerg;
auch besitzt er die Gabe, sich in eine Eule, eine Kröte,
ein Roß, einen Bergmann und Mönch verwandeln und
sich unsichtbar machen zu können. Wütend wird er
hauptsächlich nur dann, wenn man ihn Rübezahl, was
ursprünglich Rübenschwanz bedeutet, ruft, oder wenn
man seine Existenz bezweifelt. Er bewegt sich stets in
Extremen, wie die Gebirgsgegend, als dessen Schutzgeist
er gilt. Dort schickt er Regen und Sonnenschein,
Schnee und Hagel. Er belohnt die Fleißigen und bestraft die Faulen. Den Kranken bringt er heilkräftige
Kräuter und den Bedürftigen Gold. Er ist mehr geachtet als gefürchtet. Von den Geistlichen und bestech-

lichen Richtern ist er kein Freund, auch nicht von den Soldaten.

Trotzdem er manche Ähnlichkeit mit einem anderen schlesischen Gotte, nämlich mit Skrzotek hat, so ist er doch nicht wie dieser slavischen, sondern echt deutschen Ursprungs. Er vereinigt in sich die Eigenschaften Wotans und Thors. Manches hat er auch mit den Vorfahren der altnordischen Götter, den Riesen, gemein. Diese, welche die rohen Naturkräfte repräsentierten, traten auch nur dann grausam und tückisch auf, wenn sie dazu gereizt wurden; dann aber suchten sie die Erde mit Stürmen und Kälte heim.

Rübezahl erinnert, um nur einige flüchtige Vergleiche anzustellen, zuerst durch sein Auftreten als Knecht an Wotan; denn auch der deutsche Göttervater hatte sich einst unter dem Namen Bölovark als Knecht verdungen und schwierige, an Herkules erinnernde Arbeiten verrichtet. Auch als Wunschgott hat Wotan manche Ähnlichkeit mit Rübezahl. Sein Zauberstab, der sich im Laufe der Zeit zum „Knüppel aus dem Sack", zu Freikugeln, zur Wünschelrute und zu Glückswürfeln verwandelt hat, ist im Besitze Rübezahls zu einem Stocke geworden, mit dem die gefangene Prinzessin Rüben in Menschen umschaffte. Und diese Prinzessin überlistete ihn ebenso, wie Frigga ihren Gemahl.

Auch Wotan oder Odin ist, wie Rübezahl, in der Heilkunst erfahren. Ferner geht der altdeutsche Gott gerne verkleidet unter den Menschen herum, um ihre Gesinnungen zu erforschen; in seiner späteren Gestalt als wilder Jäger verwandelt er häufig Dinge in Gold.

Auch Rübezahl trat eine Zeitlang als Jäger auf, ehe er sich in seine unterirdische Wohnung zurückzog. Wie Rübezahl, so besaß auch Odin eine erstaunliche Leistungs= fähigkeit im Trinken; als er einst der Riesentochter Gunnlöd einen Besuch abstattete, trank er in drei Zügen drei mächtige, mit Met gefüllte Fässer leer. Und welche Beweise von seiner Trinkfähigkeit lieferte erst Thor, Odins Sohn! Als er in Weiberkleidung seinen Hammer dem Riesen Thrym mit List entwendete, leerte er drei mit Met gefüllte Kufen und außerdem gab er auch sonst den Riesen mehrfach Gelegenheit, sich über seinen Durst zu verwundern. Diese Leistungsfähigkeit im Trinken hat sich bekanntlich auf den „Dicken" in Grimms Märchen von den sechs Dienern, welche die verschiedenen Eigenschaften Thors darstellen, vererbt. Wie Thor, so tritt auch manchmal Rübezahl mit rotem Barte auf, und beide bekunden dadurch ihren Charakter als Gewittergötter.

Odin hatte zwei Raben auf den Schultern sitzen, um ihn von dem, was auf der Welt vorging, zu be= nachrichtigen; so nahm auch Rübezahl einst die Gestalt eines Raben an, um besser sehen zu können. Thor verlieh einst einem Steine solche Schwere, daß ihn ein Riese nicht aufheben konnte; auf ein ähnliches Kunststück Rübezahls haben wir früher hingewiesen.

Wenn Rübezahl mit Heilkräutern auf den Markt fuhr, so spannte er einen Ziegenbock und einen Bären vor seinen Wagen; der Donnergott ließ sein Gefährt nur von Böcken ziehen, doch hatte er insofern Be= ziehungen zum Bären, als ihm dieser geheiligt war.

Wenn Rübezahl nach einem Märchen als gefärbte
Kuh in den Wolken mit Krachen und Donnern erscheint,
so erinnert uns dies an die indogermanische Vorstellung,
nach welcher uns die Regen spendende Wolke im Bilde
einer Kuh vorgeführt wird.

Wie die von Pluto, dem Gotte des Reichtums,
geraubte Proserpina den herbstlichen Untergang der
Pflanzenwelt darstellt, so haben wir auch in der von
Rübezahl entführten Emma die in der Erde gefangene
Vegetation zu erblicken, die mit dem Zauberstabe, den
Sonnenstrahlen, im Frühling wieder zu neuem Leben
erweckt wird. Ratibor, ihr Bräutigam, spielt mit gol=
denen Kegeln, der Sonne nämlich, auf einem Berge, bis
dann im Herbst sein glänzendes Gespann von einer
finsteren Wolke überzogen wird. Rübezahl schleudert
dasselbe nun in eine Schlucht, nimmt ihn gefangen und
schleppt die goldenen Kegel in seine unterirdische Wohnung,
um dort damit zu spielen. Der Winter hat also den
Sieg über den Sommer davongetragen.

Emma erinnert ferner an die altdeutsche Göttin
Holda, die auch den Aufenthalt an Seen und Teichen
liebte. Ihre unterirdische Wohnung war ebenfalls mit
aller erdentlichen Blumenpracht geschmückt und aus
ihrem daselbst befindlichen Brunnen holte sie bekanntlich
die jungen Kinder hervor.

Aus diesen kurzen Andeutungen ist klar ersichtlich,
daß in Rübezahl die Eigenschaften Wotans und Thors,
die ihn zum Repräsentanten der gesunden Rechtsan=
schauungen des Volkes gemacht, konzentriert und per=
sonifiziert sind.

Es ist leicht, bei anderen Völkern, besonders Ab=
originern, Doppelgänger Rübezahls zu entdecken und
dadurch den Beweis zu liefern, daß gleiche Ursachen
unter gleichen Verhältnissen stets dieselben Wirkungen
hervorbringen. So haben z. B. die Wabanakis*),
welche mit den Mikmaks von Neu=Braunschweig, den
Passamaquoddies und Penobskots von Maine und den
Abenakis (auch St. Francis=Indianer genannt) in Canada
eine Familie der Algonkins bilden, einen Gott, welcher
den Namen Gluskap**) führt; derselbe ist, wie Rübe=
zahl, stets gerecht und wohlthätig, aber auch zu gleicher
Zeit zu allen erdenklichen Eulenspiegeleien bereit. Glus=
kap tritt zuweilen auch als Riese auf, ohne sich als
solcher einer eigentlichen Grausamkeit schuldig zu machen.
Wie unsere deutschen Altvordern in der Esche den
Lebensbaum erblickten und auch den ersten Menschen
daraus entstehen ließen, so erschuf auch Gluskap die
Menschen aus einer Esche, oder bediente sich der Raben
als Kundschafter; Gluskap hatte zwei Polarenten in
seinem Dienste.

*) Zusammengesetzt aus Waban (Osten oder Licht) und
Aki (Land oder Erde).

**) Gluskap oder Glooskap heißt Lügner. Ob er, wie an=
gegeben wird, deshalb diesen auffallenden Namen führt, weil
er vor seinem Tode den Indianern versprochen hatte, später
wieder ins Leben zurückzukehren, dies Versprechen aber nicht
hielt, wollen wir dahingestellt sein lassen. — Die auf ihn be=
züglichen Sagen sammelten Ch. G. Leland („Algonquin
Legends“, Boston 1884) und S. T. Rand („Legends of the
Micmacs“, New York 1894).

Wie Odin und Rübezahl, so war auch Gluskap
Wunschgott. Er besaß eine Wunderpfeife und auch
eine Art Wünschelrute; mit ersterer lockte er die Tiere
herbei und tötete sie durch leise Berührung mit der
letzteren. Jeder Indianer, der irgend ein Anliegen
hatte, wandte sich zuversichtlich an ihn, denn er stand
nicht umsonst im Rufe, jedem gefällig zu sein, was ihm
auch als wunderwirkender Gott ein Leichtes war.

Die Bohne.

Der Ausdruck „keine Bohne wert" bezieht sich auf solche Dinge und Personen, denen man keine besondere Beachtung schenkt und die also, wie einige andere Redensarten lauten, keinen Schuß Pulver, keinen Pfifferling oder keinen Heller wert sind. Die erstgenannte Phrase erfreut sich übrigens eines respektablen Alters, denn schon Neidhart und Luther bedienten sich derselben; letzterer in dem bekannten Spruche: „Der Welschen Andacht und der Pfaffen Fasten sind keine Bohne wert".

Ist ein Mensch schwer von Begriff, so sagt man von ihm, er habe Bohnen gegessen. Im Englischen heißt es in diesem Falle: „He does not know beans when the bag is open." Erwartet man von jemand eine bestimmte Antwort und derselbe schweigt beharrlich, so sagt man: „He did not say beans".

Der Genuß jener Hülsenfrüchte soll Herzklopfen, Blähungen, Schlaflosigkeit und unangenehme, Böses bedeutende Träume hervorrufen und dadurch lähmend auf das Gehirn wirken, was auch schon Pythagoras und Plutarch behaupteten. Ersterer trat außerdem auch noch deshalb gegen das Verspeisen der Bohnen auf, weil sich darin Geister Verstorbener befinden sollten. Seine Schüler durften nicht einmal durch ein Bohnenfeld gehen.

Den Ägyptern war der Anbau der Bohnen untersagt; trotzdem die gelben Blüten derselben der Osiris geweiht waren, hielten sie sie doch für unrein und die Priester durften sie nicht einmal ansehen. In besonders schlechtem Geruch stand die sogenannte Saubohne (vicia Fabia).

Viele Griechen hielten die Bohne in hohen Ehren; in Athen feierte man sogar jährlich Bohnenfeste, bei denen man frische Bohnen opferte und Bohnengemüse aß. Vielfach gebrauchte man auch die Bohnen als Lose; so berichtet z. B. Plutarch, daß einst Perikles die Soldaten mit weißen und schwarzen Bohnen losen ließ und die, welche weiße erhielten, vom Kriegsdienst befreite.

Auch die Römer schrieben den Bohnen Einfluß auf das Glück oder Unglück der Menschen zu. Wer in Rom eine Versteigerung besuchte und einen vorteilhaften Einkauf machen wollte, steckte sich vorher, wie heutigen Tags der Rheinhesse ein Fledermausherz, eine Bohne in die Tasche. Einige Römer glaubten auch, die Bohnen seien von Seelen Verstorbener bewohnt und verwandten sie daher bei ihren jährlichen Totenfesten. Dieser Gebrauch besteht übrigens heute noch in Venedig und den dalmatischen Küstenstädten; wer dort am Allerseelentag einem Bekannten begegnet, bittet ihn, ihm etwas für die Toten zu geben, worauf er gewöhnlich eine Bohne oder eine Feige erhält.

Schwarze Bohnen sollen die bösen Geister verscheuchen. Wenn die Römer im Mai ihre Lemuralien feierten, um die unliebsamen Poltergeister (lemures) zu vertreiben, nahmen sie schwarze Bohnen in den Mund, drehten sie mit der Zunge mehrmals hin und her und warfen sie dann rückwärts hinter sich; darauf schlugen sie auf ein Becken und baten jene Störenfriede, das Haus schleunigst zu verlassen. Auch die indianischen Medizinmänner füllen häufig ausgehöhlte Kürbisse mit Bohnen und klappern dann damit, um die ihre Patienten quälenden Plagegeister zu verjagen. Die in dem Felsengebirge wohnenden Omahas halten rote Bohnen für ein glückbringendes Mittel; sie sagen, wenn die Bohnen ihren Besitzer gern hätten, würden sie von demselben, nachdem er sie verloren, stets wiedergefunden*).

Etwas Ähnliches wird von der Büßerin Maria Magdalena berichtet. Als sich dieselbe nach Abschluß ihres unkeuschen Lebenswandels mit einem Krug Wasser und einigen Bohnen in eine Wüste begeben hatte, wurde während der langen Jahre, die sie dort zubrachte, weder ihr Krug leer, noch verminderte sich ihr Bohnenvorrat.

Da die Bohnen unsichtbare Geister enthalten, so sollen sie auch, nach einem in der Moselgegend ver-

---

*) Ein Bohnenlied der Navajos, dem jedoch die Originalfassung nicht beigegeben ist, befindet sich p. 189 Vol. VII American Journal of Folk-lore.

breitcten Glauben, die Macht besitzen, Menschen unsicht=
bar zu machen. Man nimmt einen Menschenkopf, in
welchem die Zunge noch nicht verwest ist, kocht diese
ab und steckt sie wieder an ihre vorige Stelle. Dann
begräbt man den Kopf im Frühjahr, setzt drei Bohnen
darüber und benennt jede mit einem Namen der Drei=
einigkeit. Sind nun die Hülsen, welche an diesen Boh=
nen gewachsen sind, gedörrt und abgenommen, so macht
man die Bohnen frei und legt sie auf die Zunge, eine
nach der anderen. Diese Bohnen sollen die Kraft be=
sitzen, denjenigen, der sie auf seiner Zunge liegen hat,
unsichtbar zu machen*).

In dem italienischen Märchen vom König Bohne
kann sich dessen Braut seines Besuches zu irgend einer
Zeit dadurch versichern, daß sie eine ihr von ihm ge=
schenkte Bohne öffnet und dann auf den Balkon tritt
worauf der Erwartete augenblicklich erscheint.

In dem italienischen, auch den Neugriechen be=
kannten Märchen vom Pfefferkorn wird der Wunsch
einer Frau, so viele Kinder zu besitzen, wie sie Bohnen
im Korbe habe, überraschend schnell erfüllt; als aber
der Herr Gemahl ausfand, daß es ihm unmöglich war,
den Hunger derselben zu stillen, hatte die Gattin nichts
Eiligeres zu thun, als die Bohnen in ihre frühere Ge=
stalt zurück zu zaubern, wobei jedoch der kleinste Knabe
aus Zufall übersehen wurde.

Wenn Frau Holle ihren Umzug durch die Schweiz

**) Reling und Bohnhorst, Unsere Pflanzen. Gotha
1889.

hält, verschenkt sie manchmal Bohnen, die sich später in Gold verwandeln.

Aber auch lustig kann die Bohne sein; nach einem bekannten deutschen Märchen lachte sie einst über die unglückliche Freundschaft zwischen einer Kohle und einem Strohhalm so gewaltig, daß sie zerplatzte, worauf sie dann ein gutmütiger Schneider mit schwarzem Zwirn, wie noch heute an ihr zu sehen, wieder zusammen nähte. Auch soll die Ausdünstung ihrer Blüten bei den Menschen ungeheuere Heiterkeit hervorrufen:

> „So lang die Bohnen blühen,
> Blüht auch die Narretei."

Alsdann werden die Menschen je nach ihrer Ge= mütsverfassung grob wie Bohnenstroh oder so leicht= sinnig, daß es über das Bohnenlied geht. Die Bohnen= lieder, von denen sich einige in den von Erlach und Mittler veranstalteten Sammlungen befinden, sind so ziemlich alle über einen Leisten geschlagen; sie verherr= lichen den zügellosesten Leichtsinn und fordern die Menschen auf, Strümpfe und Schuhe zu versaufen und dem Teufel barfuß zuzulaufen. Kein Geld darf schimm= lig werden, und jeder, der es vielleicht wagt, Moral zu predigen, wird stets mit dem Refrain „Gang mir aus den Bohnen," ·d. h. gehe mir aus dem Wege, abgefertigt. Wenn im preußischen Lahnthale ein Mann von einem Verwandten wegen eines Vergehens milde beurteilt sein will, und sich dabei auf die Verwandtschaft beruft, er= hält er häufig die Antwort:

> „Vetter hin, Vetter her,
> Bleib' du mir aus den Bohnen."

Diese Redensart soll folgenden Ursprung haben: Ein Flurschütz hatte einst seinen Vetter beim Bohnendiebstahl im Felde ertappt und als dieser ihn bat, ihn doch nicht bei den Behörden anzuzeigen, gab er ihm die angeführte Antwort.

Nur eines dieser Lieder schlägt einen ernsten, salbungsvollen Ton an und erklärt allem Leichtsinn energisch den Krieg.

In Frankreich stellt man am Dreikönigsabende einen großen Kuchen, in den eine Bohne hinein gebacken ist, auf den Tisch. Der Älteste der Familie zerschneidet denselben dann in so viel Teile, wie Personen anwesend sind, und derjenige, in dessen Stück sich die Bohne befindet, wird feierlich zum König ausgerufen. Ein ähnliches Fest wird in Holland gefeiert; auch der deutsche Künstlerverein Roms läßt selten einen Dreikönigsabend verstreichen, ohne einen Bohnenkönig zu erwählen.

Die in Königsberg existierende „Gesellschaft der Freunde Kants" hält jedes Jahr ein Fest ab, bei welchem ein Mitglied, der sogenannte „Bohnenkönig", eine Rede zu halten hat. Die Wahl des Redners findet auf folgende Weise statt: Am Schlusse der Tafel geht eine Torte herum, in welche eine Bohne eingebacken ist. Derjenige Festteilnehmer, welcher das Stück mit der Bohne faßt, hat am nächsten Geburtstage Kants die Rede zu halten. Er heißt für dieses Jahr „Bohnenkönig" und die beiden Herren, die zu seiner Rechten und Linken sitzen, führen den Titel Minister.

Das schnelle Wachstum der Bohnenranke hat zu dem englischen Ammenmärchen „Jack and the bean-

stalk“ Veranlassung geben. Auch Baron von Münch=
hausen machte sich diese Eigenschaft der Bohne zu nutze,
als er seine in den Mond geschleuderte Silberaxt
wiederholte.

Die unangenehmsten Bohnen sind nun die blauen
Bohnen, auch Bleibohnen genannt; demjenigen, dem sie
ins Herz gepflanzt wurde, bleibt keine Zeit mehr übrig,
seine Rechnung mit dem Himmel zu machen.

Tage- und Wächterlieder.

Wenn wir einigen zur Zeit der Minnesänger lebenden Sittenpredigern unbedingten Glauben schenken wollen,
so müssen wir zu der Überzeugung kommen, daß die
damaligen Frauen doch nicht so ganz das Ideal sitt-
licher Reinheit, als welches sie uns manchmal von verliebten Rittern und wandernden Sängern hingestellt
werden, repräsentierten, sondern daß damals, gerade so
wie heute, die Gelegenheit Diebe machte. Die proven-
zalischen Troubadours, deren Lieder die Leistungen
ihrer späteren Kollegen in Deutschland stark beeinflußten,
fanden stets einen besonderen Gefallen an den Schil-
derungen listiger Frauen und betrogener Ehemänner;
kannten sie doch ihr Publikum genau und wußten auch
aus Erfahrung, daß je schlüpfriger und pikanter ihre
Lieder waren, desto sicherer sie auf lohnenden Beifall
hoffen durften.

Die Ritterfrauen, deren Männer sich entweder auf
einem Kreuzzug oder auf einem mehrwöchentlichen Jagd-
ausflug befanden, sehnten sich nach angenehmer Zerstreuung, und diese Zerstreuung nahm oft die Gestalt
einer Liebschaft mit einem jungen Ritter, einem fahren-

den Sänger oder auch mit einem frommen Geistlichen
an; ja, es geht aus mehreren zeitgenössischen Berichten
hervor, daß sie den Pfaffen häufig den Vorzug gaben,
weil sie im Schweigen zuverlässig waren und ihnen oft
auch Geschenke brachten, währenddem ein armer Ritter
solche von ihnen erwartete.

Ein derartiges Verhältnis war nun stets mit Ge=
fahr für beide Teile verbunden, und es bedurfte der
größten Vorsicht, um die Wachsamkeit der Merker zu
täuschen und wenn dies nicht möglich war, ihr Schwei=
gen durch Geld zu erkaufen. Meist waren die nächt=
lichen Besuche eines Ritters bei seiner Herzensdame nur
dann gefahrlos, wenn der Burgwächter vorher in das
Geheimnis eingeweiht worden war; derselbe verlangte
natürlich eine hohe Belohnung, denn er wußte, daß er
durch seine Pflichtvernachlässigung Amt und Leben auf
das Spiel setzte.

Nach einer in Vilmars „Handbüchlein für Freunde
des deutschen Volksliedes" enthaltenen und weit früher
verbreiteten Ballade wurde ein Wächter, der dem jungen
Burgfräulein die Gelegenheit zu einem unerlaubten Stell=
dichein mit ihrem Geliebten verschafft und dabei erwischt
worden war, zur Strafe in Stücke geschnitten.

> „Sie ließen den Wächter fahn,
> Sie legten ihn auf ein Tisch,
> Zu Stücken thät man ihn schneiden
> Gleich wie ein Salmenfisch;
> Und warum thäten sie ihm das?
> Daß sich ein andrer Wächter
> Solt hüten desto baß."

Die nächtlichen Zusammenkünfte der Verliebten
waren natürlich nicht immer vom streng moralischen
Standpunkte aus zu entschuldigen, weshalb dieselben stets in das tiefste Geheimnis gehüllt werden
mußten; dies war jedoch nicht immer möglich, denn die
falschen und gewinnsüchtigen Merker und Zwischen-
trägerinnen, über welche die wandernden Sänger so
bitter klagten und die Wolfram von Eschenbach „des
Teufels Jagdhunde" nannte, waren, wenn sie ihren
Vorteil darin sahen, stets bereit, Verrat zu üben.

Der ins Vertrauen gezogene Burgwächter hatte die
Pflicht, die Liebenden am Morgen zeitig durch ein besonderes Lied oder durch den Klang seines Hornes zu
wecken, damit sich der fremde Gast noch vor Tagesanbruch davon schleichen konnte. Solche Tagelieder
haben die meisten deutschen Minnesänger gedichtet, denn
das darin besungene Verhältnis stand mit den damals
herrschenden Ansichten und Gebräuchen im Einklang,
weshalb wir auch an der stark sinnlichen Färbung und
an dem an Wahnsinn grenzenden Ton derselben keinen Anstoß zu nehmen brauchen. Sie gehören einfach der
Ritterzeit, also der Vergangenheit an und wurzeln in
Anschauungen, die der Jetztzeit fremd geworden sind.
Auch sind die meisten jetzt insofern ungenießbar, als sie
alle nur dieselben Themen, wie Sehnsucht nach der Geliebten, Klagen über die Unnahbarkeit derselben u. s. w.
behandeln.

Gewöhnlich wird der Ursprung des deutschen
Tageliedes auf die aubades oder albas der Proven-
çalen zurückgeführt; diese waren übrigens nur einfache

Morgenlieder, die sich erst im Laufe der Zeit zu Weck=
rufen für heimliche Versammlungen Verliebter ge=
stalteten.

Erst als es Mode wurde, daß ein Ritter der
Dame seines Herzens, einerlei ob dieselbe ledig oder
verheiratet war, Liebeserklärungen machte, bürgerte sich
ein krankhaft schwärmerischer Geist im Tagelied ein und
der Verliebte mußte sich oft genug gefallen lassen, von
Merkern und Frauen gehänselt und am Narrenseile
herum geführt zu werden. Ulrich von Lichtenstein, der
Don Quixote der fahrenden Sänger, sagt daher, es ge=
zieme sich weder einer edlen Dame noch einem Ritter,
ihre Geheimnisse einem Burgwächter anzuvertrauen; sie
sollten sich vielmehr die Verschwiegenheit eines zuver=
lässigen Dieners erkaufen. Sein Kollege Steinmar will
auch von letzterem nichts wissen, sondern verlangt, daß
man sich, wenn man keinen zuverläßigen Freund für
den Wächterdienst finden könne, auf sich selber verlasse.

Der Wächter erwartete natürlich ein seiner Treue
und Verschwiegenheit entsprechendes Geschenk. In einem
Tageliede heißt es:

> „Wer sich will heimlich freuen
> Aus ganzer Seligkeit.
> Der hält Rede mit dem Wächter,
> Der giebt ihm den rechten Bescheid."

In einem holländischen Liede bedingt sich der
Wächter zwei Paar Hosen und ein Paar Schuhe für
seine Dienste aus.

In den meisten Tageliedern ist es die verliebte
Frau, welche den Ruf des Wächters ungern hört und

indem sie über die Flucht der Zeit klagt, ihren Ritter zum baldigen Wiederkommen ermutigt. Niemals ist sie aber in der Eile, ihn zum Gehen anzuspornen; der Wächter könnte sich ja getäuscht und das verblassende Mondlicht für den Anbruch des Tages gehalten haben. In einem Tagelied Walthers von der Vogelweide klagt sie:

„O weh gescheh dir, Tag,
Daß du mich nun beim Liebsten
Lässest länger nicht!
Was sie da heißen Minne,
Erzeigt als Leid sich bald.“

Sie versucht ihr Bestes, ihn zu längerem Bleiben zu bereden, doch er erklärt:

„Herrin es ist Zeit;
Leb’ wohl, ich muß nun ziehn,
Ich thu’s um deine Ehre,
Daß ich nun von dir geh’.“

Als er sich nun endlich doch entfernt, klagt sie:

„Wer da hebt an,
Und singt sein Tagelied,
Der will mir jeden Morgen
Bekümmern Sinn und Mut.
Nun lieg’ ich ganz vereinsamt,
Recht wie ein sehnend Weib.“

Sind die Verliebten in lauschiger Einsamkeit vor jeder Überraschung sicher, so können sie das Wächter=amt wie in Walthers „Taubarabei“ ruhig einem Wald=vögelein übertragen. Als das Tagelied zum Volksliede wurde, betraute man den Hahn mit der Rolle des Wächters. So singt z. B. ein Tiroler, dem die Zeit beim „Fensterln“ allzuschnell verflossen ist:

„J halts net für mögli,
J kanns gar net glaubn.
Es krähn schon die Hahnla,
Es purren die Tauben.

Wann der Auerhahn pfalzt,
Wann der Kohlfuhrmann schnalzt,
Und der Nachtvogel schreit,
Is der Tag nimmer weit.“

Im ersten Bande der „Ethnologischen Meitteilungen aus Ungarn“ befindet sich folgendes Tagelied:

„Schon die Hähne krähen, Morgen will erscheinen,
Wend' zu mir dich, Liebchen, bald bist du alleine.

Wenn die Morgenröte doch verborgen bliebe,
Daß kein End' noch hätte unsre zarte Liebe.

Leichter ist's aus Felsen einen Becher schneiden,
Als zwei treue Herzen von einander scheiden.

Alles meinem Lieb zu lieb im Stand ich wäre,
Löffelweis entschöpft' ich alle Flut dem Meere.“

Das verliebte Landvolk richtet seine Trennung nach den Stimmen der Haustiere. In den Alpen giebt morgens die Kuh, die aus dem Stalle will, durch Brummen das Zeichen zum Aufbruch; in anderen Ländern geschieht dies durch das Girren der Tauben.

Welche Verbreitung die Tagelieder früher besaßen, geht auch aus dem Umstande hervor, daß mehrere derselben, wie „Wachet auf, ruft uns die Stimme“, „Wie schön leucht't uns der Morgenstern“ u. s. w. zu Kirchenliedern umgedichtet worden sind. Einiger Mo-

tive jener Lieder bedient sich auch Shakespeare in der
Abschiedsscene zwischen Romeo und Julia*).

Von einem chinesischen Tagelied habe ich auf Grund
einer englischen Interlinear=Version in meinem Buche
„Lieder aus der Fremde' (Glarus 1887) folgende Ver=
deutschung geliefert:

> Sie sagt: Der Hahn schreit doch?
> Er sagt: Nacht ist es noch.
> Sie sagt: Der Tag anbricht!
> Er sagt: O nein, mein Licht!
> Sie sagt: Steh' auf und schau',
>   Ist nicht der Himmel grau?
> Er sagt: Der Morgenstern
>   Zeigt sich nur in der Fern!
> Sie sagt: Dann schnelle geh'.
>   Das Scheiden bringt mir Weh,
>   Dem Hahn gieb einen Schlag,
>   Er bracht' zu früh den Tag!

Wie die fahrenden Sänger der Ritterzeit mit
ihren erotischen Tageliedern, so sind auch ihre prosaischen
Nachfolger der späteren Jahrhunderte, nämlich die
biederen Nachtwächter mit ihren monotonen Stunden=
rufen, ihren rostigen Hellebarden und großen Laternen
aus dem Volksleben verschwunden und haben den noch
prosaischeren Polizisten Platz gemacht. Man braucht sie
auch nicht mehr, denn um ihre schlecht gereimten, aber
gut gemeinten Moralverse, womit sie die Stille der
Nacht unterbrachen, würde sich doch niemand mehr be=
kümmern, da jetzt jeder selber darüber entscheidet, wenn

---

*) Siehe „Shakespeare und das Tagelied" von Dr. Lud=
wig Fränkel. Hannover 1893.

er das Wirtshaus verlassen und sich ins Bett legen soll.
Und wenn jetzt ein liebeskranker Tristan seiner Isolde
heimlich bei nachtschlafender Zeit in die Kammer steigt,
so braucht er dabei weder Wächter noch Wecker. Doch
hat sich der österreichische, hauptsächlich durch seine ge=
mütreichen „Alraunwurzeln" bekannte Volksschriftsteller
Josef Wichner ein nicht zu unterschätzendes Verdienst
dadurch erworben, daß er mit lobenswertem Fleiße die
noch zu erlangenden Stundenrufe und Lieder der deut=
schen Nachtwächter sammelte und 1897 zu Regensburg
erscheinen ließ.

Die Nachtwächter wurden früher wie Schinder,
Scharfrichter, Totengräber und Musikanten zu den un=
ehrlichen Leuten gerechnet, also zu den Leuten, die kein
anständiges Handwerk gelernt hatten und infolge ihrer
Armut gezwungen waren, die verachtetste und am schlech=
testen bezahlte Beschäftigung anzunehmen. Wo es sich
machen ließ, da sorgten sie dafür, daß ihre Arbeit dem
Einkommen entsprach. Bei schlechtem Wetter riefen
und sangen sie nur vor dem Hause des Schulzen oder
Bürgermeisters; machten ihnen nörgelnde Bauern oder
Bürger den Vorwurf, daß sie zu leise sängen, so schrien
sie vor den Häusern derselben so laut und so lange,
bis ihnen der Versöhnungsschnaps gereicht wurde und
man sie nicht mehr bekritelte.

Im allgemeinen stand der Nachtwächter im Ge=
ruch geistiger Beschränktheit, weshalb ihm besonders die
Studenten allen erdenklichen Schabernack spielten und
ihn zuweilen gründlich durchprügelten. Ansichten, die
„unter dem Nachtwächter" sind, sind unter aller Kritik.

Doch gab es in jenem Berufe zuweilen auch ganz tüchtige Leute, die nicht nur ihre Lieder selber dichteten, sondern auch die Melodien dazu lieferten.

Ein solcher gelehrter Nachtwächter war z. B. der durch Kortum verewigte Kandidat Hieronimus Jobs, der sich während der Sturm= und Drangperiode seiner Jugend treu und ehrlich zu Schildburg als Stunden= rufer durchschlug, später aber doch zu Amt und Würden gelangte und als reicher, angesehener Herr zu Schön= hain starb. Doch lassen wir seinem Biographen das Wort.

Nun war gerade in diesen Tagen
Der Nachtwächter in Schildburg zu Grabe getragen,
    Und seine Bedienung war bisher
    Noch unbesetzt, vakant und leer.

Da nun in allen gut geordneten Staaten
Man den Nachtwächter nicht kann entraten,
    So ward von den Bürgern deliberiert,
    Damit ein anderer würde ordiniert.

Nun fanden sich zwar fähige Subjekte,
Denen der entledigte Dienst wohl schmeckte,
    Doch wegen der Stimme starkem Ton
    Nahm man auf Hieronimus Reflexion.

Zwar machten anfangs einige Personen
Dagegen Einwürfe und Objektionen,
    Als wenn Hieronimus eben nicht sehr
    Zu dieser Bedienung geschicklich wär'.

Denn weil man ihm die Nachrede machte,
Daß er lieber schlief als wachte,
    So wäre infolglich auf diese Art,
    Das Städtlein nicht gehörig bewahrt.

Indessen ward er doch bald einhellig
Von der ganzen Bürgerei, förmlich und völlig,
  So daß am Berufe nichts gefehlt,
  Zum neuen Nachtwächter erwählt.

Jedoch mußte er sich vorhero bequemen,
Des vorigen Wächters Witwe zur Frau zu nehmen,
  Denn der verstorbene selige Mann
  Nahm sich gar treulich des Städtleins an.

Um also seine Treue zu vergelten
An der hochbetrübten Witwe, so stellten
  Die Bürger die Heirat ihrer Person
  Als eine conditio sine qua non.

Weil sie nun erst alt war dreißig Jahre
Und ihre Person nicht häßlich ware,
  So nahm Hieronimus den Vorschlag an,
  Und wurde also ihr Ehemann.

Es wurden nunmehr Alten und Jungen
Die Stunden der Nacht wieder vorgesungen,
  Denn der neue Wächter Hieronimus
  Nahm das Horn vors Maul und blus.

Und so oft er die Glocke hörte schlagen,
Hub er an Folgendes zu sagen:
  „Höret ihr Herren in der Still,
  Was ich euch singen und sagen will!

Die Kirchglocke hat so eben
Eilf, zwölf, ein, zwei, drei Schläge gegeben,
  Bewahret, wenn ich euch raten soll,
  Das Feuer, das Licht und eure Töchter wohl.

Damit sich niemand etwa verbrenne,
Oder sonst Schaden entstehen könne,

Und seid sehr wohl auf eurer Hut,
Hut, Hut, Hut, Hut, Hut, thut gut!"

Er hat sich übrigens stets aufgeführet,
Wie's einem frommen Nachtwächter gebühret;
   Er schlief am Tage desto mehr,
   Damit er des Nachts fein wachsam wär!

In aller Zeit, da er gewacht und gesungen,
Ist es keinmal einem Diebe gelungen,
   Daß in Schildburg eine Räuberei
   Irgendwo nächtlich geschehen sei.

Und jeder Bürger, wenn er noch so hart schliefe,
Erwachte, wenn Hieronimus blies oder riefe,
   Und seines Horns und Halses Schall
   Hörte man im Städtlein überall.

Der von Wichern in seinem vorhin erwähnten
Buche gänzlich ignorierte Jobs war also ein braver,
nützlicher und friedliebender Nachtwächter geworden;
hätte er in Schildburg einen Kollegen gehabt, so
würde er sich mit demselben sicher gut vertragen
und sich nicht wie die Gellertschen Nachtwächter
über Silbenstechereien wie „verwacht" oder „bewacht"
gezankt haben.

Die Lieder der Nachtwächter sind vorzugsweise
religiösen Charakters. Sie enthalten außer der stereotypen Mahnung, Feuer und Licht zu bewahren, Hin-
weise auf die Flüchtigkeit der Zeit, auf die Lehren der
Bibel und Abschnitte aus dem Leben Jesu. Darin
werden also um 12 Uhr der Apostel, um 10 Uhr
der Gebote oder der zehn frommen Seelen, die sich in
Sodom und Gomorrha nicht vorfanden, um 4 Uhr

des Gleichnisses vom vierfachen Ackerfeld, um 3 Uhr
der Dreieinigkeit u. s. w. gedacht, um das Einschlafen
des etwa wachen Bürgers zu befördern.

In einem Dorfe Österreichs pflegte ein Nacht=
wächter um 3 Uhr morgens zu singen:

> O ihr Ehmänner, laßt euch sagen:
> Weiberherrschaft lernt ertragen!
> Euern alten Adamsstolz
> Beuget das Pantoffelholz.

> oder:

> O ihr alten Weiber, laßt euch sagen:
> Bei euch wird's halt nimmer schlagn;
> Seid nur still und gebt's ein Fried,
> Euch mag selbst der Teuxel nit.

Theodor Körner, Richard Wagner u. s. w. haben
den Nachtwächter als komische Figur auf die Bühne
gebracht. Ersterer läßt in einer Posse seinen Tobias
Schwalbe um 10 Uhr singen:

> Mädel in der stillen Kammer,
> Höre meine Reverenz:
> Schütze dich der Herr vor Jammer,
> Und vor Krieg und Pestilenz!
> Laß dich nicht in Sünden sterben,
> Weder Seel' noch Leib verderben!

In Wagners „Meistersinger" läßt der Nachtwächter
folgenden Vers hören:

> Hört, ihr Leut' und laßt euch sagen:
> Die Glock' hat eilfe geschlagen,
> Bewahret euch vor Gespenster und Spuck,
> Daß kein böser Geist eur Seel' beruck!
> Lobet Gott den Herrn!

Die Londoner Nachtwächter mußten ihren Ruf nach jeder halben Stunde erschallen lassen; sie trugen außer der Laterne eine Klapper und statt einer Helle=barde einen schweren Stock. Daß sie, wie die Poli=zisten der amerikanischen Großstädte im Rufe standen, die Diebeszunft bei ihrer nächtlichen Arbeit nicht zu stören, zeigt ein alter Holzschnitt, der in A. W. Tuers Werk „Old London Street Cries" (London 1885) nachgebildet ist.

Vorbedeutungen.

Der mit dem Freitag verbundene Aberglaube ist christlichen Ursprungs und auf die an diesem Tage der Sage nach geschehene Kreuzigung Christi zurückzuführen. Seinen Namen hat jener ominöse Wochentag von den altdeutschen Göttinnen Frigga (Fria) oder Freya, welch beide Gemahlinnen Odins oft mit einander verwechselt werden, ursprünglich jedoch nur eine Person bedeuteten deren Eigenschaften im Laufe der Zeit auf zwei übertragen wurden. So stellt Freya die kriegerische heldenhafte Göttin vor; nach einem eddischen Liede reitet sie mit Speer, Helm und Brünne auf einem goldborstigen Eber nach Walhall, um Odins Gäste zu empfangen und zu bewirten.

Frigga hingegen ist vorzugsweise Göttin der Ehe und Häuslichkeit. Sie bringt die Kinder und lehrt die Kunst des Spinnens.

Wie Rochholz bemerkt, so werden im reformierten Argäu fast alle Hochzeiten am Freitag gefeiert, da dieser Tag Glück im Gefolge haben soll. Wenn sich jedoch die Katzen während einer Freitagsnacht in einem Hause beißen und kratzen, so ist es mit dem ehelichen Frieden der Bewohner bald vorbei.

In Amerika hat im allgemeinen der Freitag einen besseren Namen als in Europa, und zum Beweise dafür, daß er nicht immer als Unglückstag zu betrachten ist, führt man an, daß Columbus an einem Freitag Spanien verließ und an einem Freitag die neue Welt zuerst betrat. Außerdem landeten die Pilgrimväter an einem Freitag in Plymouth und dann wurde, was nicht zu vergessen ist, Washington an einem Freitag geboren. Auch behaupten viele amerikanische Farmer, besonders die des Staates Indiana, daß man junge Pflanzen an einem Freitag in den Boden stecken müsse, wenn dieselben gedeihen sollen. Die Vooboo in Louisiana*) sind hingegen der Ansicht, daß alle an einem Freitage der Erde übergebene Saat keine Ernte bringe.

Nach dem Ergusse eines altenglischen Astrologen soll sich derjenige, der am Freitag im Zeichen der Venus geboren ist, durch große Vorliebe für Musik auszeichnen. Er soll Gesangvereine gründen und mehrere Instrumente spielen. Sollte er sich nun nicht der musikalischen Laufbahn widmen, so wird er sich als Friseur oder Tanzmeister nützlich machen, oder doch ein solches Handwerk erlernen, das ihn vielfach mit der Damenwelt in Berührung bringt. Er wird sich nur einmal verheiraten und mehr Töchter als Söhne erzeugen. Stets wird er ein erklärter Liebling der Frauen sein und wie diese auch an Blumen und Edelsteinen großen Gefallen haben.

---

*) Über die Vooboo siehe mein Buch „Plaudereien eines Deutschamerikaners". Basel 1898.

Über die Bedeutung der Geburtstage giebt folgender vielverbreiteter englischer Vers Auskunft:

Sunday's child ne'er lacks in place;
Monday's child is fair in the face;
Tuesday's child is full of grace;
Wednesday's child is sour and sad;
Thursday's child is loving and glad;
Friday's child is loving and giving;
And Saturday's child shall work for its living!

Eine andere ebenfalls in Amerika überall verbreitete Version lautet:

„Monday's child is fair of face,
Tuesday's child is full of grace,
Wednesday's child is merry and glad.
Thursday's child is sour and sad,
Friday's child is Godly given.
Saturday's child shall work for a livin',
Sunday's child never shall want,
That's the week and the end on't."

Wer am Freitag stirbt, der geht, wie die Irländer sagen, direkt in den Himmel, ohne vorher den Umweg durch das Fegefeuer machen zu müssen. Auch lassen sich die Irländer gerne am Freitag das Haar schneiden; je leichter ihnen alsdann der Kopf wird, desto weniger wird sie die Last ihrer Sünden in der anderen Welt drücken. Ein an einem Freitag gelegtes Ei soll sich durch eine auffallend starke Schale auszeichnen, so daß man damit leicht jedes andere Ei zerbrechen kann.

Die Südslaven glauben, daß gerade der Freitag der geeignetste Tag sei, um ein wichtiges Geschäft zu beginnen. Wer sich alsdann die Nägel schneidet, schützt sich gegen Zahnweh. Diese Nägelabschnitte müssen jedoch an einem Freitag vor Sonnenaufgang vergraben werden.

In Amerika und England soll das Nägelab=
schneiden, wenn es an einem Freitag vorgenommen
wird, Unglück bringen. Folgende viel verbreitete Verse
geben über jene Operation ausführliche, wenn auch
nicht übereinstimmende Auskunft.

Cut your nails Monday you cut them for news;
Cut them on Tuesday a pair of new shoes;
Cut them on Wednesday you cut them for health;
Cut them on Thursday 't will add to your wealth;
Cut them on Friday you cut them for woe;
Cut them on Saturday a journey you'll go;
Cut them on Sunday you cut them for evil,
For all the week long you'll be ruled by the devil.

„Cut them on Monday, cut them for health,
Cut them on Tuesday, cut them for wealth,
Cut them on Wednesday, cut them for news
Cut them on Thursday for a pair of new shoes,
Cut them on Friday, cut them for sorrow,
Cut them on Saturday, see your lover to-morrow,
But better had he never been born
Who on Sunday cuts his horn."

Das Verbot des Nägelabschneidens am Sonntage
dürfte auf alte puritanische Gesetze zurückzuführen sein,
nach welcher es noch nicht einmal erlaubt war, seine
Frau an jenem Tage zu küssen oder seinen Schatz zu
besuchen.

Die Indianer der Pacificküste beschneiden den
Mädchen die Fingernägel erst nach dem vierten Lebens=
jahre; geschieht es früher, so werden die Mädchen

später faule Frauen. (S. 106 J. C. Strong, Wah-Kee-nah and her people. New York 1893.)

Die Norweger glauben, daß das Buttern am Freitage erfolgreicher als an irgend einem andern Tage sei. Im übrigen aber trauen sie jenem Tage nicht viel Gutes zu und wollen daher nicht einmal erlauben, daß eine Frau am Vorabende desselben spinnt. Wer am Freitag krank wird, hofft vergebens auf Genesung.

Besonders ist der Freitag bei den Katholiken verrufen. Der schweizer Katholik, der an diesem Tage in den Stand der Ehe tritt, wird sich niemals Nachkommen erfreuen. In Bayern, Österreich, Tirol und in mehreren Staaten der nordamerikanischen Union wagt es selten jemand, am Freitag ein wichtiges Geschäft zu beginnen oder eine lange Reise anzutreten.

Wer in Kärnthen an einem Freitag in einem Bache Kleider wäscht, zaubert eine Überschwemmung über das ganze Land. Alles, was am Freitag unternommen wird, ist nach Ansicht der Venetianer von kurzer Dauer; ein an diesem Tage geborenes Kind stirbt entweder bald oder es wird sich, im Falle es leben bleibt, niemals verheiraten.

In Amerika vermeidet man es gewöhnlich, am Freitag neue Dienstboten zu engagieren oder eine andere Wohnung zu beziehen. Im Staate Indiana fordert man entschieden das Schicksal heraus, wenn man die erste Mahlzeit in einem neuen Hause an einem Freitag nimmt. Dagegen sollen alle Träume, die man in der Freitagsnacht hat und am nächsten Morgen erzählt, in Erfüllung gehen. Wenigstens lautet ein darauf bezüglicher Spruch:

> „Friday night's dreams on Saturday told
> Always come true, be they ever so old."

Der Freitag hat sein besonderes Wetter.

> „Die ganze Woche wunderlich,
> Des Freitags ganz absunderlich!"

lautet ein von Rochholz mitgeteilter Spruch. Die Schweizer glauben, der Freitag würde lieber platzen, als den anderen Tagen gleichen. Auch die Westfalen meinen, der Freitag müsse sein apartes Wetter haben („Fridag heat sin eigen Wear"). Auf einen rauhen Freitag aber soll eine glatte Woche folgen. Trotzdem nun die Niederdeutschen nach einem von R. Eckert aufgezeichneten Sprichwort den Freitag für einen günstigen Hochzeitstag halten, so sagen sie doch, wenn etwas fehlgeschlagen ist: „Dat was 'n Fridag utgesegelt."

Die Seeleute sind bekanntlich nicht gut auf den Freitag zu sprechen. Überall erzählt man die Geschichte des englischen Schiffsbaumeisters, der den Bau eines Schiffes am Freitag begann, es am Freitag fertig stellte, am Freitag von Stapel laufen ließ und am Freitag in die See stach und dann nichts mehr von sich hören ließ. Die meisten Schiffbrüche sollen am Freitag stattfinden, da an diesem Tage die Nixen das Wasser aufrühren. Ein alter Seemannsvers lautet:

> „On a Friday she was launched,
> On a Friday she set sail,
> On a Friday met a storm,
> And was lost, too' in a gale."

Nach einem italienischen Sprichwort soll man am Freitag weder heiraten noch auf die See gehen.

Es dürfte schwer sein, den wahren Grund, weshalb dreizehn als Unglückszahl gilt, zu erforschen. Es ist schon mehrfach die Behauptung aufgestellt worden, daß jene Zahl deshalb eine ominöse Vorbedeutung habe, weil bei der Einsetzung des Abendmahls dreizehn Personen, nämlich Jesus und seine Jünger, zugegen waren, und der erstere bald darauf seinen Feinden überliefert wurde. Nach dem Märchen vom Dornröschen scheint jedoch dieser Glaube ins graue Altertum zurückzureichen, denn die dreizehnte Fee, die deshalb nicht zum Feste geladen worden war, weil der König nur zwölf goldene Teller hatte, sprach aus Rache für die ihr widerfahrene Schmach einen Fluch über jenes Mädchen aus, der es in einen langen Schlaf versenkte.

Wenn sich dreizehn Personen an einem Tische befinden, so stirbt eine innerhalb eines Jahres und zwar nach dem Glauben der Dalmatier diejenige, welche dem Spiegel am nächsten sitzt. In Paris ist es mehrfach vorgekommen, daß, wenn von den geladenen Gästen nur dreizehn erschienen, der Wirt schnell nach einem vierzehnten schickte, um drohendem Unglück vorzubeugen. Nach einer amerikanischen Zeitung sollte sogar Bismarck diesem Aberglauben gehuldigt haben. Thatsache ist es, daß der in New York verstorbene Millionär Stewart unter keiner Bedingung mit dreizehn Personen zusammen speiste.

Am dreizehnten Tage eines Monats besteigen die

Matrosen nicht gerne ein Schiff. Hazlitt schreibt, daß
die Stürme an diesem Tage meist von Unglück be=
gleitet seien. Schon Hesiod traute dem breizehnten
Tage eines Monates nicht.

Den amerikanischen Negern jagt jene Zahl doch
nicht den geringsten Schrecken ein.

In Indiana wird sogar der Farmerin der Rat
erteilt, der Bruthenne stets 13 Eier unterzulegen, um
fleißig legende Hühner zu erzielen.

In dem von J. Curtin nach mündlicher Mit=
teilung aufgezeichneten gälischen Märchen vom drei=
zehnten Sohne des Königs von Erin"*) stellt der
königliche Ratgeber die Lehre auf, daß kein Tier mehr
als zwölf Junge und kein Mensch mehr als zwölf
Kinder haben solle und daher das breizehnte seinem
Schicksal (diachbha) überlassen werden müsse.

Es dürfte schwer, wenn nicht unmöglich sein, den
Ursprung des besonders in den amerikanischen West=
staaten weit verbreiteten Aberglaubens, nach welchem
man dadurch Unheil stiften kann, daß man in einem
Zimmer einen Regenschirm aufspannt, nachzuweisen.
Die Voodoo von Louisiana wollen sogar dadurch, daß
sie einen Regenschirm auf das Bett legen, Zank und
Streit hervorrufen. Wenn dieselben alle verliebten
Personen aus einem Hause treiben wollen, so brauchen
sie darin nur einen Regenschirm zu öffnen.

Daß ein vierblätteriges Kleeblatt Glück bringt,

*) P. 157—174 Myths and Folklore of Ireland. By
Jeremiah Curtin. Boston 1890.

glaubt man nicht nur in Europa, sondern auch über=
all in Nordamerika. Die altdeutsche Mythologie weiß
jedoch nichts von der wichtigen Eigenschaft desselben.
Das gewöhnliche Kleeblatt, an dem der Sage nach der
heilige Patrick das Dogma der Dreieinigkeit erklärte,
bildet das Symbol Irlands, weshalb dieses Land auch
häufig von seinen Feinden spöttisch shamrogueshire ge=
nannt wird. Auch die gotische Baukunst hat das mit
Rosetten und sonstigen Verzierungen geschmückte Klee=
blatt häufig als Sinnbild der Dreieinigkeit verwertet.

Derjenige, dem ein vierblätteriges Kleeblatt, ohne
daß er es weiß, in das Kleid genäht wird, ist gegen
alle Gefahren gefeit und bei allen Unternehmungen vom
Glück begünstigt. Aus letzterem Grunde tragen es
auch öfters professionelle Spieler in der Tasche, fromme
Frauen legen es in ihr Gesangbuch und nehmen es
mit in die Kirche, damit seine Wunderkraft erhöht
werde. Hexen= und Teufelswerke sollen damit leicht
unschädlich gemacht werden können. Nach einer alten
Nummer des „Boston Transcript" soll jedoch nicht
jeder die Gabe besitzen, eine solche Glückspflanze zu
entdecken, es gehört dazu ein besonderes Gesichtsorgan,
das die Götter nur ihren erklärten Lieblingen zum Ge=
schenk machen.

Wenn ein Mädchen in Indiana ein vierblätteriges
Kleeblatt findet, so äußert dasselbe einen Wunsch und
legt es dann in einen ihrer Schuhe. Der erste Mann,
der ihr darauf begegnet, wird ihr Gemahl werden.

Vierblätteriger Klee und Dillsamen besitzen nach
Ansicht der siebenbürger Sachsen nicht nur die Kraft

Zauber zu bewirken, sondern denselben auch unschädlich
zu machen. Als einst zwei Waldfrauen gefangen genommen wurden und die eine entschlüpfte, sagte sie zu
der andern: „Lea, Lea, alles sage, nur nicht wozu
vierblätteriger Klee und Dillsamen gut sind". (Bd. 3,
Heft 1 „Ethnolog. Mitteilungen aus Ungarn".)

Die nachfolgenden Omina habe ich, soweit sie sich
auf Amerika beziehen, zum größten Teil im Staat Indiana gesammelt, doch sind die meisten überall in den
Vereinigten Staaten und teilweise auch in Europa bekannt.

Man schaukle niemals eine leere Wiege, weil das
Kind, das später hineingelegt wird, bald sterben muß.
Dasselbe glauben auch die in Georgia lebenden Neger,
sowie die Bewohner der Pfalz.

In Sachsen und auch in Pennsylvanien sagt man,
man solle den Kindern im ersten Jahre die Nägel
nicht abschneiden, sondern abbeißen, da sie sonst das
Stehlen erlernen würden. Dr. Höfler („Volksmedizin
und Aberglaube in Oberbayern", München 1893) sagt,
daß im Frankenwalde die Fingernägel eines noch nicht
sechs Wochen alten Kindes ein Amulett seien, um unsicht-
bares Stehlen zu ermöglichen. Die Venetianer schneiden
an einem Freitag weder Haar noch Nägel, weil die
etwa anwesenden Geister der Toten die Abschnitte mit-
nehmen könnten. In Oberndorf bei Kaufbeuern werden
den Toten die Nägel beschnitten, um den Weltuntergang hinauszuschieben. Dies erinnert an das altdeutsche Totenschiff Naglfari, das aus den Nägeln der
Toten gebaut war. Stutzt man also dieselben, so wird
jene Katastrophe verzögert.

In der jüngeren Edda heißt es: Auch das Schiff
Naglfari kommt los, das aus den Nägeln gestorbener
Menschen verfertigt ist — und deshalb soll man niemand mit unbeschnittenen Nägeln sterben lassen, denn
jeder, der dies thut, fördert dadurch sehr die Vollendung
des Schiffes Naglfari, von dem Götter und Menschen
wünschen, daß es spät fertig werde.

Daß der Seemann, der sich während der Wind-
stille Haar und Nägel schneidet oder schneiden läßt,
einen Sturm herbeizaubert, ist ein alter Glaube. Petronius
Arbiter verlangt daher, daß dieses Geschäft während
eines Sturmes besorgt werde. Nach einer Caddoque-
Sage besteht das Schiff der Sintflut aus dem Nagel
eines kleinen Fingers, der sich durch Anblasen und
durch Anwendung einer Zauberformel zu einem Kanoe
vergrößerte*). Aarnauson erwähnt in seinen isländischen
Sagen, daß man die Nägelabschnitte stets in zwei oder
mehrere Teile spalten müsse, damit sie der Teufel nicht
zum Baue eines Unglücksschiffes verwerte.

In Indiana wird jedem heiratslustigen Manne der
Rat gegeben, keine Jungfrau zu freien, die ihre Fingernägel abbeißt, da sie streitsüchtigen Charakters sein soll.

Zwei Personen, die sich zu gleicher Zeit an einem
Handtuche abtrocknen, werden nicht lange Freunde
bleiben. Stecken hingegen zwei Personen zu gleicher
Zeit ihre Löffel in eine Zuckerdose, so wird es bald
Hochzeit geben.

Wenn durch eine aus dem Kamin hervorstehende

*) A. Jones, Traditions of North American Intians,
pp. 21—23.

Kohle das Kleid einer Dame versengt wird, so stellt sich bald ein Freier bei ihr ein.

Wer Geld findet, gebe es nicht aus, sondern trage es stets in der Tasche; es wird alsdann mehr Geld anziehen. Ist jemand nun so glücklich, daß er am Neujahrstage Geld findet, so wird es ihm daran im ganzen Jahre nicht fehlen. Überhaupt soll man stets ein Geldstück bei sich tragen, denn, wie das englische Sprichwort lautet: „The devil dances in an empty Pocket".

Man soll nie für geschenkte Pflanzen danken; thut man es doch, so wachsen sie nicht an. Derjenige, der als Gast bei einer ihm geneigten Familie speist, soll etwas Brot auf dem Teller liegen lassen und er wird alsdann bald wieder eingeladen werden. Wer das letzte Stück Brot ißt, wird sich nie verheiraten. Wird am Tische alles aufgegessen, so giebt's am nächsten Tage gutes Wetter. Wenn zwei Personen zu gleicher Zeit ihre Hände nach Brot ausstrecken, so werden beide noch lange Jahre leben.

Wer einen Besuch machen will und stolpert auf dem Wege mit dem rechten Fuße, ist willkommen; das Stolpern mit dem linken zeigt das Gegenteil an.

Wenn du eine Haarnadel findest und sie aufhebst, so wirst du drei Tage danach eine Einladung erhalten. Wer eine Haarnadel oder einen Knopf findet, bekommt bald einen neuen Freund. Stecknadeln soll man sich nicht geben lassen, sondern einfach ohne zu fragen nehmen. Eine Stecknadel, deren Spitze einem zugekehrt ist, soll man nicht aufheben. Im anderen Falle aber heißt es:

See a pin and pick it up,
All the day you'll have good luck;
See a pin and let it lay,
Bad luck you'll have all day.

Ein Messer, das man als Geschenk annimmt, zer=
schneidet die Freundschaft.

Wenn ein Hahn vor der Thüre steht und ins
Zimmer oder Haus hinein kräht, so sagen die ameri=
kanischen Farmerinnen „Stranger coming to-day" und
treffen Vorbereitungen, um den Gast würdig zu
empfangen. Wenn einer Frau zufällig die Schürze ab=
fällt, dann bekommt sie unerwarteten Besuch; passiert
dies einem Mädchen, so ist dies ein Zeichen, daß ihr
Liebster an sie denkt. Auf Besuch ist auch zu rechnen,
wenn die Hausfrau den Spüllumpen fallen läßt.
Fallen alle Theelöffel vom Tische, so giebt's bald viel
Gelächter im Hause. Fällt der Suppenlöffel zur Erde,
so wird sich die Großmutter bald zeigen. Der Hund
zeigt baldigen Besuch dadurch an, daß er sich dreimal
hintereinander auf dem Boden herumwälzt. Nach all=
gemeiner Ansicht aber deutet das Fallenlassen einer
Gabel auf weiblichen und das eines Messers auf männ=
lichen Besuch.

Läßt man ein Tischtuch fallen, so bekommt
man bald Streit. Wer einen Stuhl unversehens
umstößt, wird sich innerhalb eines Jahres nicht ver=
heiraten. Ähnlich ergeht es dem Mädchen, das die
Treppe hinauf fällt. Wenn eine Frau ihr Haus nach
dem Abendessen kehrt, wird sie sich vor dem Schlafen=
gehen mit ihrem Manne zanken.

Wenn ein Mädchen an ihren Schatz denkt und
ein Streichholz anzündet, so kann sie ausfinden, wie
seine Liebe zu ihr beschaffen ist. Brennt es schwach,
so liebt er sie nur mäßig; brennt es ganz auf, so liebt
er sie wirklich; zerbricht hingegen ein Teil des Streich=
holzes, so denkt er nur gelegentlich an sie.

Die Braut soll am Hochzeitstage etwas Altes,
Neues, Geborgtes und Blaues tragen.

„Something old and something new,
Something borrowed and something blew."

Nach folgendem Verse haben die Farben des
Traukleibes ihre bestimmte Bedeutung für das Schick=
sal der Braut.

Married in white,
You have chosen all right.
Married in gray,
You will go far away.
Married in black,
You will wish yourself back.
Married in red,
You'd better be dead.
Married in green,
Ashamed to be seen.
Married in Blue,
You'll always be true.
Married in pearl,
You'll live in a whirl.
Married in yellow,
Ashamed of the fellow.
Married in brown,
You'll live out of town.
Married in pink,
Your spirits will sink.

Wenn sich die junge Frau vor Unglück bewahren will, so darf sie ihre Hochzeitsschuhe nicht im ersten Jahre ihrer Ehe austragen.

Regen am Hochzeitstage bringt Glück, Schnee hingegen stets Unglück.

Das verliebte Mädchen, das früh am Morgen einen Vers macht, wird ihren Liebsten vor neun Uhr des Abends sehen.

„Make a rhyme,
You will see your bean before nine."

Brennen zwei Lampen in einem Zimmer, so ist eine Braut im Hause.

In einigen Gegenden Deutschlands gehen die jungen Mädchen am Weihnachtsabend um 12 Uhr mit einer Leiter auf das Feld und steigen der Reihe nach auf einen Pflaumenbaum, auf welchem jede so lange allein zu warten hat, bis sie Hundegebell hört. Erst dann darf sie ihrer Nachfolgerin Platz machen. Die Gegend, aus welcher jenes Gebell ertönt, ist die, aus welcher ihr Zukünftiger kommt.

Sieht der Bräutigam die Braut vor dem Hochzeitstage in ihrem reichsten Schmuck, so steht ihm eine unglückliche Ehe in Aussicht. Kniet die Braut bei der Trauung auf den Rock des Mannes, so wird sie das Scepter führen. Die Ehe zwischen einem blondhaarigen Mann und einer schwarzhaarigen Frau wird stets glücklich ausfallen.

Wird Braut und Bräutigam beim Antritt ihrer Hochzeitsreise ein alter Schuh nachgeworfen, so fassen sie dasselbe einfach als derben Glückswunsch auf. In

einigen Teilen Englands und auch des Staates New
York wird jedoch dieser althistorische Schuh auf folgende
Weise zur Belustigung der Hochzeitsgäste benutzt.

Nachdem sich alle anwesenden heiratsfähigen Mädchen
in Reih und Glied aufgestellt haben, wird der bewußte
Schuh so weit wie möglich fortgeschleudert und diejenige, welche ihn dann zuerst erwischt, ist die nächste
Braut. Wenn sich dann die jungen Männer auf einen
Haufen zusammengestellt haben, wirft jene Glücksdame
den Schuh unter sie und derjenige, den sie damit trifft,
ist der nächste Bräutigam.

Wollen die amerikanischen und englischen Kinder
ausfinden, ob sie von einem bestimmten Spielkameraden
geliebt werden oder nicht, so werfen sie Apfelkerne in
das offene Herdfeuer und sprechen dabei:

„If you love me, pop and fly;
If you hate me, lay and die.“

Wenn in einigen Gegenden Spaniens ein junger
Mann ausfinden will, ob ihm eine Dame gewogen ist,
so besucht er sie dreimal und läßt beim dritten Male
seinen Stock zurück. Wird ihm nun beim nächsten Besuche gleich sein Stock gereicht, so kann er sicher sein,
daß seine Werbung Gehör findet.

Wirft ein Japaner seiner Geliebten einen Schuh
in den Hof und wird derselbe von ihr aufgehoben, so
kann er Vorbereitungen zur Hochzeit treffen.

Das Kind, das bei der Taufe schreit, wird sich
langen Lebens erfreuen. Werden drei Kinder zusammen
getauft, so wird eins davon bald sterben. Das Kind,
das von einem betrunkenen Pastor getauft wurde, wird

kein Jahr alt werden. In Pennsylvanien gießt man das Taufwasser an die Weinstöcke, damit dieselben gedeihen.

Wenn ein Kind ein Jahr alt ist, plaziert man ein Glas, ein Geldstück und ein Buch in seine Nähe. Greift es nach ersterem, so wird es ein ruchloses Leben führen und in großer Armut sterben. Dieser meines Wissens nur spärlich in Indiana verbreitete Glaube dürfte auf die Agitation der Temperenzler zurückzuführen sein.

Es ist ein schlimmes Zeichen, wenn ein Kind die Oberzähne zuerst bekommt. Das Kind, das während des Schlafens die Finger beständig ausstreckt, wird noch viel von sich reden machen. Ein Kind, dem man erlaubt, in den Spiegel zu blicken, ehe es ein Jahr alt ist, wird seinen zweiten Geburtstag nicht erleben. Ein Kind, das am Morgen geboren ist, wird klüger sein als dasjenige, das am Abend ins Leben tritt. Hat es einen doppelten Wirbel, so wird es sein Brot in zwei Reichen essen.

Wenn zwei Freunde zusammen über die Straße gehen, und eine fremde Person geht zwischen ihnen hindurch, so werden sie, wenn sie vergessen „Brot und Butter“ zu sagen, bald Streit miteinander haben.

Wenn zwei Freunde zum ersten Male ausgehen und vom Regen überfallen werden, so wird ihre Freundschaft von langer Dauer sein.

Wer ruhig schlafen will, muß seine Schuhe mit den Spitzen nach der Thüre stellen. Wer im Schlafe gelehrt werden will, muß sich ein Buch unter das Kopfkissen legen, und das Mädchen, das seinen zukünftigen

Gemahl im Traume sehen will, muß sich ein Stück Hochzeitskuchen unter den Kopf stecken.

Juckt einem die rechte Hand, so wird man dieselbe bald jemand reichen; das Jucken der linken bringt Geld.

Wer eine glückliche Reise haben will, muß vor Antritt derselben dreimal um einen Stuhl hüpfen. Kartenspieler glauben dadurch viele Trümpfe zu bekommen, daß sie nach jedem Spiele ihren Stuhl im Kreise herumdrehen.

Wer in der Tasche stets drei Haare eines schwarzen Pferdes trägt, soll sich großen Glückes erfreuen. Wer einem weißen Pferde begegnet, gewöhnlich dann, wenn man kurz vorher ein rothaariges Mädchen gesehen hat, findet bald etwas.

> „White horse, ding- a ling—a ling—
> Where ever I go I'll find something."

Wer ein Hufeisen oder einen messingenen Schlüssel findet und ihn beständig bei sich trägt oder ihn an die Hausthüre hängt, hat Glück. Der amerikanische Journalist Greeley hatte Jahrelang ein Hufeisen über der Thüre seines Redaktionszimmers hängen. Ein halbes Hufeisen ist jedoch von Unglück begleitet.

Glück hat ferner derjenige, der beim Ausgehen auf einen Backstein tritt, auf dem sich ein Buchstabe oder eine Zahl befindet.

Wer etwas Kostbares finden will, braucht nur hundert Neger auf der Straße zu zählen, dann diese Zahl auf ein Papier zu schreiben und dieses zu vergraben. Doch muß er übrigens noch zwei Wochen warten, bis er angenehm überrascht wird. Auch soll derjenige Glück haben, der Strümpfe trägt, die nicht zu einander passen. Ein Stück von dem Strick eines Gehängten verschafft dem professionellen Spieler Erfolg.

Betreffs des Stolperns heißt es:

„Stumble with right foot—disappointment;
Stumble with left foot—you will meet a friend."

Wer jedoch mit dem linken Fuße zuerst aus dem Bette steigt, wird während des Tages übler Laune sein und nicht viel Angenehmes erleben.

Wer einen Wunsch erfüllt haben will, braucht nur sieben Abende hintereinander sieben Sterne am Himmel zu zählen. Auch wird jeder Wunsch erfüllt, der beim Anblick eines mit Heu beladenen Wagens geäußert wird. Sieht man jedoch den Wagen, ehe er leer ist, nochmals, so war der Wunsch vergeblich.

Eine an der Wand kriechende Spinne bringt Glück; kriecht sie dieselbe hinauf, so hat man bald eine Hoch= zeit zu erwarten. Doch

„Eine Spinne am Morgen
Bedeutet viel Sorgen."

Wenn man sich zufällig unter einem von der Decke herabhängenden Spinngewebe sieht, hat man einen Brief zu erwarten.

Derjenige, der eine schwarze Katze nach der Däm= merung antrifft, muß sich auf Unglück gefaßt machen. Eine dreifarbige Katze bringt Glück. Wer eine Katze tötet, wird sieben Jahre vom Unglück verfolgt. Eine Katze darf man beim Umzug nicht mit in die neue Wohnung nehmen. Wer eine schwarze Katze besitzt, hat beständig Geld.

Schwalben, die in den Schornstein bauen, sind Glücksboten, doch dürfen sie nicht belästigt werden.

Heult ein Hund und blickt dabei auf den Boden, so stirbt bald jemand; blickt er in die Höhe, so wird in der Richtung seines Blickes bald Feuer ausbrechen.

Wer eine Kuh hat, soll keinen Frosch töten, wenn er nicht haben will, daß ihr die Milch versiegt.

Wer sein Haus gegen den Blitz schützen will, braucht nur ein Palmblatt zu zerschneiden und die Stücke in seinem Schlafzimmer aufzuhängen.

Will man von einem fremden Hunde nicht gebissen sein, so drückt man einfach den Daumen in die hohle Hand.

Wer da haben will, daß ihm irgend ein Wunsch in Erfüllung gehe, braucht denselben nur über einen seinem Freunde gehörenden Ring auszusprechen und diesen dann seinem Eigentümer an den Finger zu stecken.

Wer große Ohren hat, wird sehr freigebig sein und deshalb nie zu Reichtum gelangen.

Wer bei seiner ersten Ozeanfahrt den Hut verliert, wird bald eine zweite Seereise machen, aber nicht landen.

Wer auf ein frisches Brot das Zeichen des Kreuzes mit dem Zeigefinger macht, bringt sich und jedem andern, der davon ißt, Segen. Die Kreolen in Louisiana zerschneiden die zum Essen bestimmten Bananas nur kreuzweise. Wer zwei Besen kreuzweis vor die Thüre legt, hält die Hexen fern.

Betritt niemals einen Kreuzweg zur Mitternachts= stunde, wenn du deine toten Freunde nicht klagen hören willst. Wenn du warten mußt, um quer über eine

Straße zu gehen, so stelle dich nicht auf ein aus Holz bestehendes Trottoir; thust du es doch, so wirst du eines plötzlichen Todes sterben.

Wenn eine Dame ihre Freundin eine Strecke nach Hause begleitet, so soll sie nie in der Mitte, sondern an der Ecke einer Straße umkehren, widrigenfalls sie sich schmerzlichen Enttäuschungen aussetzen wird.

Hinter einem mit weißen Pferden bespannten Wagen fahren die New Yorker Damen nicht gerne.

Wer auf der Straße singt, hat Unheil zu erwarten. Ein englisches Sprichwort lautet: „Sing before breakfast, you will weep before supper". Dafür sagen die Hessen: „Die Spatzen, die frühe pfeifen, frißt vor Mittag die Katze". Singen die kleinen Kinder viel, so stirbt jemand in der Nachbarschaft.

Wie überall in Europa so zeigt auch in Amerika das Zirpen des Heimchens und das Singen des Käuzchens einen baldigen Todesfall an. Wenn ein Neger den genannten Vogel sieht, so wirft er schnell einen Schuh danach, worauf er dann ohne Rast sieben Tage herumfliegen muß. Hören die Neger in Georgia ein Käuzchen schreien, so drehen sie ihre Rocktaschen herum und legen ihre Schuhe mit der Sohle nach oben auf die Erde, um Unglück zu verhüten. Wenn eine Maus ein Loch in das Unterkleid einer Frau nagt, so muß diese bald sterben.

Fällt ein Bild von der Wand, so tritt bald ein Todesfall ein. Wenn sich die Augen eines Toten nicht schließen, so sagt man, derselbe blicke nach dem, der ihm

folgen soll. Stolpert ein Pferd in der Nähe des Kirch-
hofs, so wird sein Eigentümer bald sterben.

Wer in der Hochzeitsnacht zuerst ins Bett steigt,
stirbt zuerst. Spricht der Bräutigam am Morgen seines
Hochzeitstages zuerst zu einem Mann, so wird er glücklich; spricht er zuerst zu einer Frau, besonders zu einer
alten, so wird sein Eheleben voller Enttäuschungen sein.
Geht in Böhmen während der Trauung ein Altarlicht
aus, so ist großes Unglück zu erwarten. Heimliches
Klopfen im Zimmer deutet auf einen baldigen Todesfall. Wenn sich drei Personen auf einem Schwebebrett
schaukeln, so stirbt diejenige bald, die in der Mitte steht.
Begegnest du zufällig einem Leichenbegängnis, so wird
ein Mitglied deiner Familie bald das Zeitliche segnen.
Dies geschieht auch, wenn du einen Stern fallen siehst.

Wenn der Sarg eines Toten im Spiegel gesehen
wird, so stirbt bald wieder jemand aus der betreffenden
Familie. Wenn man von einem Begräbnis träumt, so
giebt es Regen. Solange eine Leiche im Hause ist,
soll man den Spiegel und alle Bilder umdrehen, um
zu verhüten, daß man bald wieder einen Sterbefall zu
verzeichnen hat. Kommt eine fremde Taube an drei
Tagen hintereinander in deinen Garten, so wird eine
junge Person sterben. Fliegt dir eine weiße (?) Fledermaus ins Zimmer, so stirbt dein jüngstes Kind. Ein
Locust hingegen bringt Glück.

Bessert sich der Zustand eines Kranken am Sonntag,
so ist dies als ungünstiges Vorzeichen anzusehen.

Wenn es in das Grab regnet, währenddem der
Sarg hinunter gelassen wird, so ist ein baldiger Todes-

fall zu erwarten. Sonst sagt man in Pennsylvanien. und auch anderswo, daß es den Frommen ins Grab regne.

Man soll keinerlei Gegenstände auf eine Leiche legen, oder der Eigentümer derselben wird bald sterben. Erbleicht das Bild einer Photographie, so wird die darauf dargestellte Person bald sterben. Nordamerikanische Indianer lassen sich deshalb nicht gerne photographieren, weil sie befürchten, alsdann bald sterben zu müssen. Aus demselben Grunde schieben auch viele Amerikaner die Abfassung ihres Testamentes bis zum letzten Augenblicke auf. Ihr Leben lassen viele Amerikaner aus dem Grunde nicht versichern, weil sie die Ausfertigung einer Police für gleichbedeutend mit einem Passe nach dem Jenseits halten.

Nach Eintritt des Todes öffnen viele Leute in Amerika und auch in Schottland die Fenster, damit die Seele hinausfliegen kann.

„Open lock, end strife,
Come death and pass life."

Das Geldstück, das zufällig auf den Augen eines Toten lag, muß vergraben werden, weil es sonst viel Unheil stiften würde.

Zur Mitternachtsstunde soll man nicht in den Spiegel sehen. Wer dies z. B. in Hessen thut, wird den Teufel hinter sich erblicken. Wenn jemand einen Spiegel zerbricht, so muß er schnell ein Kind beten lassen, oder er wird sieben Jahre lang vom Unglück verfolgt werden. Wer in England den Neumond im Spiegel erblickt, macht sich auf Schlimmes gefaßt. Keine

Braut darf in den Spiegel blicken, nachdem ihre Toilette beendet ist. Das schwedische Mädchen, das beim Schein eines Talglichtes in den Spiegel blickt, befürchtet, ihren Geliebten zu verlieren.

Wenn beim Bauen eines Hauses Leitern an dasselbe gestellt werden, so geht selten ein Amerikaner darunter weg, sondern macht lieber einen Umweg, um nicht unglücklich zu werden.

Gegen Rheumatismus kann man sich dadurch schützen, daß man beständig eine Kastanie (buckeye) in der Tasche trägt. Von einem Gerstenkorn befreit man sich, indem man das betreffende Augenlid mit einem goldnen Ringe reibt.

Eine Dame, die schlechten Gewohnheiten huldigt, oder die dem Trunke ergeben ist, kann kuriert werden, wenn jemand heimlich ein Ei in den Sarg eines Toten legt. Mit dem Verwesen des Eies schwinden die Untugenden.

Wenn man Krankheiten von seinem Hause fernhalten will, braucht man sich nur von Jahr zu Jahr ein Osterei aufzuheben.

Betreffs des Wetters gelten in Indiana und anderen Weststaaten folgende Regeln: Eine grasfressende Katze verursacht Regen. Regnet es, währenddem die Sonne scheint, so wird das Wetter gut.

A heavy frost and a shower of rain
Meet together at the end of the lane.
Rain all day, and sunshine at four
'Tis at an end, 't will rain no more.

Den 17. und 30. März hält man für die besten

Tage, um Pflanzen auszusetzen. Beim Kornsäen singt der amerikanische Farmer:

> „One for the blackbird,
> And one for the crow,
> One for the cutworm,
> And one for to grow."

Als Unglückstage gelten der erste Montag im April, der Kains Geburtstag sein soll, dann der 3. Mai, der in Schottland „dismal day" genannt wird, und dann der 31. Dezember, an dem sich Judas erhängt haben soll.

Auf den Regenbogen soll man nicht mit den Fingern weisen, sonst bluten die Füße der Engel. Wer in Norddeutschland von Krautköpfen spricht und dabei den Mond anblickt, beleidigt den Mann darin, der solche einst gestohlen haben soll.

Wollten die altnordischen Seefahrer ausfinden, ob sie günstigen Wind erwarten dürften, so warfen sie mit Zeichen versehene Holzspäne in die Luft; sobald die= selben zur Erde gefallen waren, suchten sie aus der Lage derselben die Zukunft zu erklären.

Derjenige, der an einem Samstag geboren ist, soll nach der Prophezeihung eines englischen Astrologen melancholischen Temperamentes sein und gerne borgen ohne das Geliehene zurückzugeben. Infolge des ihm eigenen Geizes wird er sich schlecht kleiden und jeden überflüssigen Verkehr mit der Außenwelt meiden. Er wird sich den Geheimwissenschaften widmen und viel Zeit und Arbeit auf die Entdeckung vergrabener Schätze verwenden.

Einige aus Schottland stammende Farmer haben in Amerika den Gebrauch ihrer Heimat, nach welchem sie auf Neujahr ein großes Freudenfeuer errichten und einen Schlüssel durch die Flamme werfen, bewahrt. Wollen sie ihr Vieh gegen Krankheit schützen, so springen sie mehrmals durch die Flamme. Letztere Sitte findet man besonders in Freswick (Schottland).

Die Flecken auf den Fingernägeln haben allerlei Bedeutungen, die sich in den einzelnen Ortschaften vielfach widersprechen. Im allgemeinen glaubt man in Indiana, daß Flecken des Nagels am ersten Finger Geschenke, am zweiten Gewinn, am dritten Lob, am vierten Verlust und am fünften Schande bringen.

Wenn man in seine Wohnung zurück eilen muß, um einen Gegenstand zu holen, den man vergessen hat, wird man Unglück haben. Diesen Zauber kann man jedoch dadurch brechen, daß man sich eine Minute ohne zu reden hinsetzt. Hinterläßt man etwas in einem fremden Hause, ohne daß es die Bewohner desselben wissen, so muß man, ob man nun will oder nicht, bald in dasselbe zurückkehren.

Wenn die Neger von Arkansas im angegebenen Falle zurückkehren müssen, so machen sie mit ihrem Schuhabsatz das Zeichen des Kreuzes auf den Erdboden und spucken darauf. Die alten Deutschen Pennsylvaniens sind fest davon überzeugt, daß die Notwendigkeit, wegen eines vergessenen Dinges in das Haus zurückkehren zu müssen, verderbliche Folgen hat.

Die Beachtung abergläubischer Gebräuche ist dem Anschein nach bei den amerikanischen Damen allmählich

zur Modesache geworden. Sie glauben, sich dadurch
interessant zu machen, weshalb sich denn auch neuer=
dings die Theaterunternehmer dieses Mittels bedienen,
um Reklame für ihre Hauptkünstlerinnen zu machen.
Die alten Geschichten, nach welchen ihr sogenannter
star in der Jugend von Indianern oder Zigeunern ent=
führt wurde, verfangen beim Publikum nicht mehr; eine
Schauspielerin aber, die sich vor ihrem Auftreten in
die Schuhe spuckt, die alle Spiegel ihres Garderobe=
zimmers mit fußlangen Schrauben befestigt und was
dergleichen indiskreter Unsinn mehr ist, kann stets darauf
hoffen, daß sie vom Theaterpublikum mit Auszeichnung
empfangen wird.

Zur Verspottung abergläubischer Gebräuche haben
sich in New York drei Vereine (the thirteen club, the
salt spiller's club, the opal club) gebildet. Die
Mitglieder derselben versammeln sich nur Freitags und
machen sich alsdann ein Vergnügen daraus, Salz zu
verschütten, Spiegel zu zerbrechen, unter Leitern zu
gehen und sich nur zu dreizehn an einen Tisch zu setzen.
Nur das Tragen eines einzigen Edelsteines ist erlaubt,
des Opals nämlich, der zu allen Zeiten als Unglücks=
stein galt, weshalb es denn auch heute noch kein Pariser
wagt, seiner Angebeteten ein Geschenk damit zu machen.

Amerikanische Sprichwörter und Redensarten.

Sprichwörter repräsentieren in der knappsten Form die aus der Erfahrung hervorgegangene Lebensweisheit eines Volkes. Trotzdem sich nun seit der unbekannten Entstehungszeit derselben unsere Anschauungen und Verhältnisse vielfach verändert haben, so haben jene Kernsprüche doch nur wenig an ihrer eigentlichen Bedeutung verloren.

Wie sich die deutsche Kinderwelt seit Jahrtausenden an dem unwiderstehlichen Zauber der Märchen erquickt und sich an der darin waltenden moralischen Weltordnung, nach welcher das Gute stets belohnt und das Böse stets bestraft wird, erbaut hat, so findet auch heute noch der Erwachsene in den kräftigen Weisheitssprüchen seiner Vorfahren einen sichereren Wegweiser für das praktische Leben als in manchen kirchlichen Dogmen; sie sind ihm sympathisch und leicht verständlich, und da sie außerdem mit keinem überflüssigen oratorischen Beiwerke belastet sind, so kann er sie auch leicht seinem Gedächtnis einprägen.

Acht deutsche Männer wie Luther, Freidank, Hebel

u. s. w. sind stets warme Verehrer des Sprichwortes
gewesen und haben bei jeder passenden Gelegenheit auf
die darin enthaltene kernige, allen Lebensverhältnissen
passende Weisheit hingewiesen.

Häufig erscheinen auch die Sprichwörter als An=
hängsel zu Fabeln; oft aber dienen letztere nur zur
Erklärung der ersteren und bilden, wie z. B. die in=
dischen Fabelsammlungen Hitopadesa und Pantschatantra
zeigen, nur die Einleitung zu denselben. Weitschweifige
Fabeln sind daher auch nicht nach dem Geschmacke des
die Kürze liebenden Volkes.

Ein kurzes Sprichwort verhindert oft mehr Böses
als eine lange Rede. Es stellt sich, wie der getreue
Eckart, stets zur rechten Zeit tröstend und warnend ein;
es kennt alle Not und Freude der Menschen; es sym=
pathisiert nur mit der Rechtschaffenheit und Wahrheit
und tadelt und straft ohne Unterschied der Person.
Keinem Vergehen hängt es das Mäntelchen christlicher
Liebe um; stets spricht es deutlich, ja, für manchen
nervenschwachen Zeitgenossen viel zu deutlich. Es fackelt
nirgends lange, sondern trifft stets ohne Zeitverlust den
Nagel auf den Kopf. Das religiöse Gefühl verletzt es
niemals, geißelt aber dafür oft genug die Schwächen
der Geistlichkeit und überhaupt jedes Standes. Und
weil nun die Sprichwörter den einstimmig sanktionierten
Moralkodex des Volkes bilden, so finden wir sie auch
angebracht auf Gebäuden, Glocken, Münzen, Leichen=
steinen, Öfen, Tellern, Gläsern, Pfeifenköpfen und Schnupf=
tabakdosen.

Wenn wir nun hier amerikanische Sprichwörter

14*

und Redensarten zur Sprache bringen wollen, so möge der Leser keine vollständige Sammlung derselben erwarten; denn wir wollen nur solche anführen und kurz kommentieren, welche das Leben der Yankees mit seinen Licht- und Schattenseiten veranschaulichen und die somit von kulturhistorischem Interesse sind.

Der bekannte Rat: „Sei ehrlich und verdiene Geld, verdiene aber Geld unter allen Umständen", den einst ein Yankee seinem unternehmungslustigen, in den Westen ziehenden Sohn gab, kennzeichnet so recht den eminent praktischen Amerikaner, der nur solche Maximen gelten läßt, die er allen Umständen anpassen kann. Dieses ist, was man unter der Redensart „a principle with a string" versteht. Allerdings raucht ohne Geld weder der Schornstein des Hauses noch der einer Fabrik oder Eisenbahn, und der Mensch, der sich heute noch ängstlich um altväterische Morallehre kümmert, kommt leicht in Gefahr, im Armenhause sterben zu müssen, weshalb sich dann auch das bekannte Sprichwort „honesty is the best policy" in unserer Zeit der professionellen Heuchelei nur noch als Text für eine Sonntagspredigt, nicht aber zur Richtschnur des praktischen Lebens an den Wochentagen eignet.

Die aufreibende, mit allen erdenklichen Pfiffen und Kniffen geführte Konkurrenz auf sämtlichen Gebieten verlangt, daß jeder, der an diesem Wettkampfe erfolgreich teilnehmen will, ein „Johnny on the spot" ist. Darunter versteht man nämlich einen jungen, pünktlichen, fleißigen, umsichtigen, geriebenen und mit allen Hunden gehetzten Mann, der stets „out of sight" ist,

d. h. durch die genannten Eigenschaften alle Rivalen hinter sich läßt.

Ein junger Streber, der zur Gründung einer Lebensstellung nur auf seine eigene Kraft angewiesen ist, muß, wie die Kuhhirten (cowboys) der westlichen Prairien sagen, fähig sein „to knock the spots out of anything". Letztere Redensart bezog sich ursprünglich auf die Geschicklichkeit im Scheibenschießen, besonders auf die Kunst, die schwarzen Punkte einer zwischen den Fingern gehaltenen Spielkarte mit Kugeln zu durchlöchern.

„Make or break" heißt das Motto der waghalsigen amerikanischen Spekulanten, die alles auf eine Karte setzen; „biegen oder brechen" sagt man dafür im Deutschen. Wenn es aber nun beim Yankee bricht, so versteht er es wenigstens, durch einen schlau eingeleiteten Bankerott sein Schäfchen rechtzeitig ins Trockne zu bringen. Er ist dann also noch lange nicht „as dead as a herring"; und „to sit and suck his claws" oder an den Hungerpfoten saugen, ist nicht nach seinem Geschmack. Auch ist er nicht „as dead as adoornail". Letztgenannte Phrase bezieht sich auf den starken Nagel, der früher unter dem an der Hausthüre angebrachten Klopfer eingeschlagen war, um bei dem Gebrauche desselben die Thüre nicht zu beschädigen.

„The devil kisses those he likes best" sagt der erfolglose Geschäftsmann oder Politiker in Hinblick auf seine glücklichen Konkurrenten. Jeder amerikanische Kandidat für ein öffentliches Amt muß es sich vor der Wahl gefallen lassen, gründlich durch die Hechel gezogen zu werden. Dies wird im Englischen durch „to haul over hot coals" ausgedrückt. Diese Redens= art entstammt dem alten Gebrauche, angeklagte Personen zur Ausfindung ihrer Schuld oder Unschuld barfuß über heiße Kohlen gehen zu lassen.

„Going to the pot" heißt es von einem Menschen, der unrettbar dem moralischen oder physischen Tode ver= fallen ist. Ursprünglich wurde diese Redensart in England auf einen Vatermörder angewandt, der zur Sühnung seines Verbrechens das Leben in einem Kessel voll siedenden Wassers enden mußte.

„Geld vermag einem selbst in der Hölle Trost zu bringen," sagt der Japaner; der Amerikaner denkt ebenso, nur möchte er diesen Trost etwas früher genießen, wes= halb er dann auch jede sich ihm darbietende „oppor= tunity" (Gelegenheit) gründlich ausbeutet.

Das Wort „opportune" bedeutete früher „im Hafen sein" und unter einem „opportune ship" ver= stand man ein Schiff, das glücklich gelandet war.

Mit einem kleinen Anfangskapital erzielt der Ge= schäftsmann heutigentags nur ausnahmsweise Erfolge; „it takes a mine to work a mine", d. h. eigentlich, wer eine Gold= und Silbermine mit Profit bearbeiten lassen will, muß fast so viel Gold darauf verwenden, wie er später daraus zurückbekommt.

In keinem Lande der Erde, Rußland vielleicht ausgenommen, sind die offenbarsten und schamlosesten Bestechungen so an der Tagesordnung, wie in Nord= amerika, was auch schon dadurch zu erklären ist, daß der öffentliche Beamte für Wahlzwecke mehr Geld opfern muß, als ihm der meist kurze Termin seiner Stellung einbringt. Da heißt es dann „every one has his price", und es kommt nur darauf an, wer einem öffentlichen Beamten das meiste Geld für Gefälligkeiten zu bieten hat. Wer am besten schmiert, der fährt am besten. Mit einem goldenen Schlüssel schließt man bekanntlich; jede Thüre auf, das wußte Jupiter schon als er seine Netze nach der spröden Danae auswarf und sich ihr in Gestalt eines goldenen Regens nahte, d. h. die Wächter bestach. Allerdings sagen auch die Amerikaner: „He who offers bribes needs watching, for his intentions are not honest," allein ein der Bestechung zugänglicher Beamter denkt nur an seinen eigenen Vorteil und läßt sich betreffs der Absichten des Mannes, der ihn „gesehen" hat, keine grauen Haare wachsen. „To see an officer" heißt nämlich „einen Beamten bestechen".

„With words we govern men," sagte einst Lord Beaconsfield, und es ist bekannt, daß er es besser als irgend ein Staatsmann seiner Zeit verstand, durch glücklich gewählte Phrasen das Publikum zu täuschen und seine politischen Pläne zu fördern. An ehrliche Beweggründe glaubte er nicht. In einer seiner Novellen läßt er zwei Politiker die Lage des Landes besprechen und neue Schlagwörter zur Täuschung des Volkes er- finden. Der eine schlägt die Phrase „old institutions and new principles" vor, der andere hingegen giebt dem Worte „amelioration" den Vorzug, weil die ge- meinen Leute dies noch weniger verständen und deshalb leichter zu gewinnen seien. Dieses Verfahren haben die

Amerikaner mit dem größten Erfolge nachgeahmt. Als
Patrick Henry ausrief: „Give me liberty or give
me death" verlieh er der Gesinnung seines Volkes
einen so markigen Ausdruck, daß sein Spruch bald im
Munde Aller war. Auch Thomas Paine's in den
kritischen Tagen der amerikanischen Revolution ge=
schriebener Satz: „These are the times that try
men's souls" wurde zum Gemeingut der jungen Nation.
Websters „liberty and union now and forever, one
and inseperable" war nach eigenem Geständnis des
Urhebers nur eine rhetorische Floskel, ward aber bald
wie „union is strength" zum vielgebrauchten Sprich=
wort.

„E pluribus unum" bildet das amerikanische
Nationalmotto und bezieht sich eigentlich nur auf die
Präsidentenwahl.

Es soll ursprünglich in dem lateinischen, Virgil
zugeschriebenen Gedichte „Moretum" vorkommen, in
welchem das tägliche Leben, besonders das Morgenessen
eines Italieners geschildert wird. Dieses Moretum ist
nämlich ein Brei, bestehend aus Kräutern, Käse und
anderen Ingredienzen, die in einem Mörser zu einer
Masse verarbeitet worden sind. Die Gründer der
nordamerikanischen Union entnahmen übrigens dieses
Motto einer bescheidenen poetischen Arbeit, die John
Carey unter dem Titel „The pyramid of fifteen states"
veröffentlicht hatte.

Die jetzt nur noch selten gehörte Phrase: „God
reigns, and the government at Washington still
lives" ist einer Rede entnommen, die James A. Gar=

field, der spätere Präsident, am 15. April 1865, also am Tage nach der Ermordung Lincolns, vor dem Gebäude der Mechanics Exchange zu New York hielt und dadurch die Volksmassen soweit beruhigte, daß sie von der Zerstörung einiger Zeitungsdruckereien, deren Leiter Booths Schandthat gutgeheißen hatten, abstanden.

Der Ausdruck „wild-cat currency" ist mit den Einrichtungen, welche denselben veranlaßten, ausgestorben. Vor dem amerikanischen Bürgerkriege gab es überall unzählige „Wildkatzenbanken", denn viele Yankees gingen von der Voraussetzung aus, daß jeder mit dem Worte „Dollar" bedruckte Papierfetzen auch einen Dollar wert sei. Da diese Banken meistens sehr kurzlebig waren, aber doch eine große Masse Papiergeld in Umlauf brachten, so wußte mancher, dessen Taschen damit gefüllt waren, am Morgen eines Tages nicht, ob er sich noch ein Mittagessen dafür kaufen konnte. Da haben dann viele Betrogene kräftig „by the holy poker" geflucht, ohne zu wissen, was dieser Ausdruck eigentlich bedeutete.

Derselbe hat bereits ein respektables Alter hinter sich; er stammt nämlich von den Kreuzfahrern, die beim „holy sepulcher", also beim „heiligen Grabe" zu schwören pflegten. Da nun der jetzigen Generation das Wort sepulcher ziemlich ungeläufig geworden ist, so machte sie Poker (Schüreisen) daraus, was im genannten Falle denselben Dienst leistet. Geht dem Amerikaner etwas gegen die Hutschnur oder über das Bohnenlied, so sagt er sarkastisch „that beats my wife's relations", sieht sich aber vorher genau um, ob nicht etwa seine Frau in hörbarer Nähe ist.

„To feel like a stewed witch" (sich wie eine geschmorte Hexe vorkommen) sagt man in Bezug auf einen Menschen, der während der Nacht wenig oder gar nicht geschlafen hat. Auf die Frage „how do you do?" erwartet der Amerikaner keine Antwort; erhält er nun eine solche von einem mit seinen Gebräuchen nicht vertrauten Europäer, so nimmt er keine Notiz davon. Er hat sich einfach mechanisch nach dem Befinden des Angeredeten erkundigt und wie es sich damit verhält, ist ihm in den meisten Fällen gleichgültig; ist er krank, nun, so sollte er selber soviel Verstand haben, sich an einen Arzt zu wenden; fehlt ihm Geld, nun, so mag er sich solches gegen gute Sicherheit auf irgend einer Bank leihen; eine Antwort auf jene Frage ist also über= flüssig.

Wer jetzt in der Welt sein Fortkommen finden will, muß fähig sein „to catch a weasel asleep", oder er muß, wie die Deutschen sagen, den Teufel auf freiem Felde bannen können. Dem Wiesel schreibt man näm= lich außerordentliche Wachsamkeit zu. Wer es also nicht überlisten kann, „is of no more use than a spare pump in a cornrib" oder er ist mit anderen Worten so nutzlos wie eine an einer Suppenschüssel angebrachte Wagendeichsel.

Wenn man von einem Menschen nichts wissen will, so zeigt man ihm, wie der deutsch=amerikanische Zeitungs= jargon lautet, die kalte Schulter („to give him the cold shoulder"). Dies bezieht sich auf einen alt= französischen, von den Normannen nach England ver= pflanzten Gebrauch, nach welchem man einem Gast, der sich länger in einem fremden Hause aufhielt, als es schicklich war, durch das Vorlegen einer kalten Hammels= keule zu verstehen gab, daß er sich nach einem anderen Quartier umsehen möge.

Der Stillschweigen bedeutende Ausdruck „under the rose" oder „sub rosa" soll seinen Ursprung darin haben, daß Cupido dem Harpokrates einst eine goldene Rose gab, damit derselbe die Liebschaften der Venus nicht ausplauderte. Nach einer anderen Angabe ist dieser Ausdruck auf den Gebrauch der Griechen und Römer zurückzuführen, bei ihren Trinkgelagen in der Mitte des Saales eine große Rose aufzuhängen, um dadurch anzudeuten, daß das, was dort gesprochen ward, nicht weiter getragen werden sollte. Dadurch wurde also die Rose zum Symbol der Verschwiegenheit. So heißt es z. B. in Elisabeth C. Brownings Gedicht „Lady Geraldine's courtship":

„Mark, how heavy white her eyelids! not a dream bet-
ween them lingers!
And the left hand's index droppeth from the lips upon
cthe heek:
And the right hand — with the symbol rose held
slack within the fingers —
Has fallen back within the basin — yet this silenee
will not speak."

„Let him skin his own skunk" (Jeder möge die Haut seines Stinktieres selber abziehen) sagt der Amerikaner, wenn ihm zugemutet wird, für Andere ehr= lose Arbeiten zu verrichten, oder die Kastanien aus dem Feuer zu holen. Letzteres wird auch durch die Redens= art „to make a cat's paw of him" ausgedrückt. Hat jemand keine Luft, die Trinkschulden eines anderen zu bezahlen, so sagt er: „He shall not piss my money against the wall" (er soll mein Geld nicht an die Wand p . . . . .).

Will jemand mit aller Gewalt etwas haben, das er nicht braucht, so sagt man: „He does n't need it any more than a cow needs two tails". Bildet sich jemand zu viel ein und hat er allzugroße Rosinen im Sack, so heißt es: „God Allmighty's overcoat would n't make him a vest."

Von dem amerikanischen Irländer, der bei jeder passenden oder auch unpassenden Gelegenheit seine alte Heimat herausstreicht, sagt man „he is as Irish as Biddy Murphy's pig"; von dem Deutschpennsylvanier sagt man im analogen Falle, er sei so deutsch wie Sauerkraut. Das neuerdings vielgebrauchte „bum" für Bummler soll eine Abkürzung von bombast sein. Von demjenigen, an dem nichts mehr zu verderben ist, sagt man: „One cannot spoil a rotten egg". Diese Redensart wird besonders auf principienlose Politiker angewandt, die zur sogenannten „Maschine" gehören und den Diktaten ihrer Partei blindlings folgen, dabei aber doch stets auf ihren eigenen Vorteil bedacht sind. Das in der amerikanischen Parteipolitik häufig gebrauchte Wort „machine" hat folgenden Ursprung.

In früheren Zeiten bestand die Feuerwehrmann= schaft der amerikanischen Städte aus Bürgern, welche sich freiwillig verpflichtet hatten, sobald die Alarmglocke ertönte, die Spritze zu bedienen. Solche Vereine bil= deten besonders in den größeren Städten eine politische

Macht, und die Redensart „to run with the machine"
wurde bald auf die blinden Parteigänger der Lokal=
politik angewandt. So begann Tweed, der notorische
Beschwindler der Stadt New York, seine im Gefängnis
beendete politische Laufbahn als Mitglied der freiwilligen
Feuerwehr.

Die in Amerika überall gebrauchte Redensart:
„Let her go, Gallagher" wird auf folgendes Geschehnis
zurück geführt: James Peevey, ein nun verstorbener
Aldermann Chicagos, hatte an William Gallagher
(1883), einem bekannten Spieler und politischen Draht=
zieher, einen unversöhnlichen Feind und wurde von
diesem eines Tages geschlagen. In dem sich nun ent=
spinnenden Handgemenge zog jedoch der Angreifer den
kürzeren; Peevey warf ihn zu Boden und biß ihm ein
Ohr ab. Als der Kampf vorüber war, wollte der Be=
siegte das ihm fehlende Ohr suchen, doch einer seiner
Freunde rief ihm zu: „Let her go, Gallagher!" und
führte ihn ab.

Das Wort dago, womit man gewöhnlich die in
Amerika ansässigen Italiener bezeichnet, stammt aus
Louisiana, wo man es früher ausschließlich auf Spanier
und Portugiesen angewandt hatte. Es ist eine Verdrehung
von Diego, dem Namen eines italienischen Schutzheiligen.
„Dude" (Zierbengel) ist auf das Altenglische dudes
oder duds (Kleider) zurückzuführen. So schreibt noch
Thackeray von einer seiner Heldinnen: „Her dresses
were wonderful, her bonnets warvelous. Few women
could boast of such dudes." Wenn Shakespeare in
seinen „Lustigen Weibern von Windsor" vom „bucke of

dudes" ſpricht, ſo verſteht er einen Korb voll Wäſche
darunter.

Die Wörter Jingo und Jingoism ſind zweifelhafter
Abſtammung. In der baskiſchen Sprache meint das
erſtgenannte Wort Gott, und man glaubte daher, daß
der amerikaniſche Fluch „by Jingo" von baskiſchen Ma=
troſen eingeführt worden ſei. Unter einem Jingo ver=
ſteht man in Amerika und England einen Mann, der
für kriegeriſche Eroberungen ſchwärmt, obgleich der eng=
liſche Gaſſenhauer, durch welchen jenes Wort in Umlauf
kam, den Frieden bevorzugt, denn es beginnt „We don't
want to fight".

Unter „Brother Jonathan" verſteht der Engländer
den Nordamerikaner. Dieſe Bezeichnung iſt auf folgende
Weiſe entſtanden: Als Waſhington das Kommando
der Revolutionsarmee übernahm und zum Unterhalte
derſelben wenig Lebensmittel vorfand, wandte er ſich an
Jonathan Trumbull, den damaligen Gouverneur von
Connecticut, der ſie ihm auch bereitwillig gewährte, ſo
daß der General bei ſpäteren ähnlichen Verlegenheiten
zu ſagen pflegte: „We must consult Brothers Jonathan on the subject".

Kommt heute ein fein gekleideter Neuengländer in
eine von derben Kuhhirten und rauhen Grenzern be=
wohnte Gegend des fernen Weſtens, ſo wird er tender
foot genannt, und jeder erachtet es dort für ſeine Pflicht,
ihm zum Willkommen den ſteifen Cylinder einzutreiben
und ihm die Fauſt oder einen geſpannten Revolver
unter die Naſe zu halten.

Die amerikaniſchen Kinder nennen ihren Papa, den

sie meist nur während den Mahlzeiten sehen, the old man; die Mutter ist natürlich the old woman und die Eltern finden diese Bezeichnungen ganz in der Ordnung. Wenn Kinder nach Beendigung ihrer Spiele nach Hause eilen, müssen sie last look sagen und dürfen sich alsdann nicht mehr nach einem Spielkameraden umsehen, wenn sie auf diesen und auf sich kein Unglück heraufbeschwören wollen.

Der Ausdruck poverty suppers ist erst neuerdings in Gebrauch gekommen und bezeichnet eine besondere Form der Wohlthätigkeit. Zuweilen verpflichten sich nämlich einige Kirchenmitglieder in ihrem Hause ein einfaches Abendessen zu veranstalten, jedoch dafür von jedem eingeladenen Gaste einen Viertel Dollar zu verlangen; der auf diese Weise erzielte Überschuß wird später zu wohlthätigen Zwecken verwandt. Derartige poverty suppers bilden bereits bei vielen Gemeinden eine stehende Einrichtung.

„Old Harry is growling again," sagt man zu Ipswich in Neuengland, wenn die See unruhig wird. Dieser old Harry, worunter man auch vielfach den Teufel versteht, hieß eigentlich Harry Main und war ein berüchtigter Schmuggler und Strandräuber, der häufig falsche Lichter am Ufer aufstellte, um die Schiffe auf den Sand laufen zu lassen, damit sie strandeten. Er soll noch heute der Sage nach bei Ipswich spuken, und will man dort im Sturmwinde seine Stimme vernehmen.

Weitere Redensarten sollen im zweiten Bande erörtert werden.

Peter Schlemihl.

Das im Anfange dieses Jahrhunderts nach außen
unter französischem Drucke stehende und im Innern an
eigener Zerrissenheit und Zersplitterung leidende Deutschland suchte, da auch nicht die geringste Hoffnung auf
Realisierung seines Freiheitdranges vorhanden war, Trost
im Reiche der Träume und der verschwommenen Romantik
des Mittelalters. Die litterarischen Vertreter dieser
Richtung waren ernstlich bestrebt, den immer mehr um
sich greifenden Rationalismus durch einen poetisch ver-
klärten und aufgewärmten Aberglauben der Vergangenheit
zu verscheuchen, um dann die Erfahrung zu machen,
daß die Phantasiegestalten ihrer mondbeglänzten Zauber-
nacht sich mit der Wirklichkeit in zu grellem Kontrast
befanden und mithin für dieselbe ohne jede moralische
Wirkung und Bedeutung waren.

Die blaue Blume der Romantik, jene so heiß ersehnte Idealwelt, ward also nicht entdeckt, auch schon
deshalb nicht, weil der mit jenem von Novalis stammenden Schlagworte verbundene Begriff so nebelhaft war
und die verschiedensten Auffassungen zuließ, daß niemand
so recht wußte, wie und wo er sie eigentlich suchen
sollte. Erst der Nachromantiker Chamisso zeigte an

feinem Peter Schlemihl, der sich auch vergeblich nach einem Leben der Sorglosigkeit sehnte, daß das wahre Glück des Individuums weder durch Mittel des Aberglaubens noch durch unverdiente Reichtümer, sondern nur durch eigene Kraft und beharrliches, edles Wirken im Dienste der Menschheit errungen werden kann.

Als sich Chamisso im Sommer 1813, teils um unliebsamen Bemerkungen über sein früheres Vaterland aus dem Wege zu gehen, teils um sich mit botanischen Studien zu befassen, auf dem Gute des Grafen Itzenplitz zu Kunersdorf aufhielt, schrieb er zur Unterhaltung der Kinder seines Freundes das merkwürdige Märchen von dem Manne, der seinen Schatten verkaufte und trotz des unzähligen Geldes, das er dafür erhielt, doch nicht glücklich wurde.

Peter Schlemihl, der harmlose Pechvogel, über dessen Vorgeschichte der Leser im Dunkel gelassen wird, steigt nach beschwerlicher Meeresfahrt irgendwo ans Land. Außer seinen wenigen Habseligkeiten besitzt er einen Empfehlungsbrief an einen gewissen Herrn John, einen steinreichen Mann, der jeden für einen Schuft hält, der nicht mindestens über eine Million verfügt. Er trifft denselben auch in einer aristokratischen Gartengesellschaft an und sieht daselbst einen graugekleideten Tausendkünstler, der, ohne daß sich jemand darüber nur im mindesten wunderte, alle Wünsche des Hausherrn und der Gäste mit fabelhafter Geschwindigkeit erfüllt und die seltensten Dinge herbeizaubert.

Dieser geheimnisvolle Mann, der unstreitig bemerkt hatte, daß sich der arme Schlemihl in der Gesellschaft

Johns einsam und verlassen vorkam, tritt nun zu ihm und handelt ihm ohne drückende Bedingungen seinen Schatten für eine nie leer werdende Geldbörse ab. Kaum aber entfernt sich Schlemihl von dem Unbekannten, da wird er auch schon von jedem, der ihm begegnet wegen des Fehlens seines Schattens verspottet und verhöhnt und er kommt zu der Überzeugung, daß das, was er für unbedeutend gehalten hatte, in den Augen der Welt doch einen höheren Wert besaß und zum individuellen Glücke notwendiger war, als er bisher geglaubt.

Schlemihl zitterte wie Espenlaub, sobald er nur einen Menschen erblickte; auch wagte er sich nur bei dunkler Nacht auf die Straße. Er richtete sich fürstlich ein und warf das Geld haufenweise zum Fenster hinaus, aber die Welt floh seine Gegenwart, und er konnte von Glück sagen, daß er schließlich in einem seiner Diener einen treuen, uneigennützigen und ihn wahrhaft bemitleidenden Freund fand. Denselben betraute er dann auch mit der Aufgabe, den grau gekleideten Unbekannten aufzusuchen, ihm die unerschöpfliche Geldbörse zurückzugeben und dafür die Auslieferung des Schattens zu verlangen. Diese Mission war jedoch erfolglos.

Nach einem Jahre nun erschien der Graue bei Schlemihl und verlangte, daß er ihm die Seele verschreibe. Als ihm dies verweigert wurde, sorgte er durch seine Helfershelfer dafür, daß der Ärmste immer unglücklicher wurde. Dieser wandert dann mit Siebenmeilenstiefeln in fremde Länder, um am Busen der Natur den vermißten Frieden zu suchen. Schließlich landet er im Schlemihlium, einem von seinem treuen Diener Bendel gegründeten und verwalteten Hospitale. Die Moral heißt: Man verehre zuerst den Schatten, dann erst das Geld. Der reiche John, sowie Schlemihls spitzbübische Freunde trugen alle englische Namen und hatten ihren Schatten längst eingebüßt; nur der ehrliche Deutsche Bendel hatte den seinigen behalten.

Schlemihl ist trotz seines unerschöpflichen Geldschatzes stets ein melancholischer Mensch, der selten einen heiteren Augenblick erlebt. Wie ganz anders ist doch da sein romantisches Seitenstück, der Eichendorff'sche Tauge= nichts! Nur mit einer Geige und ein paar Groschen, die ihm sein armer Vater zum Abschied gegeben hatte, begiebt er sich sorglos in die weite, weite Welt und freut sich auf seiner Wanderschaft kindlich über jede singende Lerche und jedes murmelnde Bächlein. Es ist ihm alles eins, hat er Geld oder keins. Sein hauptsächlichstes Bestreben besteht darin, sich ein Plätzchen zu suchen, wo er unge= stört einen langen Schlaf thun kann. Seine stets un= getrübte Laune, sowie sein erheiterndes Geigenspiel er= werben ihm Freunde, wohin er nur kommt. Er hat stets mehr Glück als Verstand. Kaum tritt er eine Stelle als Gärtnerbursche an, so wird er auch schon zum Zolleinnehmer ernannt und kann nun, da seine neue Stelle viel freie Zeit abwirft, ruhig im roten Schlafrocke, mit der langen Pfeife seines Vorgängers im Munde, den Leuten bei ihrer Arbeit zusehen oder schlafen.

Nur einmal wird sein Glück vorübergehend gestört — er verliebt sich nämlich in eine schöne, reiche Dame

15*

und eilt, da er die erwartete Gegenliebe nicht findet,
nach Italien, dem Lande der Sehnsucht aller echten
Romantiker. Sein altes Glück verfolgt ihn dabei auf
Weg und Steg. Seinen Schatten, nämlich seine alle
Herzen erobernde Heiterkeit und Gemütlichkeit, verliert
er nie. Schließlich findet er auch seine Geliebte wieder,
und wenn sie auch nicht so reich ist, wie er anfangs
dem Scheine nach geglaubt, so wird er zuletzt doch
glücklicher als sein Gegenfüßler Schlemihl, dem es trotz
seines Geldes doch niemals gelang, ein weibliches Wesen
dauernd an sich zu fesseln.

Über die eigentliche Bedeutung des Schattens im
„Peter Schlemihl“ sind die Meinungen geteilt. Nach
L. Salomon (Geschichte der deutschen Nationallitteratur
des 19. Jahrh.) hat der Dichter zeigen wollen, daß
derjenige Mensch, der sich dadurch von anderen unterscheidet, daß ihm etwas Auffallendes, und sei es noch
so wertlos, fehlt, trotz seines anständigen Betragens
und seiner wohlthätigen Handlungen doch dem allgemeinen Spott ausgesetzt ist, so daß er schließlich im ein-
samen Verkehr mit der Natur Frieden sucht.

Wenn man, wie andere Erklärer verlangen, nun
unter dem Schatten das verlorene Vaterland Chamissos
verstehen will, so ist daran zu erinnern, daß der Dichter,
nachdem ihm die Franzosen seine Heimat geraubt und
ihm später trotz mehrfacher Versuche darin keinen Wirkungskreis eingeräumt hatten, in Deutschland ein seinen
Neigungen entsprechendes Arbeitsfeld fand und besonders
seine poetischen Leistungen allgemein anerkannt wurden.
Dankend spricht er sich darüber in folgendem Verse aus:

„Du, meine liebe deutsche Heimat, haft,
Warum ich bat, und mehr noch mir gegeben;
Du ließeft freundlich dem gebeugten Gaft
Die eigne traute Hütte fich erheben,
Und der bescheidne kleine Raum umfaßt
Ein neuerwachtes, heitres, reiches Leben;
Ich habe nicht zu bitten, noch zu klagen,
Dir nur aus frommem Herzen Dank zu fagen.“

Der Litterarhiftoriker Göbeke giebt den Rat, alle
Deutungsverfuche betreffs des Schlemihlfchen Schattens
zu unterlaffen, doch hat fich bis jetzt kein Forfcher
barnach gerichtet. Selbft Chamiffo, fo fehr er fich auch
im Verkehr mit feinen Freunden über jene Frage luftig
machte und fie als eine müßige betrachtete, hat doch
in der Vorrede zur franzöfifchen Ausgabe feines Mär=
chens (1838) einen wichtigen Fingerzeig zur Löfung
derfelben gegeben. Dort fagt er nämlich auf Grund
eines franzöfifchen Werkes über Phyfik, daß nur folide
Körper Schatten werfen; da nun das Wort „folid“ im
Deutfchen wie im Franzöfifchen nicht nur feft, fondern
auch ehrenhaft, zuverläffig, tüchtig u. f. w. bedeutet, fo
ergiebt fich als ethifches Refultat, daß nur derjenige
einen Schatten wirft, d. h. allgemein geachtet wird, der
im Geruch ftrengfter Gewiffenhaftigkeit und Rechtfchaffen=
heit fteht. Dies ift nun bei dem Menfchen nicht der
Fall, der wie Schlemihl feinen unermeßlichen Reichtum
auf ungerechte Weife, nämlich durch ein Bündnis mit
dem Teufel erworben hat. Auch machte er nicht den
rechten Gebrauch davon; er beförderte mit feinem Gelde
kein verdienftvolles Unternehmen, fondern warf es dem
erften Beften blindlings an den Hals. Von allen ver=

achtet, zog er sich schließlich in die Einsamkeit zurück, denn derjenige, dem der Schatten, also der moralische Wert fehlt, hat alle Ursache, das Licht der Sonne zu scheuen. Der unabläßlich wirkende Fluch, der auf unrecht erworbenem Golde ruht, bildet bekanntlich das Leitmotiv der altgermanischen Siegfriedsage.

Mancher junge Mann hält in seiner Jugend vieles für einen leeren Schatten und entäußert sich desselben leichtsinnig eines augenblicklichen Vorteils wegen, um dann später, nachdem die gesellschaftliche Acht über ihn verhängt ist, den wahren Wert desselben zu erkennen und zu der Überzeugung zu kommen, daß das eigentliche Glück doch nur in dem Bewußtsein besteht, es sich selber mit eigener Kraft geschaffen zu haben. Auch Faust suchte, nachdem ihm die Studierstube zu eng geworden war, das vermeintliche Glück in einem Teufelsbündnis und brachte dadurch Unglück über sich und alle, die mit ihm verkehrten, bis er schließlich die Gewißheit erlangte, daß nur derjenige Leben und Freiheit verdient, der sie sich täglich erobert. Er stürzte sich in den Strudel öffentlicher Wirksamkeit und gewann dadurch seinen verlorenen Schatten wieder, Schlemihl hingegen endet in freud- und freundloser Zurückgezogenheit; er hat den unglückseligen Wunschsäckel von sich geschleudert und sucht nun, dumpf vor sich hinbrütend, in der Natur Trost für sein verfehltes Leben. Für die Menschheit, sowie für den humanen Fortschritt hat er nicht das allergeringste gethan, so daß ihn also niemand vermißt. Er ist und bleibt einsam.

Unter dem Schatten versteht man nach dem Sprach-

gebrauche der Römer und Griechen die menschliche Seele.
Nach einer Anmerkung in R. Motherby's „Pocket
Dictionary of the Scotish Language" verlor derjenige seinen Schatten, der sich der Zauberei ergab.
Um dieselbe zu erlernen, mußten die Kandidaten in
einem unterirdischen Gewölbe einen Wettlauf veranstalten,
und derjenige, auf dessen Schatten der Teufel bei
dieser Gelegenheit trat, erfreute sich von nun an der Ehre,
den Specialunterricht des Meisters aller geheimen Künste
zu genießen. Wer also früher in Schottland keinen
Schatten besaß, konnte sein Glück als Zauberer machen.

Dieser Aberglaube ist jedoch auch außerhalb Schottlands bekannt; so gedenkt auch Theodor Körner desselben in folgendem Gedichte:

> Als einst vor vielen langen Jahren
> Zu Salamanca im Kellergewölbe
> Der Teufel auf dem Katheder saß,
> Wie andre Doktoren, und derselbe
> Schwarze Kunst nach eignen Heften las:
> Da hatt' er viel Zulauf, das läßt sich denken,
> Es wimmelte alles auf Tischen und Bänken,
> Denn er verstand sich herrlich darauf:
> Und ward die Magie ihm gar zu trocken,
> So gab er weislich lustige Brocken
> Und spaßhafte Schwänke die Menge in Kauf.
> Das war so ganz nach der Herren Magen,
> Kein andres Kollegium mocht' ihnen behagen,
> Und sie sah'n das erste Mal mit Gram,
> Daß auch das Halbjahr zu Ende kam.
> Das freute den Argen, und er rief schließlich:
> „Gewiß ist auch meine Weisheit ersprießlich,
> Das ist euch allen sicher schon klar,
> Drum ersuch' ich um's billige Honorar,

Und bitte mir, ich sag's grad heraus.
Eine von euren Seelen aus.
Wer zuletzt wird aus der Kellerthür geh'n,
Dem will ich und soll ich den Hals umdreh'n.
Wenn's euch gefällt, so möget ihr loosen."
Da fingen die Herren an zu tosen,
Schimpften den Doktor einen argen Wicht,
Schwuren insgesamt, unverhohlen,
Der Teufel solle den Teufel holen;
Aber all ihr Sträuben half da nicht;
Sie mußten sich endlich doch bequemen,
Die fatalen Würfel zur Hand zu nehmen.
Zur Hölle verdammt ward ein junger Graf,
Da er die niedrigsten Zahlen traf;
Doch behielt er den Kopf auf der rechten Stelle,
Und meinte: Noch gehör' ich nicht der Hölle,
Noch hat der Teufel mich nicht in den Klauen,
Drum will ich noch menschlicher List vertrauen!
Drauf stellt sich der Teufel zur Kellerthüren,
Und ließ einen nach dem andern passieren,
Und als nun der Graf als der letzte kam,
Der Teufel ihn bei der Kehle nahm.
Der aber schrie: „Hast keinen Teil an mir,
Das Los traf meinen Hintermann hier!"
Und wies auf den Schatten an der Wand,
Denn die Sonne dem Keller schief über stand.
Da hielt ihn der Teufel länger nicht,
Denn er war geblendet vom Sonnenlicht,
Und packte wütend im argen Wahn
Mit seinen Klauen den Schatten an.
Der Graf schlüpfte behend hinaus,
Und lachte den armen Teufel aus.
Doch was noch Wunderbares sich fand,
Denn als er in lichter Sonne stand,
Erschraken alle und staunten sehr —
Der Graf warf keinen Schatten mehr.

Nach Rochholz dürfen die Bewohner von Solo=
thurn und Umgegend keine Narrenspossen mit ihrem
Schatten treiben; wer dort am Sonntag nach Fastnacht
seinen Schatten im Mondschein nur unvollkommen sieht,
stirbt innerhalb eines Jahres. Dasselbe passiert in
Norddeutschland demjenigen, der in der Sylvesternacht
seinen Schatten ohne Kopf erblickt. Nach dem Gedichte
„Anna", dessen Stoff Lenau einer ihm mündlich mit=
geteilten schwedischen Sage entnahm, verliert eine Frau,
welche zur Erhaltung ihrer Schönheit die Geburt von
sieben Kindern verhütet hatte, ihren Schatten und wird
von ihrem Gemahl, sobald er es bemerkt, verstoßen.

Als Hiskia dem Tode nahe war, wich sein Schatten
von ihm; derselbe kehrte jedoch zurück, als Gott be=
schloß, sein Leben zu verlängern.

Stets wird der Schatten in Märchen und Sagen
mit dem Leben, der Seele und der Ehre in nahe Ver=
bindung gebracht. Durch den bekannten Gruß: „Möge
dein Schatten zunehmen!" wünscht man jemand Ge=
sundheit und langes Leben.

Nach Dr. F. Krauß (Die Bauopfer der Südslaven,
Wien 1887) mauerten die Bulgaren den Schatten eines
Menschen in ein neues Gebäude ein; sobald ein neues
Haus aufgerichtet wird, bleiben die Leute demselben
fern, denn derjenige, dessen Schatten dort eingemauert
wird, ist baldigem Tode verfallen.

Auch die Schwarzfuß=Indianer halten den Schatten
eines Menschen für dessen Seele.

Unter Kaiser Maximilian I. konnte man, wie
Luther in seinen Tischreden berichtet, daß über einen

Verbrecher ausgesprochene Todesurteil dadurch mildern, daß man die Erde unter seinem Schatten wegstach und ihn des Landes verwies. Dieses Verfahren nannte man den „gemalten Tod".

Nach vielverbreiteten Sagen bekommt man einen Menschen dadurch in seine Gewalt, daß man die Erde, worauf er stand und auf welche sein Schatten gefallen ist, ausgräbt. Hängt man diese Erde in den Schornstein, so siecht der, welcher sie betreten, seinem Tode entgegen.

Chamisso nennt die Geschichte vom Peter Schlemihl ein Märchen, kommen darin doch auch die ursprünglich von Wotan, dem Wunschgotte, stammenden drei Wunsch= dinge, die unerschöpfliche Geldbörse, die Siebenmeilen= stiefel und die unsichtbar machende Tarnkappe vor. Die erstere, welche in vielen Märchen als Tischleindeckdich erscheint, erinnert an den ewigen Eber der Walhall. Die Juden hatten dafür das sich nach jedem Geschmacke richtende Manna, die Japaner ihren Sonnentisch, die Griechen das sich stets füllende Horn Amalthea und die christlichen Ritter den heiligen Gral. Der Teufel beschränkte als späterer Repräsentant Wotans seine Liberalität hauptsächlich auf Verleihung des Wunsch= säckels, wohl wissend, daß dieser ihm die meisten An= hänger zuführte, und daß sich diese damit alle Genüsse der Welt verschaffen konnten.

Als dem märchenhaften Fortunatus von der Glücks= göttin, der er einst den Weg gezeigt, sechs Gaben, näm= lich Weisheit, Stärke, Reichtum, Gesundheit, Schönheit und langes Leben zur Auswahl vorgelegt wurden, nahm er den Reichtum. Späterhin schenkte ihm der

Sultan noch einen Hut dazu, der ihn, wie Schlemihl's Siebenmeilenstiefel, überall hinführte.

In dem persischen Märchen „Bohar=i=Danusch" sorgen Holzschuhe für schnelles Fortkommen und ein Tischlein liefert auf Befehl Perlen und Diamanten.

Die unerschöpfliche Geldbörse ist ein wichtiger Be= standteil der Märchen aller Völker. Vielfach erscheint sie auch als Heckethaler, der nur dadurch zu erlangen ist, daß man eine schwarze Katze in einen Sack steckt, sie am Abende dreimal um die Kirche trägt und dann wartet, bis ein geheimnisvoller jemand sie für einen Heckethaler kauft. Wer einen solchen ausgiebt, findet ihn bald wieder in seiner Tasche. Die Wenden raten, den Heckethaler täglich nur einmal auszugeben; wer es häufiger thut, verliert ihn und seine Seele dazu*).

Der Teufel ist also in früheren Zeiten außer= ordentlich liberal gewesen; er hat seine Verträge mit dem Menschen stets auf das Gewissenhafteste gehalten, ist aber dafür, wie zahlreiche Märchen und Sagen be= richten, so oft betrogen worden, daß er sich heutigentags zur Erlangung von Seelen in keine kostspieligen Unter= nehmungen mehr einläßt.

---

*) Sogar in katholischen Legenden hat sich das Märchen von der unerschöpflichen Geldbörse eingebürgert. So wird z. B. von St. Xavier erzählt, daß ihm, als er eines Tages Geld brauchte, sein Freund Vellio den Schlüssel zu seinem Geldschranke gab und ihn bat, sich so viel zu nehmen, als er wolle. Xavier entnahm demselben 300 Goldstücke; doch als der Freund später sein Geld zählte, fand er aus, daß auch nicht das geringste fehlte. (Vol. II., A History of the Warfare of Science with Theology. By A. D. White, New York 1896.)

Prometheus.

Da die alten Völker die Naturerscheinungen nicht wissenschaftlich zu erklären vermochten, so ließen sie sich die Fragen, welche dadurch aufgeworfen wurden, von ihren Dichtern beantworten. So entstand dann die Mythologie, welche die verschiedenen Naturkräfte als lebende, den Menschen entweder liebende oder hassende Wesen darstellte.

Frühere Menschen sahen in den Wolken Sonnen= kühe, welche jeden Morgen auf die Weide des blauen Himmels getrieben würden. Hielten diese nun den Regen gefangen, so war daran ein mächtiger Drache schuld, der sich, sobald er von einem feurigen Ritter, der Sonne, vertrieben wurde, donnernd zu wehren pflegte.

Im Laufe der Zeit gestalteten sich diese phantasie= reichen Erklärungen jedoch so fremdartig, daß ihre ur= sprüngliche Bedeutung allmählich vergessen ward. Da stellen z. B. die Griechen die Morgendämmerung und die aufgehende Sonne als Phöbus dar, welcher die Daphne liebte; wenn der Mond am Himmel erschien und die Sonne verschwand, so hieß es, Selene blickt auf Endymion herab, oder Antigone tröstet den Oedipus in seiner Sterbestunde. Anstatt zu sagen, die Sonne sei von Wolken umgeben, erzählten sie von einem Kleide, das Helios der Jungfrau Medea schenkte. Wenn das Abendzwielicht erstarb, hieß es, die schöne Euridyke sei von der Schlange der Dunkelheit gestochen worden und Orpheus hole sie später wieder aus der Nacht der Unterwelt zurück. Wenn die Sonne die Ströme austrocknete und die Feld= und Baumfrüchte durch übermäßige Hitze zerstörte, sprachen die Leute von Tantalus, welcher seine eigenen Kinder briet.

Doch wir wollen hier nur eine griechische Mythe, und zwar die durch Äschylos, Calderon, Goethe u. s. w. zum litterarischen Gemeingut aller civilisierten Völker gewordene, vom Kulturheros Prometheus handelnde etwas näher ins Auge fassen.

Die alten Philosophen setzten eine Zeit, in welcher die Menschen das Feuer noch nicht kannten, voraus, und da sie in der Entdeckung dieses unentbehrlichen Elementes den Anfang und die Grundbedingung aller Civilisation erblickten, so ist es leicht erklärlich, daß sie in demjenigen, der sie damit beschenkte, ihren größten Wohlthäter sahen.

Die Prometheusmythe ist übrigens kein ausschließlicher Bestandteil der griechischen Götterlehre, sondern Eigentum der gesamten indogermanischen Völkerfamilie. Die Inder sahen im Feuer den jungen Helden Agni, der die Finsternis und damit die wilden Tiere und Nachtgespenster verscheuchte. Wie aber dachten sie sich die eigentliche Entstehung des Feuers?

Das Sanskritwort Pramatha, aus dem der Name Prometheus entstanden ist, bedeutet bohren, quirlen, schnell hin= und herdrehen, zugleich aber auch ausziehen ober stehlen, wodurch auf die älteste Gewinnung des Feuers hingewiesen wird. Nach den Mythen aber ist das Feuer himmlischen Ursprungs und entstammt dem Blitze. Die Fesseln des Prometheus sind also nichts als Blitzfäden; sein Herz oder seine Leber — beide hatten für die Griechen so ziemlich dieselbe Bedeutung — ist die Sonne, die von einem schwarzen Adler, der Gewitterwolke, verzehrt wird, bald aber ihre frühere Kraft wieder erlangt. Das Stöhnen des Prometheus bezieht sich auf den Donner.

Prometheus, der edle Humanitarier, schuf der Sage nach Menschen aus nassem Erdboden und belebte sie mit Feuer, das er dem Himmelswagen entnommen hatte. Nach Pausanias soll dies in der Gegend von Panope in Pholis (dem jetzigen St. Blasios), woselbst sich ein rötlicher Thon vorfindet, geschehen sein. Diese Geschöpfe liebte er nun so aufrichtig, daß er alles aufbot, ihnen ein behagliches Dasein und eine von den Launen der Götter unabhängige Selbständigkeit zu sichern. Deshalb bat er auch Zeus, der ihm zu Dank verpflichtet war, mit der Hälfte der ihm zukommenden Opfer zufrieden zu sein. Dieser hatte auch nichts dagegen einzuwenden; doch als er ausfand, daß er dabei betrogen und daß ihm statt einer fetten Kuh nur eine Kuhhaut voll Knochen geopfert wurde, da sann er auf Rache; er ließ also durch den kunstfertigen Schmied Hephästos die schöne Pandora anfertigen, beschenkte sie mit einer alle Übel der Welt enthaltenden Büchse und führte sie dann dem Misse=thäter zu, um ihn ins Verderben zu stürzen. Dies gelang ihm jedoch nicht.

Als nun aber Prometheus, der Bedachtsame, den Menschen außer dem Feuer auch noch die von seiner Mutter Themis geerbte Gabe der Weissagung schenkte und sie ferner in der Architektur und Heilwissenschaft unterwies, da erwachte beim Göttervater der in der griechischen Mythologie eine gewisse Rolle spielende Neid, denn er befürchtete, daß sich nun die Menschen von ihm unabhängig machen und sich auf eigene Füße stellen würden. Er ließ also den verwegenen Kulturhelden an einen Felsen im Kaukasus schmieden und befahl einem Adler, ihm die Leber zu zerfleischen.

Bei der Belebung des Menschen hatte ihm Minerva hilfreich zur Seite gestanden. Ein diese Scene verewigendes Bildwerk zeigt die Göttin, wie sie dem von Prometheus gebildeten Menschen einen Schmetterling, das Sinnbild des Lebens, auf den Kopf setzt. Nach einer anderen Auffassung brachte Minerva den Menschen das Leben in einer mit Nektar gefüllten Schale; diese war jedoch so voll, daß einige Tropfen zur Erde fielen und schnell von Bienen und anderen Insekten aufgesogen wurden, die dann dadurch ihre Kunstfertigkeit erhielten.

Die Feindschaft zwischen Prometheus und Zeus rührte ursprünglich von dem Umstande her, daß letzterer, nachdem ihm Prometheus bei einem Streite der Götter im Parnaß zum Siege verholfen, sich bei der Verteilung der Güter ungerecht, lieblos und herrschsüchtig gezeigt und sich dadurch seinem Retter entfremdet hatte.

Nach anderen Mythen wird Prometheus nicht als Schöpfer, sondern nur als aufrichtiger Freund der Menschen hingestellt. Dieselben, die unter der Herrschaft des Kronos entstanden, befanden sich in großem Elend und niemand erbarmte sich ihrer; ja Zeus beabsichtigte in seiner Herzlosigkeit sogar, sie mit Stumpf und Stiel auszurotten, was Prometheus durch Hinweisung auf die Prophezeihung, auch der neue Götterkönig werde dereinst vom Thron gestoßen, vereitelte. Darauf ließ er ihnen dann das armselige Leben, und Prometheus blieb es vorbehalten, dasselbe angenehm zu gestalten. Die darauf über ihn verhängte Strafe bricht jedoch seinen Trotz nicht; auch bittet er im Hinblick auf sichere Rettung seinen Quäler nicht um Befreiung. Er ist im Besitze des Geheimnisses, durch welches er den Fall des tyrannischen Götterkönigs abwenden kann, sodaß dieser also, der davon weiß, sich schließlich doch mit ihm versöhnen muß. Dies geschieht dann auch. Herkules erschießt den Adler und beredet darauf den unheilbar verwundeten Centauren Chiron in die Unterwelt zu steigen und durch das Aufgeben seiner Unsterblichkeit den Dulder zu erlösen.

Wie Prometheus, so hatte auch Tantalus unsagbare Leiden zu erdulden; aber dieser erregt unser Mitgefühl ebensowenig, wie der nordische Loki, der bis zum Weltuntergang gefesselt blieb. Tantalus hatte allerdings Nektar und Ambrosia von der Göttertafel entwendet und den Menschen geschenkt, um sie unsterblich zu machen, aber er hatte auch die Geheimnisse der Himmlischen, deren Liebling er war, schnöde ausgeplaudert, sich später des Meineides schuldig gemacht und dann durch Ermordung seines eigenen Sohnes einen gerechten, aber schrecklichen Fluch auf sich und seine Nachkommen geladen.

Prometheus wird von allen Dichtern stets als Repräsentant des höchsten Humanitätsideals hingestellt; er war allerdings, was auch Äschylos mehrfach andeutet, schlau und verschlagen, stellte jedoch diese Eigenschaften in den Dienst der Menschen.

Äschylos faßt das von Prometheus gestohlene Feuer wesentlich als das göttliche Licht der Vernunft auf; es ist also nach biblischer Anschauung das Essen vom Baume der Erkenntnis, wodurch unstreitig die Kultur angeregt, zugleich aber auch die treue Begleiterin der Civilisation, die Unzufriedenheit mit den bestehenden Verhältnissen, ins Leben gerufen wird. Deshalb ist es auch Hephästos*), der Gott des Feuers oder des Ur=sprunges der Civilisation, der die Pandora schmiedet und sie mit ihrer Unglücksbüchse den Menschen zum Geschenke macht. Diese wird jedoch nur von Epimetheus, also dem unbedachten Menschen, der es nicht versteht, von der Civilisation den richtigen Gebrauch zu machen, angenommen.

Prometheus strebt, wie sein deutscher Nachfolger Faust, nach unbeschränkter Erkenntnis; er will den Unterschied zwischen Göttern und Menschen verwischen und beide gleich machen; dafür wird er bestraft und erst dann erlöst, nachdem sich ein Unschuldiger freiwillig dem Tode überantwortet.

---

*) Prometheus und Hephästos werden von Äschylos als nahe Verwandte bezeichnet; beide haben manches gemein. Da-durch, daß letzterer seiner Häßlichkeit wegen von seiner Mutter Hera aus dem Olymp geworfen wurde, ist ebenfalls auf die himmlische Heimat des Feuers hingewiesen.

Die Griechen und Römer, sowie auch einige andere
Nationen, hielten das Herz oder die Leber für den Sitz
der Gemütsbewegungen und des' Gedächtnisses, oder
mit anderen Worten, für den Sitz des eigentlichen
Lebens. Das griechische Wort für Herz bedeutet zu=
gleich Magen; das lateinische stomachus (Magen)
wurde auch für Zorn oder Reizbarkeit gebraucht und
Shakespeare bedient sich in „Richard II." des Adjektives
high-stomached im Sinne von hochgemut oder tapfer.
Daß auch die Engländer früher die Leber für den Sitz
der Gemütsbewegungen ansahen, geht aus dem
noch vielfach jetzt gebrauchten Eigenschaftswort white-
livered (feige) hervor.

Von den drei Dramen, die der ernste, aus Eleusis
stammende Äschylos der Prometheusmythe widmete, ist
nur eins vollständig erhalten worden, „der gefesselte
Prometheus" nämlich. In diesem erscheint der Held
als einer, der andern geholfen hat, sich selber aber
nicht helfen kann. Er klagt, daß er sich der Menschen
erbarmt, für sich aber kein Erbarmen gefunden habe.
Mit ihm klagen die Okeaniden, währenddem ihr Vater,
der spießbürgerliche, konservative Okeanos, zur Demut
und Unterwerfung unter die Götter, die ja niemandem
Rechenschaft schuldig sind, ermahnt. Prometheus läßt
sich jedoch in seinem Trotz nicht beirren und vertritt dem
Repräsentanten der Grausamkeit und des selbstsüchtigen
Absolutismus gegenüber das Recht der Menschen auf
Glück, Fortschritt und Selbständigkeit. Er ist bereit,
die Menschheit durch Leiden zu erlösen; auch weiß er,
daß er schließlich doch den Sieg davontragen wird.

Dieses geschieht dann auch nach den wenigen uns erhaltenen Stellen der dritten Abteilung der äschyleischen Trilogie. Zeus versöhnt sich mit ihm und läßt durch seine Töchter Eumonia (Wohlgesetzlichkeit), Dike (Recht) und Eirene (Friede) Glück, Reichtum und Schönheit unter den Menschen verbreiten.

Heiteren Charakters ist das Schauspiel „La estatua Prometo", das der fruchtbare Spanier Calderon de la Barca in seinem 81. Jahre verfaßte (Deutsch im Auszuge von K. Pasch, Wien 1887). Allem Anscheine nach kannte Calderon die äschyleische Tragödie nicht, denn sonst hätte er sich einige Züge derselben sicherlich nicht entgehen lassen; auch wäre er alsdann nicht so willkürlich mit der griechischen Mythologie umgesprungen. Sein Prometheus ist Verehrer der ernsten Wissenschaft, während Epimetheus dem Kriege und der Jagd leidenschaftlich ergeben ist. Zwischen dem ersteren und den Göttern besteht allerdings ein gespanntes Verhältnis, aber Neid und Haß sind auf beiden Seiten gemäßigt. Die von ihm verfertigte, seine Lieblingsgöttin Minerva vorstellende, aus Erde, Wasser und Luft bestehende Statue wird durch einen Strahl Apollos, also durch Hinzutreten des vierten Elementes, belebt.

„Wer den Menschen Licht bringt,
Ist, wer Wissen bringt den Menschen."

Aber das Feuer oder das Licht der Vernunft hat auch verheerende Eigenschaften; sobald es nun in den Besitz der Bewohner des Kaukasus gelangt, entzweien sich diese, und die beiden Brüder treten als Führer der Hauptparteien auf. Der Büchse der Pandora, der

durch das Feuer belebten Natur, entströmen unzählige
Übel; aber Apollo läßt sich durch Pallas, die Schutz=
göttin des Epimetheus, nicht bereden, die Menschen zu
vernichten, sondern bleibt neutral. Schließlich versöhnen
sich beide Brüder; Epimetheus führt Prometheus die
Pandora, die Calderon „la providencia del tiempo"
(Vorsicht der Zeit) nennt, als Gemahlin zu, und dann
löst sich das Schauspiel, welches den Triumph der Ver=
nunft über die rohe Gewalt verherrlicht, in allgemeinem
Wohlgefallen auf.

Des englischen Dichters Shelley „Prometheus
unbound" ist, wie Johannes Scherr schreibt, ein Hymnus
auf die welterlösende Kraft der Humanität. Dieses
Drama ist erst neuerdings so recht gewürdigt worden, da
die Verläsierungen des Dichters, womit das bigotte
Albion niemals sparsam war, allmählich wirkungslos
verhallt und selbst die eingefleischtesten Heuchler zu
der Überzeugung gekommen sind, daß Shelley im
Grunde doch kein verhaßter Pessimist, sondern einer der
edelsten Optimisten war, der das Böse in der Welt für
eine leicht zu beseitigende Zufälligkeit hielt.

Shelley stellt den griechischen Mythos auf den
Kopf; denn ein Vorkämpfer der Menschenrechte, der sich
mit einem egoistischen Tyrannen versöhnt, paßt ihm
nicht in den Kram. Zeus, der nichts von dem seinen Unter=
gang prophezeienden Orakelspruch weiß, hofft, daß sein Sohn
Demogorgon die Flamme des rebellischen Menschengeistes
ausrotten und der Schrecken der Erde werden sollte.
Er ist mächtiger als sein Vater; er hat von Ewigkeit
her existiert und repräsentiert die Urkraft der Welt (primeval

power of the world). Prometheus hingegen stellt den
wohlthätigen Menschengeist dar, der deshalb lange vom
vereinigten Principe des Guten und Bösen unterdrückt
wurde, weil man glaubte, letzteres sei eine Notwendig=
keit für die Welt. Seines endlichen Sieges gewiß, ist
Prometheus stets ruhig; er verschließt auch sein Herz
der Liebe nicht, und als dann der himmlische Tyrann
gestürzt wird, verwandelt sich die Luft in einen Ocean
herrlicher Liebesmelodieen. Es jubelt die Erde über
ihre Befreiung und stimmt mit dem Monde einen
Wechselgesang an. Prometheus ist frei von Ehrsucht,
Neid, Rache und Herrschergelüsten, ein stets von den
edelsten Motiven geleiteter Typus der höchsten Voll=
kommenheit.

Byron sagt in einem Gedichte, daß das göttliche Ver=
brechen des Prometheus in seiner Güte bestanden habe,
das Elend der Menschen zu mildern.

In Longfellows „Masque of Pandora" (Boston
1876. Deutsch von Isabella Schuchardt. Hamburg 1878)
wird die von Hephästos gebildete Pandora mit der
Gabe des Gesanges, der Beredsamkeit und der Schön=
heit beschenkt und von Hermes dem Prometheus als
Gemahlin angeboten. Dieser nimmt sie jedoch nicht an,
da er wohl weiß, daß ihm die Götter wegen seines
Feuerdiebstahls nicht freundlich gesinnt sind und sein
Verderben beschlossen haben. Longfellow, der sich im
großen Ganzen ziemlich genau an die griechische Mytho=
logie hält, kommt zu dem christlichen Schluß, daß der
Mensch bestimmt sei, nur durch Leiden zur Herrlichkeit
einzugehen.

„Only through punishment of our evil deeds,
Only through suffering, are we reconciled
To the immortal Gods, and to ourselves.“

John Boyle O'Reilley, der nun verstorbene Re-
dakteur der Bostoner Wochenschrift „The Pilot", stellt
in einem Tendenzgedichte (S. 522 Life of J. B. O'Reilley,
New York 1891) Prometheus mit Christus zusammen
und wirft die etwas sonderbare Frage auf, warum die
mit liebenden Herzen begabten Menschen stets Dämonen
aus ihren Göttern gemacht hätten. Zeus sei allerdings
jetzt tot, dafür aber sei der Zweifel und die ihm folgende
Verzweiflung erstarkt.

Als sich im vorigen Jahrhundert die Stürmer
und Dränger Deutschlands nach ungehinderter Freiheit
auf allen Gebieten sehnten, da beschäftigte sich auch das
kernigste und gesündeste dieser Originalgenies, Goethe
nämlich, vorübergehend mit der Prometheusmythe und
verlieh in einem dramatischen Fragmente seinem Trotze
gewaltigen Ausdruck. Sein Prometheus hat sich von
den Göttern vollständig emancipiert und ist seinem inneren
Drange gefolgt; er ist Künstler geworden, der seine Geschöpfe, auf welche die Himmlischen kein Anrecht haben
sollten, beleben will, was dann durch die Mithilfe der
Minerva geschieht. Jupiter gab dies auch stillschweigend
zu, glaubte er doch, daß dadurch nur die Anzahl seiner
willenlosen Knechte vermehrt würde. Ferner hoffte der
Göttervater, daß die von Prometheus geschaffenen, von
zahlreichen Leidenschaften vexierten Menschen, schließlich
sich doch in ihrer Not an ihn wenden würden. Prometheus aber sagte ihnen Hilfe zu; mit den Göttern,

den Vasallen der Zeit, will er keine Gemeinschaft haben; sie sollen das Ihrige und er will das Seinige behalten.

Auch Herder hat einige gedankenreiche Scenen eines dramatischen, die Prometheusmythe behandelnden Gedichtes hinterlassen, in welchem er das Feuer als die Flamme der stets fortschreitenden Menschenbildung und den Haupthelden als verdienstvollen Kulturbeförderer hinstellt. Sein Prometheus ist von dem felsenfesten Bewußtsein durchdrungen, daß die Vernunft schließlich zum Siege schreitet und alle Fesseln löst, in welchen sie schmachtet.

Friedrich Cöllns Drama „Der befreite Prometheus" ist ganz im Sinne des Äschylos gehalten und nach unserer Ansicht der gelungenste Versuch, den dritten Teil der Trilogie des genannten Griechen herzustellen.

Prometheus fragt:

„Warum muß ich so leiden, da ich Gutes that?
Und doch, wenn Gutes thun brächte sichern Lohn,
Wo bliebe das Verdienst?"

Nachdem er für seine Liebe zur Menschheit gebüßt, wird er von Zeus in Gnaden aufgenommen und waltet unter den Göttern als Gönner seiner geliebten Geschöpfe.

Spiele.

Schiller sagt, der Mensch sei nur dann Mensch, wenn er spiele, denn nur in diesem Falle, so meint wohl unser Dichter, sei er aller Sorgen und Fesseln ledig und zeige sich in seinem wahren Charakter. Das Spiel ist also nicht nur ein wirksames Mittel zur Kräftigung des Körpers, sondern es gewährt auch dem durch die Eintönigkeit des Berufslebens leicht ermattenden Geist eine erfrischende Abwechslung und liefert zugleich einen sicheren Schutz gegen die jeden häufig anwandelnde Lust, sich von dem Verkehr mit Menschen zurückzuziehen.

Das Spiel im Freien, womit wir es hier hauptsächlich zu thun haben, führt den Menschen wieder zur Natur zurück, von der ihn die Einseitigkeit und Sklaverei seines Berufes leider zu häufig trennt. Dem Spieler ist es ausschließlich um körperliche, Vergnügen und Abwechslung gewährende Thätigkeit zu thun und dies ist nur dann der Fall, wenn das gewählte Spiel seiner Individualität entspricht. Deshalb spielt er auch meist mit Leuten, die ihm sympathisch sind.

Kein Volk der Erde hat dem Spiel im Freien von jeher mit solcher Vorliebe und Ausdauer gehuldigt, wie das der Engländer. General Badeau sagt in seinem Werke „Aristocracy in England" (New York 1886),

daß drei Viertel des englischen Bodens für den Sport
der dortigen Aristokraten reserviert seien. Einem Fremden,
der sich vorübergehend in einem englischen Landgasthause
aufhielt, wurde an jedem schönen Morgen gesagt: „Das
Wetter ist heute angenehm; laß uns in das Feld gehen
und etwas töten." Und dies ist wahrhaftig nicht über=
trieben, denn viele reiche Engländer glauben steif und
fest, sie seien nur geboren, um Füchse zu jagen und
Hirsche und Haselhühner zu schießen.

Wer als Aristokrat nicht an diesem Zeitvertreib
teilnimmt, hat entweder einen Sparren zu viel oder zu
wenig. Selbst die Regierungsgeschäfte in England richten
sich vielfach nach den Jagdgesetzen. Im August begiebt
sich jeder dem Landadel angehörende Engländer in die
nördliche Marschgegend auf die Hühnerjagd; dabei ver=
bindet er nun insofern das Geschäft mit dem Vergnügen,
als er seine Ausbeute später auf den Markt zum Ver=
kaufe schickt. Die Jagd in freier Luft ist ihm eine not=
wendige Lebensbedingung; im Grunde genommen ist sie
in seinen Augen nur ein Spiel, ein Fußball, Cricket
oder Golf.

In Deutschland scheinen die alten, im Freien auf=
geführten Volksspiele ihre Popularität gänzlich eingebüßt
zu haben. Die dortige Jugend ist nachgerade zu alt=
klug dafür geworden und die Spießbürger glauben sich
etwas zu vergeben, wenn sie öffentlich Probe davon
ablegen, daß ihnen der jugendfrische Sinn nicht ganz
und gar abhanden gekommen ist. Überhaupt sind die
meisten alten Volksgebräuche, diese edlen Überreste eines
kerngesunden Volkstums, so ziemlich überall im Absterben

begriffen und der Bauer hat bereits längst angefangen, sich in allen Stücken den gemütsarmen Städter zum Vorbilde zu nehmen.

Durch das Vorgehen der Turnvereine ist allerdings in der Neuzeit eine schwache Änderung zum besseren eingetreten und an den von denselben eingeführten Bewegungsspielen nehmen zuweilen Leute teil, die sich ohne dieselben als Staatshämorrhoidarier oder spekulativ-philosophische Bücherwürmer längst eingekapselt hätten.

Jugendspiele treffen wir bei allen civilisierten und uncivilisierten Nationen der Erde an. Unter den alten Völkern hatten besonders die Spartaner ihren hohen Wert erkannt und sie durch systematische Pflege und Ausbildung zu einem der wichtigsten Faktoren der harmonischen Erziehung gemacht, wie denn der Grieche überhaupt keinen Unterschied zwischen körperlicher und geistiger Erziehung kannte.

Auch die Römer hatten Bewegungsspiele für alle Klassen der Bevölkerung; selbst hochgestellte Staatsmänner wie Scipio, Mäcenas u. s. w. beteiligten sich an denselben. Aber die römischen Spiele bildeten keinen intregierenden Bestandteil der allgemeinen Erziehung, sondern galten nur als nützliche Übungen für solche, welche die militärische Karriere einschlagen wollten.

Die ursprünglichen Volksspiele Deutschlands sind durch die Völkerwanderung nach allen Himmelsgegenden getragen worden; in der Heimat haben sie sich hauptsächlich in den Kinderspielen erhalten, auch sind sie zum Teile in der Turnerei verwertet worden. So lebt z. B. das im Nibelungenliede erwähnte Steinwerfen im schottischen Quoit fort. Dasselbe, das seit geraumer Zeit auch in Amerika kultiviert wird, besteht darin, daß ein flaches, hufeisenförmiges Stück Eisen, eine Art Diskus, nach einem bestimmten Ziele geworfen wird; wer demselben am nächsten kommt, hat gewonnen.

In einigen Landbistrikten Englands wird Quoit einfach „shoe“ genannt, deshalb nämlich, weil dabei alte Hufeisen gebraucht werden. Die Etymologie des betreffenden Wortes ist unbekannt. Shakespeare spricht von diesem Spiele nicht mit besonderer Hochachtung und giebt durch seinen Falstaff zu verstehen, daß es nur ein Zeitvertreib für Faullenzer sei.

Auch die Pädagogen haben allmählich das Jugendspiel in den Bereich ihrer Thätigkeit gezogen und den erzieherischen Wert desselben betont. Pestalozzi, Basedow, Rousseau, Locke und Fröbel haben sich in dieser Hinsicht hohe Verdienste erworben.

Jean Paul sagt: „Das Spiel ist die·erste Poesie der Kindheit.“ Da es nun erfahrungsgemäß die Heiterkeit und die Beweglichkeit des Kindes außerordentlich fördert und dadurch ein heilsames Mittel gegen den oft leider trockenen, nur Heuchler und principienlose Streber erziehenden Schulunterricht bildet, so ist die gewissenhafte Pflege desselben nicht nur eine psychologische, sondern zugleich auch eine nationale Notwendigkeit. Ein Kind, das nicht spielt oder dem man das Spielen verwehrt, wird vor der Zeit alt.

Von allen Spielen ist keins älter und verbreiteter als das Ballschlagen mit seinen zahlreichen Variationen. Homer erzählt uns, wie Nausikaa sich mit ihren Ge-

spielinnen am Meeresstrande daran ergötzte und den
Ulysses durch einen Fehlwurf aus dem Schlafe weckte.
Auch bei den alten Deutschen pflegten die Jünglinge
und Jungfrauen eifrig dieses Spieles und gebrauchten,
um die lässigen Merker zu täuschen, häufig den Ball
als Briefkasten; demselben vertrauten sie ihre Herzens=
wünsche schriftlich an und warfen ihn dann der Geliebten
zu. Das altdeutsche Ballspiel war stets mit Gesang und
Tanz verknüpft, was allerdings jetzt nicht mehr der Fall
ist; doch hat sich das Wort „Ball" für „Tanz" bis
auf den heutigen Tag erhalten.

Das Ballspiel wird hauptsächlich in England und
Amerika eifrig betrieben; in letztgenanntem Lande ist es
bereits zu einem nationalen Sport geworden, für den
sich jung und alt lebhaft interessiert. Doch hat das
englische Thorballspiel (cricket) auch in einigen Gegen=
den Deutschlands Eingang gefunden. Das Treibball=
spiel, auch Sauballspiel und im Englischen hawk game
genannt, ist fast überall in Europa und Amerika bekannt
und vielleicht auch hauptsächlich deshalb beliebt, weil die
Zahl der Mitspieler unbeschränkt ist. Dieses Spiel stellt
ursprünglich eine Jagdscene vor; der Ball wird als
Wildschwein aufgefaßt, das jeder mit einem Stocke in
eine Grube treiben will. Statt eines Balles gebrauchen
die amerikanischen Jungen häufig eine leere Austern=
oder Sardinenkanne; oft auch begnügen sie sich mit
einem harten, nicht zu großem Stück Holz. Wie im
dritten Bande des „Journal of American Folklore"
(S. 32) erzählt wird, so haben sich bereits die Wabanaki=
Indianer dieses Spieles bemächtigt.

Die im Norden Kaliforniens lebenden Indianer haben ein Ballspiel, das dem amerikanischen hookey oder hockey auffallend ähnlich ist; nur sind die dabei benützten Bälle aus Thonerde verfertigt.

Das Fußballspiel der Nahuas soll religiösen Ursprungs sein; die Spieler hatten sogar ihren eigenen Schutzgeist, den sie ometohtli („zwei Kaninchen") nannten und zur Zeit der Not anriefen. Dieses Spiel war so beliebt bei ihnen, daß sie neben jeder Niederlassung einen Platz dafür frei ließen und die Bälle auf Gemeindekosten lieferten.

In Amerika werden alljährlich Hunderte von Spielen die für das Empfangszimmer, die Kinderstube und den Garten bestimmt sind erfunden und natürlich auch patentiert, aber die meisten verschwinden wieder von der Bildfläche, ohne den einmal eingebürgerten Volksspielen den geringsten Abtrag zu thun. Auch auf diesem Gebiete bewährt sich die Darwinsche Theorie.

Jedes Spiel hat seine Geschichte. Das Parkwiesenspiel (lawn tennis) ist aus dem alten court tennis entstanden und wurde von den römischen Soldaten in Gallien eingeführt. Das jetzt viel gepflegte Gesellschaftsspiel Parchesi stammt aus Indien; auch fanden es die spanischen Eroberer bei den Azteken, die es Patolli nannten, vor. Die alten Mexikaner kannten auch den „Rundlauf" der deutschen Turner und schwangen sich an demselben als Vögel verkleidet in der Luft herum.

Die Tlinkiths oder Koloschen fröhnen einem Spiele, das mit dreißig mehrfarbigen Stöcken, die Krebse, Walfische und Enten genannt werden, ausgeführt wird. Diese

werden durcheinander geworfen, worauf dann jeder Spieler
die Farbe eines Stockes raten muß; diesem Spiele sind
sie so leidenschaftlich ergeben, daß mancher oft Hab und
Gut dadurch verliert. Einem ähnlichen Spiele huldigen
die Tschinuks im nördlichen Kalifornien, sowie die Hai=
dahs auf den Königin=Charlotte=Inseln.

Das Ballspiel der Choktaw=Indianer unterscheidet
sich sehr vom Fußball= oder Baseballspiel, hat dagegen
große Ähnlichkeit mit dem Ballspiel, welches als „Lacrosse“
bekannt ist. Es wird gewöhnlich in den Vollmondszeiten
der Sommermonate gespielt und bedingt außer dem
Ballwerfen und Laufen auch das Ringen in hohem
Maße. Geschrieen oder vielmehr geheult wird auch
hierbei gewaltig, aber nicht aus bloßem Vergnügen,
sondern zu dem besonderen Zweck, den bösen Geist des
Mißgeschicks zu verscheuchen. Die Teilnehmer bestehen
aus zwei Parteien von je dreißig jüngeren oder mittel=
alterigen Männern — meist herrlichen Mustern von
kräftigem und geschmeidigem Körperbau; aber auch
Leute spielen mit, die bei früheren Spielen zu Krüp=
peln geworden sind, jedoch des Sports nicht müde werden
können. Zeit haben diese Menschenkinder wenigstens genug,
und sie versäumen nichts anderes darüber.

Alle Spieler erscheinen bewaffnet im Felde, doch
dürfen sie ihre Waffen während des Spieles nicht mit=
benutzen; es giebt schon ohnedies Unheil genug. Ehe
das Spiel beginnt, schreitet von beiden Parteien der
„Beschwörer“ über das Feld, singend und einen kleinen
Baumzweig schwingend oder mit den Händen klatschend.
Unmittelbar darauf geht der Tanz los; vom Medizin=

mann wird auch der Ball zuerst in die Luft geschleudert.
Von 10 Uhr vormittags bis 5 Uhr abends kann solch
ein Spiel dauern, nur mit kurzer Zwischenpause für einen
Imbiß.

Der Spielball hat ungefähr die Größe eines Golf=
balles; er ist gewöhnlich aus Lumpen gemacht und mit
weißer Hirschhaut überzogen; es ist nicht gestattet, ihn
während des Spiels mit den Händen zu berühren.
Übrigens werden mehrere Bälle geliefert, da oft einer
in dem hohen Gras des Spielfeldes verloren geht.
Manchmal ersetzen die Spieler, welche den Wind auf
ihrer Seite haben, während des Spieles plötzlich den
benutzten Ball durch einen anderen, der einen langen
Schweif und einen lockeren Überzug hat; es ist den
Gegnern dann nicht möglich, diesen Ball gegen den Wind
zu werfen. Die Squaws zeigen sich sehr thätig in der
Unterstützung ihrer betreffenden Partie; sie versetzen sogar
den Spielern, welche nicht stramm genug spielen, mit
einer Gerte, die sie stets in der Hand tragen, Hiebe;
auch tragen sie den Männern während des Spiels Ge=
tränke zu.

Mancher Spieler läßt sich von einer Squaw eine
Nadel geben und macht damit drei bis fünf große,
blutende Ritzen an seinem Bein, vom Knöchel nach der
Mitte der Wade zu; dies soll nämlich verhindern, daß
er Krämpfe bekommt. Natürlich wird in Verbindung
mit dem Spiel schwunghaft gewettet; Bargeld spielt
dabei keine große Rolle, sintemalen es gar zu spärlich
vorhanden ist, aber Kleider, Schuhwerk und andere Hab=
seligkeiten.

Das aus England stammende Ballspiel Golf (sprich Goff), an dem sich schon vor Jahrhunderten die britischen Könige ergötzten, erfreut sich bei den kanadischen und seit 1891 auch bei den amerikanischen Aristokraten einer besonderen Popularität und derjenige Millionär, der es nicht versteht oder der ihm keinen Geschmack abgewinnt, steht in den Augen seiner Kollegen als Bauer da.

Genanntem Spiele huldigten die Schottländer im 15. Jahrhundert so leidenschaftlich, daß sich die Regierung veranlaßt sah, dagegen einzuschreiten, weil man befürchtete, es würde den kriegerischen Geist untergraben und den Übungen im Bogenschießen Abtrag thun. In derselben Zeit verbot die städtische Behörde von Edinburg das Golfspiel am Sonntag. Dieses Verbot schloß übrigens alle Ballspiele ein; wer dasselbe übertrat und während den für den Gottesdienst festgesetzten Stunden dabei erwischt wurde, mußte vor der versammelten Gemeinde Buße thun und außerdem zwanzig Pfund Sterling Strafe zahlen. Aber das Golfspiel war einmal nicht mehr zu unterdrücken.

In England nehmen hauptsächlich hervorragende Politiker, also gebildete und reiche Leute daran teil; die amerikanischen Politiker hingegen, die meistenteils dem rohen Plebs angehören, beschäftigen sich in ihren Mußestunden vorzugsweise mit Schnapstrinken und Pokerspiel. Die amerikanischen Aristokraten, d. h. die Geldprotzen, ahmen so gut sie es fertig bringen, stets ihre englischen Kollegen nach. So pflegen sie denn auch seit einigen Jahren das Golfspiel und freuen sich dabei besonders über den Umstand, daß sich nur reiche Leute diesen

königlichen Zeitvertreib erlauben können. Es bestehen
bereits zahlreiche Golfklubs in den Vereinigten Staaten,
von denen einige Spielplätze haben, die über fünfzig
Acker groß sind. Auch haben sich dieselben von Eng=
land erfahrene Gaffers*) kommen und sich von den=
selben unterrichten lassen. Die Verfertigung der zu
diesem Spiele nötigen Werkzeuge, ein drivers, putters,
cleeks, spoons und niblinks bildet bereits einen nicht
unbedeutenden Industriezweig.

Das Golfspiel ist ein Mittelding zwischen dem
Schusser= (engl. marble, im kurhessischen Dialekte Merbel)
und Ballspiele (engl. hookey oder hockey, zuweilen
auch shismey und shinty genannt) der Knaben. Die
Aufgabe des Gaffers besteht darin, einen Gummiball
von der Größe eines Hühnereis mit den wenigsten
Schlägen und in der kürzesten Zeit in 9 oder auch 18
Gruben zu treiben. Letztere sind vier Zoll tief, haben
einen Durchmesser von $4\frac{1}{2}$ Zoll und sind 200—800
Fuß voneinander entfernt. Da der Grund größtenteils
uneben ist und dem Spieler auch sonst noch zahlreiche
Hindernisse bietet, so gehört schon ein geübter Schläger
dazu, den Ball an das Ziel zu bringen. Das wichtigste
dabei gebrauchte Werkzeug ist der hockey, ein starker
am unteren Ende gebogener Schlagstock. Hat der Spieler
damit den Ball in die Nähe einer Grube gebracht, so
nimmt er den patter zur Hand, um ihn sicher hinein=
zutreiben. Oft hat der Spieler den Ball durch Bäche,

---

*) Das schottische golf oder gowf bedeutet ein bestimmtes
Ballspiel. Das Wort gaffer ist vom Angelsächsischen gefera,
Gefährte oder Kamerad, abgeleitet.

Gesträuche und über Sandhaufen zu treiben und je nach der Beschaffenheit des Terrains braucht er dazu ein anderes Werkzeug, welches ihn vom sogenannten caddie*), seinen beständigen Begleiter und Berater, zur rechten Zeit gereicht wird.

Wie früher bemerkt, so ist das Golfspiel eine kost= spielige Unterhaltung und wird daher auch ausschließ= liches Eigentum der Protzen bleiben.

Noch vor vierzig Jahren bestand der hauptsäch= lichste Zeitvertreib der englischen und amerikanischen Soldaten, die damals größtenteils den Abschaum der Menschheit repräsentierten, darin, sich am Löhnungstage einen Kanonenrausch anzutrinken und dadurch die Misere ihres Daseins auf einige Stunden zu vergessen. Damals konnten allerdings nur die wenigsten Soldaten lesen und schreiben und da sie überhaupt nur für das Mord= handwerk dressiert werden sollten, so dachte kein Mensch daran, sich um ihre geistige Ausbildung zu bekümmern. Ein Soldat war damals ein allgemein verachtetes Indi= viduum; schon dadurch, daß er den bunten Rock frei=

---

*) Cadie, caddie oder cawdie meint im schottischen Dialekt einen Laufburschen. Es ist das Diminutiv von cad, worunter man in England einen Omnibuskonducteur versteht. Auch nennen die englischen Studenten denjenigen jungen Mann, der ohne immatrikuliert zu sein, die Erlaubnis zum Besuchen der Universitätsvorlesungen besitzt, cad. In diesem Falle ist cad eine Abkürzung von cadaver; die regulären Studenten halten nur sich für Menschen, alle anderen sind demnach Nichtmenschen oder Leichname, die neueste, noch nicht im Webster enthaltene Redensart „caddish act" bedeutet soviel wie gemeine Handlung.

willig angezogen, hatte er das moralische Todesurteil
über sich gesprochen.

In der Neuzeit haben jedoch die englischen Sol=
daten ihre sogenannten „homes“ und „institutes“, worin
sie über alle erdenkliche Fragen debattieren und sich
gelegentlich auch Vorlesungen halten lassen. In den
meisten Kasernen findet man jetzt kleine Bibliotheken
und Unterhaltungszimmer, in welch letzteren musiziert
und zuweilen auch Theater gespielt wird. Bei den
dramatischen Aufführungen werden, wie zu Shakespeare's
Zeit, die Frauenrollen von Männern gespielt, was
natürlich die allgemeine Heiterkeit erhöht, besonders
wenn diese Schauspieler sich dabei im Tanzen produ=
zieren, oder, wie der Irländer sagt, „haudy with their
feet“ sind. Diese Vorstellungen, die auch häufig, um
die Soldaten vom Wirtshausbesuche abzuhalten, von
den Temperenzlern arrangiert werden, heißen im mili=
tärischen Slang gaffs*).

Trotzdem im allgemeinen die englischen Soldaten
unter strenger Aufsicht gehalten werden, so riskieren es
doch zuweilen einige verwegene Gesellen, in der Nacht
ein sogenanntes sky larking zu veranstalten, d. h. einen
solchen Spektakel zu machen, daß kein Mensch in der
Nachbarschaft schlafen kann. Überall, wo englische Sol=
daten stationiert sind, sei es nun in Großbritannien,
Indien oder Kanada, befindet sich in der Nähe der
Kaserne ein Platz für Ballspieler sowie eine Kegelbahn
(skittlers). Jedes Jahr ist ein bestimmter Tag für

---

*) Vom schottischen Zeitwort to gaff, laut lachen.

athletische Spiele festgesetzt und werden für denselben schon lange vorher die Vorbereitungen getroffen. Selbst die Offiziere freuen sich auf diesen allgemeinen Festtag; sie sind alsdann stets für ihre Freunde „zu Hause", d. h. jeder, der bei ihnen einkehrt, wird zum Essen und Trinken eingeladen.

Die Hauptzeit dieses Tages ist jedoch den Volks= spielen gewidmet. Da werden Eier in einem hölzernen Löffel nach einem bestimmten Ziele getragen; wer da= selbst ankommt, ohne daß ihm ein Ei auf den Boden gefallen ist, gilt als Sieger. Dieses Spiel hat sich auch bereits bei der amerikanischen Jugend eingebürgert, wenigstens sieht man es oft auf den Picknicks der New Yorker Sonntagsschulen.

Ferner veranstalten die englischen Soldaten am betreffenden Tage einen Wettlauf, bei dem gefüllte Wassereimer auf dem Kopfe oder der Schulter getragen werden. Dabei gewinnt derjenige, der, ohne einen Tropfen zu verschütten, das Ziel zuerst erreicht. Bei einem anderen Wettlaufe müssen die Spieler auf Blas= instrumenten musizieren; wer dabei den Atem nicht verliert und tapfer blasend zum Ziele kommt, hat ge= wonnen.

Zuweilen füllen sich auch die an einem Wettlaufe beteiligten Soldaten unterwegs die Pfeifen und zünden sie an; wer nun rauchend das Ziel zuerst erreicht, ist Sieger. Die Pfeife darf dabei jedoch nur mit einem gewöhnlichen Streichholz angezündet werden.

Der „dreibeinige Wettlauf" wird von zwei an den Füßen zusammengebundenen Spielern ausgeführt. Beim

Schubkarrenwettlauf bewegt sich derjenige, welcher den Schubkarren vorstellt, mit den Händen auf dem Boden vorwärts und der ihm folgende Spieler hält dessen Beine in die Höhe. Beim Jockey-Wettlauf tragen die Soldaten rotgekleidete Trommlerjungen auf dem Rücken. Beim Schellenspiel werden den Soldaten die Augen verbunden; darauf wird einem eine Schelle angehängt und wer diesen dann zuerst packt, ist Sieger. Ein ähnliches Spiel hat man in einigen Gegenden Deutschlands; nur müssen dort die Spieler eine an einem Aste hängende Weinflasche zu erhaschen suchen. Wem dies gelingt, der darf zur Belohnung einen kräftigen Zug aus derselben thun.

Die englischen Offiziere feiern jenen Tag hauptsächlich durch Eselreiten; sie setzen sich nämlich als Indianer, Schornsteinfeger oder Frauen verkleidet auf Esel und reiten nach einem vorgesteckten Ziele. Beim Menagerielauf treten sie als Hühner, Gänse, Katzen oder Eichhörnchen auf. Die Preisverteilung erfolgt am Abend durch die Frauen der Offiziere.

Der englische Soldat, der seinen Schatz besuchen will, vergißt nicht, sich vorher auf beiden Seiten seines Schädels zierliche Löckchen zu drehen und seine Mütze im „proper angle" aufzusetzen. Die hessischen Kirmesburschen nennen dies „die Mütze auf Krakehl setzen" und deuten dadurch an, daß sie zu einer jeden Schlägerei, ohne die ja eine hessische Kirmes ihre Gemütlichkeit einbüßen würde, bereit sind.

Das „Käserollen" ist ein Spiel, das die Italiener nach Amerika gebracht haben; doch haben sie sich nicht die geringste Mühe gegeben, die Amerikaner dafür zu

interessieren. Es wird hauptsächlich von den besser
situierten Italienern New Yorks gespielt.

Auf den landwirtschaftlichen Ausstellungen Amerikas
sieht man häufig einen großen Käse an der Spitze eines
hohen, glatten Kletterbaumes hängen; wer denselben
herunterholt, kann ihn mit nach Hause nehmen. In
Deutschland hängt man an solchen Festen Pfeifen und
zuweilen auch Taschenuhren an den Kletterbaum. Der
Italiener erlangt jedoch den Käsepreis auch auf andere
Weise. Die bei dieser Gelegenheit gebrauchten Käse
sind harte, teure Parmesankäse, von denen jeder von
zehn bis vierzig Pfund wiegt. Dieselben werden mit
starken Bändern bewickelt, damit sie das Hin= und Her=
rollen aushalten können.

Jeder, der im Besitze eines solchen Käses ist, darf
mitspielen. Das Spiel findet gewöhnlich in der Nähe
eines renommierten Hotels in der Umgegend New Yorks
statt und wird mit einem Festessen begonnen und auch
beschlossen. Als Spielplatz dient irgend eine ebene
Straße, auf welcher dann jeder seinen Käse so weit
schleudert, wie er vermag. Derjenige, der nach vier
Würfen dem Ziele am nächsten gekommen ist, erhält
zur Belohnung sämtliche Käse der Mitspieler.

Ein auf amerikanischen Picknicks mit Vorliebe be=
triebenes Spiel besteht darin, daß der Spieler mit ver=
bundenen Augen einen Schwanz an das auf Leinwand
gemalte Bild eines Esels stecken muß. Wer dieses
künstliche Glied seinem Bestimmungsorte am nächsten
anheftet, gewinnt. Dieses Spiel ist übrigens nichts als
eine Modifikation des bekannten, besonders auf den

Ozeandampfern viel gepflegten „Eying of the bird".
Bei diesem Spiele wird mit Kreide ein Vogel ohne
Augen auf das Verdeck gezeichnet, darauf wird den
Spielern das Gesicht verbunden und nachdem sie dann
eine Zeitlang im Kreise herumgeführt worden sind, müssen
sie versuchen, die Augen mit Kreide an die richtige
Stelle zu malen. Nachdem jeder sein Glück versucht
hat, kommen zwei Preise zur Verteilung; den einen er=
hält der beste und den andern der schlechteste Spieler.
Letztgenannter Preis wird im Englischen booby-prize,
d. h. Tölpelpreis genannt. Ein solcher wird auch in
Amerika dem schlechtesten Kegelspieler erteilt.

Beim Erdnußspiel erhält derjenige den Tölpelpreis,
der die wenigsten Erdnüsse (peanuts) gefunden hat. Ein
solches Spiel wird häufig von amerikanischen Farmers=
frauen an langen Winterabenden zur Unterhaltung der
Gäste arrangiert. Die Erdnüsse werden alsdann im
Wohnzimmer und in der Küche versteckt und derjenige,
der die meisten innerhalb einer bestimmten Zeit einge=
sammelt hat, ist Sieger. Statt Erdnüsse werden auch
häufig Kartoffeln gebraucht.

Die amerikanischen Kinder der Kolonialzeit spielten
im allgemeinen wenig; ihr hauptsächlichstes Spielzeug
bestand in Puppen, die sie sich selber aus allerlei Lappen
zusammenbanden (rag babies). In einigen Museen
Neuenglands werden aus jener Zeit elegante, reich be=
kleidete und dem Anscheine nach sehr teure Puppen auf=
bewahrt; dieselben stammen jedoch aus England und
wurden deshalb nach Amerika geschickt, um den dortigen
Frauen die neueste Mode daran zu zeigen; sie nahmen

also die Stelle der jetzigen Modejournale ein. Den Kindern gab man dieselben nicht in die Hand.

Bei der Befriedigung des Spieltriebes mußte sich das junge Völkchen auf seine eigene Erfindungsgabe verlassen. Da saßen nun z. B., wie G. Lunt in seinem Werke „Old New-England Traits" (New York 1873) erzählt, abends die Kinder vor dem offenen Herdfeuer, warfen Papierstreifen hinein und beobachteten das all- ·mähliche Verbrennen derselben. Das Verschwinden der einzelnen Funken verglichen sie mit dem Schluß eines Gottesdienstes, wobei ein Puritaner nach dem anderen die Kirche verläßt. Der letzte Funke stellte den Kirchen- diener dar. In katholischen Gegenden Deutschlands stellen sich die Kinder die verschwindenden Funken als Nonnen vor, die der Reihe nach ihr Schlafgemach auf- suchen. Der letzte Funke ist die Äbtissin.

Das in Amerika, Deutschland und England be- kannte Spiel, in welchem ein Kind eine Hexe vorstellt (in Schwaben sagt man dafür „die alte Urschel"), er- innert an die Sage vom menschenfressenden Riesen*).

Das bekannte Hasen- und Hundespiel ist dem An- scheine nach neuerdings bei den amerikanischen Jungen sehr beliebt geworden, wozu sicherlich auch der Umstand beigetragen hat, daß daran eine beliebige Anzahl Spieler teilnehmen kann. Zwei Jungen stellen Hasen vor; jeder hat eine Tasche voll Papierstreifen, die er auf der Flucht

---

*) Siehe darüber Newell, Games and Longs of American children, und Journal of American Folklore, III, 139.

fortwirft. Dieselben dienen den Hunden als Witterung, der sie beim Fange der Hasen streng zu folgen haben.

Das Blindekuhspiel wird in Amerika häufig mit der Abgabe von Pfändern verknüpft. Wollen die Spieler dieselben zurück haben, so bilden sie mit auswärts ge= kehrten Gesichtern einen Kreis, worauf einer einen großen Besen nimmt und, indem er denselben in die Höhe hält, mit dem größten Ernste zu seinem Nachbar spricht:

> „Buff says Buff to all his men,
> And they say Buff to him again.
> Buff neither laughs nor smiles,
> But carries his face
> With a very good grace
> And passes his broom
> To the very next place.
>   Ha! Ho! Ha! Ho!
> To my very next neighbor
>   Go, Broomie, go.“

Lacht er nun selber dabei, so muß er diesen Vers wiederholen. Andernfalls reicht er den Besen weiter und läßt sich dann sein Pfand zurückgeben. So geht es weiter, bis alle Pfänder eingelöst sind.

Der sogenannte Hopfenpflückertanz ist ein Ver= gnügen, dem besonders die ländlichen Bewohner der Küste des stillen Oceans huldigen. Auf einem zum Tanzen geeigneten Platze wird eine primitive Bühne aufgeschlagen und mit einigen für Damen reservierte Holzbänke versehen. Die Männer tanzen gewöhnlich in Hemdärmeln und die Quadrillen, die bei dieser Gelegen= heit aufgeführt werden, erinnern lebhaft an die Touren, die sich der berühmte Mayer Hirsch in der Tanz=

stunde zu schulden kommen ließ. Jeder tanzt so wild und regellos wie er will und der Cermonienmeister ruft. dabei beständig, ohne daß sich jemand darum be=kümmert:

„Lady, 'round the gent, and the gent so-lo,
Lady, 'round the lady, and the gent don't go!“

Von den gebräuchlichsten amerikanischen Gesellschafts=spielen sind noch folgende zu erwähnen. Das sogenannte „initiation into polite society“ wird auf folgende Weise gespielt:

Es wird eine Nadel in die Wand gesteckt und dann muß ein junger Mann, der mit den Regeln dieses Spieles nicht vertraut ist, mit der Hand darauf deuten und sich die Stelle der Nadel genau merken. Nun wird er, nach=dem ihm die Augen verbunden worden sind, eine Zeit=lang im Zimmer herumgeführt und er muß dann, indem er den Arm beständig ausstreckt, die Nadel zu berühren suchen. Indem er so blindlings herumtappt und alles was ihm in den Weg kommt, berührt, giebt er Stoff zur Belustigung.

Am Danksagungstage, den kein Amerikaner ohne einen Truthahn zu verspeisen feiert, wird manchmal den Gästen gesagt, auf ein gegebenes Zeichen die Stimme irgend eines Tieres nachzuahmen; demjenigen jedoch, der dies Spiel nicht kennt, wird im Vertrauen mitgeteilt, auf das Signal wie ein Truthahn zu kollern (gobble). Die übrigen Gäste wissen, daß sie alsbald stumm bleiben müssen. Kollert nun der Uneingeweihte, so wird er gründlich ausgelacht und muß es sich gefallen lassen,

für den Rest des Tages „gobbler" genannt zu
werden.

„Peanut" (Erdnuß, arachis hypogaea) wird auf
folgende Weise gespielt: Jeder Mitwirkende wird mit
einem Messer und zwei Dutzend Erdnüssen versehen und
muß diese dann auf der Klinge auf ein bestimmtes
Zeichen nach einem anderen Zimmer tragen und dort
in einen Teller legen. Wer zuerst damit fertig ist, gilt
als Sieger.

Beim Kartoffelspiel, das von Damen und Herren
ausgeführt wird, werden zwölf Kartoffeln in zwei Reihen
gelegt und dann müssen zwei Spieler versuchen, die
Kartoffeln ihrer Reihe auf Löffeln an einen bestimmten
Platz zu tragen; wer zuerst fertig ist, fordert dann einen
anderen Spieler zum Wettkampfe heraus und so geht
es fort, bis alle ihr Glück versucht haben.

„Hunt the slipper" (Den Pantoffel suchen) ist ein
in Amerika allgemein bekanntes und beliebtes Gesellschaftsspiel. Die dabei beteiligten Personen sitzen im Kreise
und eine steht in der Mitte derselben, einen Pantoffel
in der Hand haltend. Dieser wird, nachdem sie ihn in
die Höhe geworfen, von irgend einem Spieler aufgefangen
und dann hinter dem Rücken einem anderen gereicht.
Nun muß der Führer des Spieles versuchen, den
Pantoffel wieder zu erlangen und die Person, bei
welcher er ihn erwischt, ist verpflichtet, seinen Platz ein-
zunehmen.

In den Dörfern der preußischen Rheinprovinz nimmt
ein altes, mit einem festen Knoten versehenes Handtuch
die Stelle des Pantoffels ein, und der Führer des

Spieles muß es sich gefallen laſſen, ſo lange derbe Schläge damit zu erhalten, bis er es bei einem Mit= ſpieler entdeckt hat.

„Puss in the corner" wird ebenfalls in Amerika viel geſpielt. Es ſtellen ſich vier Perſonen in die vier Zimmerecken und eine ſteht in der Mitte. Sobald letztere ruft „Puss in the corner", müſſen die Spieler ſchnell ihre Plätze wechſeln, wobei nun der Führer ver= ſucht, auch ſeinen ſolchen zu erhaſchen. Die Perſon, welche auf dieſe Weiſe ihre Ecke verloren, wird „puss" genannt. In deutſchen Bauerndörfern, wo dieſes Spiel bekannt iſt, vertreten gewöhnlich die Bäume eines öffent= lichen Platzes die Stelle der Zimmerecken.

„Hunt the whistle" (Suchen der Pfeife) kann nur in Geſellſchaften geſpielt werden, in der eine Perſon mit dem Geheimnis dieſer Unterhaltung unbekannt. Dieſe muß niederknien, bis die Pfeife verſteckt, d. h. ihr un= bemerkt an das Kleid befeſtigt worden iſt. Indem ſie nun dieſelbe ſucht, bläſt ein Mitſpieler darauf, ohne ſie von ihrem Platze zu entfernen, ſo daß die Sucherin be= ſtändig in Bewegung gehalten wird, um die Pfeife zu erhaſchen.

Auf den Oceandampfern zweiter Klaſſe, die ge= wöhnlich von Paſſagieren benutzt werden, denen es auf eine ſchnelle Reiſe nicht ankommt, ſind mehrere Spiele in Gebrauch, von denen ich nur die populärſten an= führen will.

Da werden von einer Ecke des Schiffes Eier auf Löffeln bis zu einer anderen getragen, was inſofern große Geſchicklichkeit im Balancieren erfordert, als das

Fahrzeug beständig hin= und herschwankt. Auch müssen
zuweilen die Damen auf dem Wege zu einer bestimmten
Stelle eine Nadel einfädeln und diese dann in ein Kopf=
kissen stecken. Diejenige, welche das Ziel zuerst erreicht,
gilt als Siegerin. „Slinging the monkey" wird nur
von Herren gespielt. Je zweien derselben werden die
Füße aneinander gebunden, dann in die Höhe gezogen
und nun müssen die Spieler mit der einen Hand mit
Kreide einen Liebesbrief auf das Deck schreiben.

Vom lange Asmus un seim amerikanische Skizzebüchelche.

Was doch nicht heutigen Tags alles für Humor ausgegeben wird! Jeder schnoddrige Witz, jedes alberne Wortspiel, jede schlüpfrige Zote soll mit aller Gewalt als humoristisch gelten und hat doch mit dem eigent=lichen Wesen des Humors so wenig zu thun, wie der Mann im Mond. Humor aber meint ursprünglich eine auf Mischung der trockenen und feuchten Elemente („humores“) im menschlichen Körper beruhende Tem=peraments = Beschaffenheit oder Gemütsstimmung, die jeden befähigt, mit dem Traurigen zu weinen und mit dem Fröhlichen zu lachen, und dadurch auf der einen Seite das Leid zu mildern, auf der andern die Freude zu erhöhen. Da nun der Humor vorzugsweise dem Ernste des Lebens eine heitere, trostreiche Seite abzu=gewinnen und somit den Kampf ums Dasein erträglich zu machen sucht, so besteht mithin seine Hauptaufgabe in der Beförderung einer optimistischen Weltanschauung, keineswegs aber in Weltverachtung, als welche Jean Paul in seiner „Ästhetik“ das Wesen desselben hinstellt.

Einen solchen treuherzigen, einschmeichelnden, harmlosen und jeden sympathisch berührenden Humor finden wir in dem höchst originellen „Amerikanischen Skizzebüchelchen" (zwei Episteln, New York 1875—75) des vor einigen Jahren verstorbenen Georg Asmus, das den Namen des Verfassers mit Windeseile in die entlegensten Winkel Amerikas trug.

Wenn der lange Asmus, wie er seiner Körperbeschaffenheit wegen gewöhnlich genannt wurde, irgend eine Stadt Pennsylvaniens im Interesse eines von ihm betriebenen, das Berg= und Hüttenwesen betreffenden Patentes besuchte, so ging die Nachricht von diesem wichtigen Vorfall gleich wie ein Lauffeuer durch den ganzen Ort, und jeder, dem der Sinn für Poesie und Humor noch nicht ganz abhanden gekommen war, beeilte sich, die Gesellschaft des stets gut gelaunten, geistreichen Hessen aufzusuchen und einige Flaschen Wein mit ihm zu leeren.

Wenn er da z. B. nach dem von zahlreichen Hessen bewohnten Johnstown, dem Sitze der Cambria Iron Company, kam und seine Wohnung beim alten Zimmermann, dem sogenannten Lügenkaspar, aufschlug, dann sorgte dieser schon dafür, daß sich die Ärzte und Geistlichen jeder Konfession, sowie überhaupt alle trinkbaren, im Geruch der Bildung stehenden Männer in seiner Wirtschaft einfanden, um den populären Gast würdig zu empfangen und sich im Trinken mit ihm zu messen, was ein großes Wagnis war, denn der lange Asmus genoß nicht umsonst den Ruf, einen „ausgepichten Magen" zu haben. Und wenn er schließlich die Kühnen

gründlich besiegt hatte, dann ließ er sich mit trium=
phierender Miene vom genannten Lügenkaspar ein Buch
aus dessen klassischer Bibliothek, die dieser einst einem
fahrenden Scholasten abgekauft oder abgepfändet hatte,
reichen, nahm eine gefüllte Weinflasche unter den Arm
und zog sich auf sein Zimmer zurück, um sich noch
einige Stunden stillen Betrachtungen hinzugeben.

Wie im gewöhnlichen Umgang, so bediente sich
Asmus auch in seinem „Skizzebüchelche" des unver=
fälschten Dialektes seiner Vaterstadt Gießen. Das Hoch=
deutsche nannte er wegwerfend eine Theatersprache und
hörte es daher gerne, wenn sich jeder in der Unter=
haltung des Dialektes seiner speciellen Heimat bediente.

Die ewig wogenden, rastlos schaffenden Menschen=
massen New Yorks, in welcher Stadt Asmus seinen
Wohnsitz aufgeschlagen hatte, forderten stets seine un=
geteilte Bewunderung heraus.

„Neuyork müßt einer so beschreibe,
Wie wann er Welle male will,
Is das e Woge, Brause, Treibe —
Die Straße selber stehn net still.

Das Dränge, Gurgle, Kreise, Tose!
Wie Wirbelström in eme Fluß,
Und doch e Gleite, doch kein Stoße,
Jed' Tröppche weiß wohin es muß.

Und immer neues kommt geflosse
Von tausend Schiffen ausgespuckt,
Kaum hat's aufs Ufer sich ergosse,
Ist es auch gierig schon verschluckt.

Kams Elend auch von fremde Strande,
Was kummervoll die Küst' betritt,

Bringt's doch de neue Hoffnungslande
E reich Geschenk — zwei Arme mit.

Was nur die Sonn' in ihre Laune
De Mensche als hat aufgebrennt,
Das Schwarze, Gelbe, Grünlichbraune,
Und was mer sonst for Farbe kennt —

Läuft mit — hier Neger, da Mulatte,
Chinese mit ihrn lange Zöpp,
Kurz Zeug von jedem Schlag und Schatte
Wie neu und alte Meerschaumköpp.

Das sin kein' Fremde die verwehe,
Was gestern kam und morge war —
Ich sag Dir, die Neuyorker sehe
Frankfurter Meß das ganze Jahr."

Den Amerikanerinnen widmet er folgende Verse:

„Am schönste sind die Frauenzimmer,
Die sind doch all', als wie gemalt,
Wie Wundervögel gehn sie immer, —
Ich möcht' nur wisse, wer's bezahlt.

Se sage, die mer da so sieht,
Daß net e jede arg viel nutzt,
So for ins Haus und fors Gemüt,
Doch wunnerscheen sind se geputzt.

Se künne stricke net und koche,
Und meistens fahrn se, wann sie gehn;
Nur zweimal gehn se in die Woche,
Drum halte sich se auch so scheen.

Die Ärmste kann die Feinst kopiere,
Ihr Anstand reicht mit wenig hin,
Mer könnt' se uf de Hofball führe,
In Darmstadt als e Herzogin.

Die Arbeitsteilung, kann mer sage,
Ist hier zu Land famos zuhaus.
Die Männer müsse's Geld erjage,
Die Frauenzimmer kehrn's enaus."

Gelegentlich politisiert er auch und legt sogar eine Lanze für den Schutzzoll ein. Dem Wohlthätigkeitssinn, dem Unternehmungs= und Erfindungsgeist der Amerikaner zollt er bereitwillig das höchste Lob, natürlich auf seine Weise. So sagt er z. B. unter anderem:

„Da hat noch letzt einer erfunde
E Bandwurmfall die mer verschluckt,
Das Tier wird dann herausgewunde,
In Hof geschleppt und abgemuckt."

Das Tabakskauen der Amerikaner ist ihm gründlich verhaßt.

„Die Meiste müsse Tabak kaue,
Drum spreche se so durch die Nas;
Uns Deutsche überkommt e Graue,
Und nie gewöhnt mer sich an das.

Will so einer e Lady küsse,
Dreht er sich auf dem Absatz blos,
Das Briemche wird enausgeschmisse,
Dann ausgespuckt, und nun geht's los."

Daß die Amerikaner Feinde des Aufenthaltes in der freien Natur sind, stimmt nicht mit der Ansicht unseres Dichters überein. Sie schicken wenigstens im Sommer

„bei dreißig Reomur im Schatte,
(Macht hundert nach Erfahrenheit)"

ihre Damen aufs Land und besuchen sie dort sogar an den Sonntagen. Die vielen Junggesellen hin-

gegen, die reich an Geld und arm an Verpflichtungen
sind, gehen

> „In Adriondakhochurwald,
> Kampiere da an stille Seen
> Und springe übern Felsespalt.

> Sie gehn bewaffnet wie die Räuber,
> Und schnuppern nach der Hindin Fährt!
> Sie kriege kesselbraune Leiber,
> Und schauderhafte Stoppelbärt.

> Derweil die knalle, unterdesse
> Geht still en Führer auf die Jagd,
> Sonst hätt' die Herrschaft nix zu esse,
> Als was se Feines mitgebracht."

Nur die miserabeln Muskitos stören zu häufig das
ländliche Vergnügen,

> Die sin dann überhaupt e Gabe,
> Die eim hier die Natur verschändt;
> Mer' sollt e Art von Kuhschwanz habe,
> Womit mer se verweble könnt."

Trotz alledem aber fand unser Dichter in seiner
Grünhornperiode doch so großen Geschmack am ameri=
kanischen Leben, daß er sogar einen ernstlichen Anlauf
nahm, sich selber zu amerikanisieren und sich in ein ge=
wagtes Geschäftsunternehmen einzulassen. Er ward also
Mitglied einer Gesellschaft, welche Kunstbutter fabrizierte
und bereiste im Interesse derselben mehrere Staaten der
Union so lange, bis seine Ware in Fäulnis überging
und er sie zuletzt nicht einmal als neu patentierte
Wagenschmiere verkaufen konnte.

Ein rechtzeitig eintreffender Wechsel vom lieben
Ohm in Hessen rettete ihn allerdings aus der momen=

tanen Geldklemme, machte ihn aber zugleich auch so
übermütig, daß er sich mit Heiratsgedanken befaßte und
sich mit einer schönen, aber geistlosen Irländerin verlobte. Bei dem Verlobungsschmaus, den er den Verwandten der Braut in Delmonico, der feinsten und
teuersten Restauration New Yorks, servieren ließ, ging
es natürlich hoch her; als aber einige der Gäste, die
zu tief ins Glas geguckt hatten, sich vermaßen, Deutschland zu bespötteln, da verließ den Bräutigam doch die
Geduld.

> „Was? schrie ich, ihr wollt mir schimpfiere
> Mein heißgeliebtes Vaterland?
> Unds Volk, was euch allein kann führe
> Aus Vorurteil und Unverstand?
>
> Ihr seid noch lang net uf der Höhe,
> Von der ihr uns begreife könnt;
> Ihr werd't nochs Mittelalter sehe,
> Dem ihr ja stracks entgegenrennt!
>
> Schwarzröck' und Monopolmagnate
> Regier'n, bigott und frech, das Land;
> Ihr meint, ihr hätt' kein' Potentate
> Und seid doch all in ihrer Hand!
>
> Uf was hab ihr denn viel zu poche?
> Mein Volk is en gelehrter Held!
> Mein Volk hat Logik in de Knoche,
> Ihr habt, im Hosensack, nur Geld!"

Während er sich nun zum Lobe Deutschlands in
Wut redet, bemerkt er plötzlich, wie jemand seine Braut
hinter das Ohr küßt.

> „Das ging mir dann doch übers Späßche,
> Und eh auch einer „hah" nur spricht

Hatt ers warm Demikaffeetäßche
Mitsamt dem Löffel im Gesicht."

Darauf entstand nun eine allgemeine Keilerei.

„. . . . . die Dame schwänzte
Höchst indigniert im Saal erum;
Die Molli zeigt' mir unbegrenzte
Verachtung und lorgniert mich stumm."

Der Ring, den schnell sie abgerisse,
Flog laut aufklirrend vor mich hin;
Dann stob sie aus dem Saal mit Hisse,
Die Annere rauschte hinnerdrin."

Der Verlauf dieses Verlobungsfestes soll übrigens,
um mit der seligen Mühlbach zu reden, „historisch"
sein. Als der Ex=Bräutigam seine Rechnung bezahlt
hatte, blieb ihm auch kein roter Heller mehr von seinem
Gelde übrig; er mußte also am nächsten Tage seine
Kleider ins „Pfandkonservatorium" tragen und sich,
da er am Hungerleiden keinen Gefallen fand, nach
lohnender Beschäftigung umsehen, die er dann schließlich
auch fand.

Auch in seinem „Gedichtbüchelchen" (Leipzig 1891)
verleugnet Asmus den gemütlichen Hessen nicht. Die
Perle dieses Werkchens ist das Gedicht:

Die Äckerche.

„Da, Alte, steck' das Märkche ein,
Doch mußte mir erzähle,
Wie's kommt, daß du, jahraus, jahrein,
Dich mußt mit Bettel quäle."

„Ach Herr, ich bin so arm un alt,
In Not un Sorg verdorwe,

Mein Mann, daß Gott en selig halt,
Ist mir nun auch gestorwe.

Der war so gut, der Allerbest —
Un nie that er sich schinne!
Er is ein Musikant gewest,
So kann mer kein mehr sinne.

Wo der nur hinkam, da war Lust,
Und's gab net leicht e Danze,
Da hat mein Alter hingemußt
Mit seim Trompeterranze.

Zwei Äckercher hun ich gehatt,
Ich that se gut besorge,
Doch alles hat mich nix gebatt,
Mer mußte als druf borge.

Lang gawe se, was mer so braucht,
Wie hun ich dran gehunke!
Das ein davon hat er verraucht,
Das annere vertrunke."

Ist dies nicht ein köstliches Idyllion? Die alte
Bettlerin hat, trotzdem ihr Mann ihre zwei in die Ehe
gebrachten Äckerchen verraucht und vertrunken, über
denselben doch nicht das geringste Wort des Tadels;
er ist stets der allerbeste gewesen, der sich redlich ab=
geschunden hat. Ihn wegen ihrer Armut anzuklagen,
wagt sie nicht einmal in Gedanken; erbte sie nochmals
ein Stück Land, sie würde es ihm gerne überlassen,
wenn er nur noch lebte. Sicherlich ist er zur Zeit, da
er ihr Herz gewann, ein schmucker, gutmütiger und
heiterer, oder, wie die Hessen sagen, ein „wuschlicher"
Bursche gewesen, der ihr keinen Wunsch abschlug und

die Zukunftssorgen mit der Trompete so kräftig weg=
schmetterte, wie die alten Juden die Mauern Jerichos.
Und sie selber hat ihm sicherlich die gute Laune nie=
mals verdorben.

Beide sind also ein Paar gewesen, wie das, von
dem der hessische Reim berichtet:

> „Ich und mein junges Weib
> Könne schö tanze,
> Sie mit dem Bettelsack,
> Ich mit dem Ranze."

Und wenn er mit seinem Trompeterranzen auf
eine Kirmes ging, ist sie, da sie keine Kinder zu be=
aufsichtigen hatte, sicherlich auch mitgegangen; wußte
sie doch, daß wenn den Musikanten der übliche Labe=
trunk verabreicht wurde, er schon dafür sorgte, daß sie
ebenfalls einen kräftigen Schluck bekam. Ja, er ist der
allerbeste gewesen, das erzählt sie jedem, der es hören
will. Böses hat er nicht begangen, sondern nur zu
genau nach der Bibel gelebt, welche bekanntlich das
Sorgen für den nächsten Tag verbietet. Und weil er
so außerordentlich gut gewesen war, so hat die Gemeinde
auch nicht seinen Leichnam in eine abgelegene Kirchhofs=
ecke oder wohl gar vor die Kirchhofsmauer, wo einst
die Musikanten, Komödianten und Gaukler verscharrt
wurden, gebettet, sondern ihr sicherlich einen Platz in
der regelmäßigen Gräberreihe eingeräumt, so daß sie
also, ohne sich vor den Blicken der Leute verbergen zu
müssen, manchmal seine letzte Ruhestätte besuchen, das
Unkraut davon entfernen und einige Thränen darauf
fallen lassen kann.

Der böſe Blick.

Da man von dem Glauben an den ſogenannten böſen Blick in Deutſchland ſo ſelten hört, daß man meinen möchte, er ſei dort mit der letzten Hexe ausgeſtorben, muß es nicht wenig überraſchen, durch zahlreiche amerikaniſche Lokalzeitungen auf die Thatſache hingewieſen zu werden, daß ſich derſelbe beſonders bei den Deutſch-Pennſylvaniern ziemlich feſt eingebürgert hat und allem Anſchein nach im Zunehmen begriffen iſt.

Ob die Verbreitung dieſes Aberglaubens auf die in Pennſylvanien anſäſſigen Italiener zurückzuführen iſt, kann nicht mit Beſtimmtheit behauptet werden, da dieſelben im allgemeinen mit den Vertretern anderer Nationalitäten wenig Umgang haben und ſich auch nicht darnach ſehnen. Sicher aber iſt es, daß mehrere Deutſch-Pennſylvanierinnen im Geruch ſtehen, mit dem böſen Blick behaftet zu ſein und daß ſie mittels desſelben Hauſtieren und Menſchen den Appetit vertreiben können, um ſie dadurch einem ſicheren Tode entgegenzuführen, und daß ſie ferner das Wachstum aller Nutzpflanzen zu verhindern vermögen. Man ſagt, dieſe Frauen ſeien „hoodoed", d. h. bezaubert, und nur ein Hoodo-Doktor

besitze die nötigen Geheimmittel, das unheilbringende
Auge von dem ihm anklebenden Zauber zu befreien.

Daß die Italiener in Amerika ihren angestammten
Glauben an den bösen Blick beibehalten haben, ist all=
gemein bekannt, und wie der in Philadelphia erscheinende
„Record“ kürzlich erzählte, so lassen sie sich durch den=
selben noch immer ins Bockshorn jagen, was ein schlauer
Irländer der genannten Stadt, der den Bau einer
Straße übernommen und dazu eine Anzahl Italiener
angestellt hatte, wohl auszubeuten verstand. Als näm=
lich dieselben zur Erzielung höherer Löhne die Arbeit
niederlegten, rief er einen nach dem andern in sein
Bureau, und während er dort mit ihnen verhandelte,
mußte sein Buchhalter, der ein künstliches Auge besaß,
jeden einzelnen starr anblicken, worauf sich dann jeder
ohne Ausnahme wieder in die alten Bedingungen fügte,
nur um so schnell wie möglich aus der Nähe des ge=
fährlichen Gettatore zu kommen.

Nach dem italienischen Volksglauben ist der Getta=
tore, der übrigens nicht nur durch den bösen Blick,
sondern auch durch eine leise Berührung, durch ein
Wort oder einen heimlich geäußerten Wunsch Unheil
um sich verbreiten kann, eine magere Person von stark
ausgeprägten Gesichtszügen und großen, hervorstehenden
Augen. Selbst ein mit diesen Eigenschaften nur mäßig
begabter Mann kann leicht dadurch in den Ruf eines
Gettatore kommen, daß jemand, in dessen Nähe er sich
zufällig aufgehalten hat, plötzlich krank wird, ohne daß
man einen natürlichen Grund dafür anzugeben vermag.
Derjenige, auf dem einmal der Verdacht ruht, den bösen

Blick zu besitzen, wird es unmöglich finden, denselben zu entkräften. Er ist auf immer in die gesellschaftliche Acht erklärt; niemand wagt sich in seine Nähe, und noch seltener wagt es jemand, ihn zu Gast zu laden.

Hermann Kletke hat dem Gettatore folgendes Gedicht gewidmet:

Geh' am Garten nicht vorüber,
Störe nicht mein stilles Glück;
Andern Weges kehre lieber,
O du Mann mit bösem Blick!

Sieh die Rose, wie sie schauert
Vor des Auges gift'gem Glanz!
Nelk' und Lilie, wie sie trauert,
Wie zu Tode welkt mein Kranz!

Warum weilst du so begehrlich,
Wo ein stiller Friede blüht?
Warum schaut so unaufhörlich
Dieses Auge haßdurchglüht?

Und er sprach mit leisem Beben:
Andern Weges will ich zieh'n.
Ach, ich muß das süße Leben,
Was ich liebe, muß ich flieh'n!

Immer zog es, immer wieder
Mich zu deinem Frieden hin,
Und den Blick nicht schlug ich nieder —
Ich vergaß, daß ich es bin!

Schwellend, ach, das Herz voll Liebe
Und im Aug' den grimmen Tod,
Folg' ich, nah' dem strengen Triebe
Böser Mächte, bitt'rer Not!

Doch ich will im Abendgrauen
Mit verhülltem Angesicht
Nun das eig'ne Elend schauen,
Und dein Glück, ich stör' es nicht!

Die Bearbeitung der Korallen zu Schmucksachen, die als Amulette gegen den bösen Blick dienen, bildet besonders in Neapel einen bedeutenden Industriezweig. Diese Schutzmittel, welche gewöhnlich die Gestalt einer Hand haben, werden den Kindern in die Wiege gelegt oder ihnen an einem Schnürchen um den Hals gehängt. Herren tragen sie gewöhnlich an der Uhrkette und fassen sie schnell mit der Hand an, sobald sie einem vermeint= lichen Gettatore begegnen. Selbst Crispi soll diesem Gebrauche huldigen.

Daß Papst Pio Nono mit dem bösen Blick behaftet war, glaubten besonders die römischen Frauen. So= bald die päpstliche Kutsche in Sicht kam, bedeckten sie den Kindern das Gesicht und flüchteten sich mit den= selben in ein sicheres Versteck.

In der Campagna findet man an den Thüren der Ställe häufig Widder= oder Ochsenhörner, welche die Haustiere gegen den bösen Blick schützen sollen.

Die alten Römer sahen früher im Symbol der Fruchtbarkeit und Naturkraft das wirksamste Mittel gegen den bösen Blick, worüber Jahn in den Berichten der königl. sächsischen Gesellschaft der Wissenschaften vom Jahre 1855 eine längere, von zahlreichen Illustra= tionen begleitete Abhandlung geliefert hat.

Nach einer Mitteilung Plutarchs gab es unter den Griechen Leute, welche den Zauber des bösen

Blicks gegen ihren Willen ausübten und selbst solche Menschen nicht verschonen konnten, die ihnen im Leben sehr nahestanden. Eine Mutter, deren Gatte mit ophthalmos baskanos (bösen Augen) behaftet war, vermied es sorgfältig, ihre Kinder in die Nähe desselben zu bringen. Jene Augen waren daran zu erkennen, daß sie beständig trieften und daß sie rote Ränder und doppelte Pupillen hatten. Auch glaubte man allgemein, daß dieselben erblich seien. Ähnliche Augen schreibt man auch den deutschen Hexen zu. Letztere sollen auch nach Simrock die Kraft besitzen, denjenigen, welche ihre nächtlichen Zusammenkünfte belauschen, die Augen aus=zublasen.

Einige Griechen haben versucht, den Ursprung des bösen Blickes auf den Neid, der überhaupt in ihrer Mythologie eine wichtige Rolle spielt, zurückzuführen und dabei bemerkt, daß der mit jenem Fluche behaftete, also der Neidische, nicht nur andern, sondern auch sich selber schade und ein frühes Grab bereite. Die Pontus=Bewohner sollen nicht nur Kinder, sondern auch Er=wachsene mit ihrem Blick getötet und mit ihrem Atem den Leuten langsam wirkende Krankheiten angeblasen haben.

In der dritten Ekloge Vergils klagt der Schäfer Menaleus, daß seine zarten Lämmer nur noch in den Knochen hängen, und daß er nicht wisse, wer dieselben mit einem Blicke bezaubert (fascinat) habe. In einer Satire des Persius wird erzählt, daß einst seine Groß=mutter ihr Enkelkind aus der Wiege nahm und es da=durch gegen den bösen Blick feite, daß es ihm die Stirne mit Speichel einrieb.

Bei Türken, Perſern und Ägyptern iſt der Glaube
an den böſen Blick weit verbreitet. Iba v. Düringsfeld
macht in ihrem Werke „Forzino" (Leipzig 1877) die
Mitteilung, daß die Mütter in Dalmatien, wenn ſie
ſich die Magerkeit ihrer Kinder nicht erklären können,
auszufinden ſuchen, ob dieſelben nicht einmal von einer
verdächtigen Frau angeblickt worden ſeien; iſt dies nun
wirklich der Fall geweſen, ſo wiſſen ſie auch, daß keine
Medizin den Kindern Geneſung bringt. In genanntem
Lande muß auch der Bräutigam bei der Trauung auf
das Kleid der Braut knien, damit dieſelbe gegen den
böſen Blick gefeit ſei.

„Terrible as the eye of Vathek" war eine
früher in England und auch in Amerika viel gebrauchte
Redensart, die auf W. Beckfords arabiſche Erzählung
„Vathek" (1784) zurückzuführen iſt. Der Kalif dieſes
Namens hatte nämlich ſo ſchreckliche Augen, daß
derjenige, den er anſah, unrettbar dem Tode verfallen war.

Die Südſlaven nennen den Gettatore Zlovonik.
Wie Dr Fr. Krauß in ſeiner Schrift „Sreca" (Wien
1866) mitteilt, iſt ein ſolcher Zauberer leicht an ſeinen
zuſammengewachſenen Augenbrauen zu erkennen, weshalb
er ſich auch ſehr ſelten in der Nähe anderer Leute
ſehen laſſe.

Die beſonders von franzöſiſchen Dichtern häufig
erwähnte und auch Frauenlob und Hugo von Trimberg
bekannte Sage vom Giftmädchen, worüber Prof. W.
Hertz in München 1893 eine intereſſante Studie ver=
öffentlichte, berichtet uns von einer indiſchen Königs=
tochter, die von ihrer Amme mit Gift ernährt worden war

und dadurch die Kraft erhalten hatte, jeden in ihrer Nähe mit einem Blicke oder Worte zu töten.

Die Irländer heißen den bösen Blick Smil Balor. Dieser Balor war nämlich einer ihrer mythischen Könige, der seine unheilbringenden Augen nur dann öffnete, wenn ein Feind im Anzuge war. In den schottischen Fischerdörfern glaubt man nach Gregors „Folklore of Scotland" noch heute, daß die Namen Rosse, Cullie und White Unglück bringen. Leute, welche diese Namen führen, nimmt kein Boot auf, denn man glaubt, daß ihre Anwesenheit den Fischfang stört. Ja, man erlaubt ihnen nicht einmal, den Fischern vom Ufer aus zuzusehen, weil sie durch ihren Blick die Fische vertreiben. Wer einem solchen Mann am Morgen begegnet, enthält sich an diesem Tage des Fischens. Griechische und türkische Fischer hängen Knoblauch an ihre Boote, um sie gegen Sturm und die Einwirkung des bösen Blickes zu schützen.

Vom bösen Blicke betroffen sein, wird im Englischen durch overlooked, forelooked feyed und eye-bitten ausgedrückt. Shakespeare gedenkt dieses Aberglaubens mehrfach, so z. B. in den „Lustigen Weibern von Windsor" (V, 5) und im „Kaufmann von Venedig" (III, 2).

Der spanische Historiker Oviedo erzählt, daß die Zauberer von Nicaragua mit ihrem Blicke Kinder töten konnten. Sein Landsmann, Marquis von Villena, der anfangs des 15. Jahrhunderts lebte, schrieb eine gelehrte Abhandlung über den bösen Blick und dessen natürliche Ursachen.

Auch in Indien ist der Aberglaube vom bösen

Blick allgemein verbreitet. Dort nennt man ihn „Drischti." Besonders auf Kinder übt er nach dem Volksglauben einen schlimmen Einfluß. Allerhand Mittel giebt es, um ihn unschädlich zu machen. Häßliche Figuren stellt man in Madras häufig auf das Haus, um den bösen Blick fernzuhalten, und die Schnitzereien an den Tempelwagen sollten auch ursprünglich zu nichts anderem dienen, als den „Drischti" zu bannen. In den Gärten sieht man vielfach groteske Figuren, welche Menschen und anderes vorstellen, auf einem Pfahle, um das Auge anzuziehen und den bösen Blick unschädlich zu machen.

Den Kindern hängt man allerlei aus Tigerklauen gefertigten Schmuck an, nur damit sie der „Drischti" nicht treffen kann. Sobald ein Kind den Appetit verliert, ist der nächste Gedanke der besorgten Mutter, daß ein mit dem bösen Blick behafteter Mensch ins Haus gekommen ist. Kommt der Betreffende wieder, so pflegt die Mutter etwas Sand oder Staub unter seinen Füßen wegzunehmen, ihn auf das Haupt des Kindes zu legen und dann auf den Herd zu thun. Erscheint aber jene verdächtige Person voraussichtlich nicht wieder, so wird eine Handvoll Baumwollsamen, rote Chillies und Staub um das Haupt des Kindes gestreut. Aber auch das muß auf den Herd wandern; erzeugt es einen starken Geruch, so hat es mit dem bösen Blick weiter nichts auf sich. Sehr üblich ist in Madras auch, vor dem Kinde Kampher zu verbrennen oder ihm rote und weiße Flecke auf das Gesicht zu malen, damit der „Drischti" fern gehalten wird. Spricht jemand seine Bewunderung

aus über Haus und Hausgerät, so thut es nach dem
Volksglauben auch gut, wenn man ihm sagt: „Sieh
dich vor! Da ist eine Schlange an deinem Fuß." Er-
schrickt der also Angeredete, so hat der böse Blick
seine Kraft verloren.

In Anatolien ist es allgemein üblich, den Schädel
von einem Pferde an einem Hause, in einem Garten
oder auf den Äckern und Weinbergen anzubringen, um
dieselben vor dem bösen Blicke zu bewahren. Aus dem
gleichen Grunde findet man in Konstantinopel ein altes
Hufeisen an jedem Hause, in jeder Werkstatt und jedem
Magazine angebracht.

Eine Engländerin, die vor kurzem Griechenland
bereiste und darüber im Londoner „Spectator" aus-
führlich berichtete, erzählt folgendes: „Auf einem Ausfluge, den ich mit einigen Damen in die Umgegend
Athens machte, ließ plötzlich eins der beiden Pferde den
Kopf hängen und zog nicht mehr. Der Kutscher geriet in wilde Aufregung und sagte, das Pferd sei von
einer Frau bezaubert worden und werde bloß dann von
den Wirkungen des bösen Blickes befreit, wenn die
Hexe, die im Wagen säße, es anspucke. Niemand sehnte
sich nun nach der Ehre, diese Hexe zu sein; als jedoch
der in Wut geratene Kutscher, der fürchtete, sein Pferd
zu verlieren, gefährliche Drohungen ausstieß, da spuckte
eine Dame auf das leidende Tier und augenblicklich
sprang dasselbe auf und war so munter wie vorher.

Die Kaffern in Afrika suchen jedem Menschen, den
sie für einen Zauberer oder Schlangenkönig halten,
ängstlich auszuweichen. Können sie dies nicht, so ver-

meiden sie es wenigstens, ihm ins Gesicht zu blicken, damit ihr Vieh nicht stirbt. Diese Zauberer zwingen manchmal einen Kaffern durch bloßes Ansehen, seine beste Kuh zu schlachten und ihnen die fettesten Stücke zu geben. (Cutter, Panorama of Nations. Chicago 1892.)

Leidet am Rio Grande ein Kind an den Folgen des bösen Blickes, so muß der Zauberer, sobald er ent= deckt ist, seinen Mund mit Wasser füllen und dies dann in den Mund des kleinen Patienten fließen lassen; letzterer wird alsdann gleich gesund.

Wie Ettmüller in seinem altnordischen Sagenschatz erzählt, so gab es unter den Nordmännern Leute, welche durch ihren starken Blick die Schwerter der Feinde stumpf machen konnten; letztere umhüllten daher ihre Waffen zur Abwehr dieses Zaubers mit Tuchlappen. Derselbe Gewährsmann teilt auch mit, daß Esa, die Tochter Olafs, Königs von Wermland, einen so scharfen Blick besaß, daß sie den Charakter und den Stand eines jeden augenblicklich erkennen konnte. Als dieselbe nun von zwei mächtigen Brüdern geraubt werden sollte, machte sich der junge Oli auf, sie zu verteidigen.

„Als Esa ihre Blicke auf Oli richtete, ward sie durch die ungewöhnliche Sehkraft seiner Augen tief er= regt und stürzte halbtot auf die Erde nieder. Als aber die Kraft ihr allmählich wiederkehrte und ihr Geist sich freier zu bewegen begann, versuchte sie, den Jüng= ling nochmals anzublicken; aber sie sank wiederum nieder, sei es nun aus Leibesschwäche oder Gemüts= bewegung. Sie machte zum drittenmale den Versuch, ihre Augen zu erheben, und zum drittenmale sank sie zur Erde nieder und vermochte weder ihre Augen zu bewegen noch ihre Füße zu beherrschen. Ihr Vater Olaf, darüber erstaunt, fragte sie, was ihr denn widerfahren sei. Sie bekannte darauf, daß sie des Gastes grausiger Blick erschreckt habe; er stamme sonder Zweifel von Herrschern ab und wenn er der Räuber vermessenes Gelübde, sie zu rauben, zunichte mache, sei er ihrer Hand ganz und gar würdig." Dies geschah dann auch.

Die Zigeuner und Rumänen kennen den bösen Blick ebenfalls, sowie auch einige Zaubersprüche gegen denselben. (Siehe darüber „Ethnologische Mitteilungen aus Ungarn", Heft 1 und 2.)

Das Auge ist das ausdrucksvollste Sinnesorgan, das die Gedanken, Wünsche und Begierden untrüglich offenbart und Sympathie oder Antipathie erweckt. „In dem Auge liegt das Herz" und „Durch das Auge wird das Herz verwundet" sind Sprichwörter, welche diese Wahrheit bezeugen.

Wenn einer Deutsch=Pennsylvanierin die Milch plötzlich im Keller sauer geworden ist, sagt sie, eine Hexe habe darauf geblickt. Ähnliches drückt die plattdeutsche Redensart aus „Dar sund quade (böse) ogen äver kommen".

Die deutschen Bauern sagen, man solle schlafende Kinder nicht anblicken, weil es ihnen Unglück bringe.

Ein amerikanisches Kind liebt es nicht, von einem andern lange angestarrt zu werden. Beklagt es sich nun darüber, so sagt jenes:

„A cat may look at a king,
And surely I may look at an ugly thing."

Sind sich amerikanische Kinder böse geworden, so sagen sie:

> „Black eye, pinky-pie,
> Run around and tell a lie,
> Grey eye, greedy gut,
> Eat the whole world up.
> Blue eye, beauty,
> Do your mamma's duty."

Die letzten Zeilen lauten auch zuweilen:

> „Blue eye, beauty spot.
> New York, forget me not."

Dr. Schwarz glaubt den Ursprung des bösen Blicks in dem Umstande zu finden, daß das Auge den Blitz vorstelle. Von dieser Vorstellung haben wenigstens die Dichter fleißig Gebrauch gemacht. Vielleicht liefern uns die Forschungen auf dem Gebiete des Hypnotismus mit der Zeit eine stichhaltigere Erklärung.

———

Zur Erinnerung an den Urschwaben
G. Heerbrandt.

Während man sich in Deutschland, wenigstens dem
Anscheine nach, seit einem Vierteljahrhundert die erdenk=
lichste Mühe giebt, den Partikular=Patriotismus der
einzelnen Völkerschaften so viel wie möglich einzudämmen
und alle an den Gedanken der nationalen Zusammen=
gehörigkeit zu gewöhnen, sucht man unter den Deutschen
Amerikas, trotzdem dieselben dahier besonders in den
Großstädten aus allen Gauen des alten Vaterlandes
bunt zusammengewürfelt und schon durch ihr gemein=
schaftliches Interesse an der Erhaltung des deutschen
Volkstums und durch die damit verbundenen Kämpfe
gegen den engherzigen Nativismus auf eine einheitliche
Wirksamkeit angewiesen sind, gerade den herkömmlichen
„Kantönligeist“ zu kultivieren und durch zahlreiche, den
einzelnen Völkern gewidmete Specialzeitungen das Gefühl
wach zu erhalten, daß jeder deutsche Einwanderer sich
in erster Linie als Hesse, Bayer Pfälzer, Schwabe u. s. w.
und erst in zweiter als Deutscher zu betrachten habe.

Man hat nun vielfach den jenen Partikularismus
vertretenden Zeitungen und Vereinen den Vorwurf gemacht,
daß sie die Zersplitterung und die daraus resultierende

Ohnmacht des Deutschtums dahier beförderten, allein nach unserer Ansicht nicht mit Recht, denn gerade jene die sogenannte Vaterländerei repräsentierenden Journale und Organisationen erfreuen sich im allgemeinen unter stammverwandten Deutsch-Amerikanern einer nicht zu unterschätzenden Popularität und ihre Wirksamkeit erstreckt sich auf Kreise, die sonst schwerlich erreicht würden und von deutschem Einfluß überhaupt unberührt blieben.

Von seiner engeren Heimat hört in Amerika jeder eingewanderte Deutsche immer lieber als von seinem großen Vaterlande; jede darauf bezügliche Nachricht interessiert ihn und erweckt in ihm aufs neue die Liebe zu deutscher Sprache, deutschen Sitten und Gebräuchen. Und weil dies, wie die tägliche Erfahrung lehrt, unstreitig der Fall ist, so war die Gründung plattdeutscher, hessischer, bayrischer, sächsischer und schwäbischer Wochenblätter in Amerika nicht nur geschäftlich lohnend, sondern beförderte auch die Erhaltung des Deutschtums.

In dieser Hinsicht hat sich der vor einigen Jahren zu New York verstorbene Gustav Heerbrandt, gewöhnlich der Schwabenkönig genannt, große Verdienste erworben. Er hat jahrelang beharrlich und erfolgreich dafür gekämpft, daß wenigstens seinen engeren Landsleuten der Sinn für das Deutschtum, das sich allerdings bei ihm vorzugsweise als Schwabentum zeigte, nicht abhanden kam.

Heerbrandt war 1819 zu Reutlingen geboren, hatte den Buchhandel erlernt und bis zum Jahre 1848 eine Druckerei in seiner Vaterstadt geleitet. Nachdem ihn seine freiheitliche politische Thätigkeit eine Zeitlang auf den Hohenasperg geführt hatte, wandte er sich nach New York, woselbst er es durch umsichtig geleitete Geschäftsunternehmungen bald zu nennenswertem Reichtum brachte. Die Panik von 1873 beraubte ihn jedoch wieder seines ehrlich errungenen Vermögens, sodaß er „beim dürra Bäumle ankomma" war und sich erst 1877 durch Gründung des noch bestehenden und blühenden „Schwäbischen Wochenblattes", wozu ihm ein guter Freund 50 Dollars geliehen hatte, aus seiner finanziellen Notlage befreite.

Nun war ihm wieder, wie die Schwaben von einem Sonntagsjäger sagen, dem der Zufall günstig ist, „der Bock anganga". Überhaupt erlahmte sein fabelhafter Unternehmungsgeist selbst unter den schwierigsten Verhältnissen nicht, doch führte derselbe ihn öfters dazu, daß er „eine Deichsel an eine Suppenschüssel machte". Er war stets ein kreuzehrlicher, derber, saugrober Ur-Schwabe, dem jede Gemeinheit in innerster Seele verhaßt war. Charakterlose Streber wagten sich selten in seine Nähe, denn er „steckte nie das Maul in die Tasche". Nicht nur im persönlichen Verkehr, sondern auch in seiner Zeitung bediente er sich oft, ohne daß es ihm besonders übelgenommen wurde, der stärksten Ausdrücke; diese erhöhten vielmehr seine Popularität, besonders wenn er dieselben, da er „guat g'icha" war, hinter dem Weinglase hervordonnerte.

Von der Natur zur Heiterkeit und zum frohen Lebensgenusse beanlagt, war Heerbrandt in seinen letzten Lebensjahren, als „der Teufel anfing, Holz zu spalten" — für seinen Sarg nämlich — ein mißtrauischer,

schwarzsehender, giftiger Pessimist geworden, der in=
folge zahlreicher, ihm von sogenannten guten Freunden
bereiteter Enttäuschungen und der stets zunehmenden
politischen Korruption nur noch durch bissige, in seinem
Wochenblatte veröffentlichte Artikel am öffentlichen
Leben teilnahm, sich sonst aber allmählich selbst von
seinen bewährtesten Freunden zurückzog. Nicht nur
geistig, sondern auch leiblich war er in der letzten Zeit
höchst unruhig geworden; fast jedes Jahr bezog er eine
neue Wohnung, legte einen Blumengarten an, und
wenn derselbe in Blüte stand, dann ließ er auch wieder
sein Mobiliar für den Umzug packen. Er hatte den
Glauben an die Menschheit verloren und hielt mit
Schopenhauer, den er übrigens nie gelesen, die Welt für
so schlecht, wie sie möglicherweise sein konnte.

Diese Unruhe zeigte sich auch bei mehreren seiner
geschäftlichen Unternehmungen, deren er beständig neue
plante. So wollte er einmal einen Band deutsch=
amerikanischer Poesieen herausgeben und darin nur Ge=
dichte gegen Erstattung der Insertionskosten aufnehmen;
er spekulierte mithin auf die Eitelkeit der Dichter, die
ihre Namen unter jeder Bedingung gerne gedruckt ge=
sehen hätten. Dann ging er eine Zeitlang mit der
Idee um, eine Kleinkinder=Bewahranstalt zu gründen in
welcher Mütter, die während des Tages ihrer Arbeit
nachgehen mußten, ihre Sprößlinge kostenfrei unterbringen
konnten; er veröffentlichte auch ein Programm derselben,
und damit war die Sache endgültig abgethan. Einmal
schrieb er sogar einen Preis für die schönste Frau aus
und forderte seine Leserinnen zur Einsendung ihrer

Photographieen auf, die dann von einem Komite begut=
achtet werden sollten. Da jedoch die Lichtbilder, die
er erhielt, teils runzlige Mütterchen, teils häßliche
Negerinnen und Frauen mit Kropfhälsen — „Reichs=
äpfel" sagen die Schwaben — darstellten, so erkannte
er bald, und gestand es auch ein, daß man nur Spott
mit ihm getrieben hatte, und daß die ganze Sache „auf
Saufedera" stand.

Einmal aber hatte ihn ein alter schwäbischer Lands=
mann, ein schriftstellernder Techniker nämlich, der über
hundert Patente auf allerlei Erfindungen besaß und
beständig Jagd auf unternehmungslustige Spekulanten
machte, gründlich hinter das Licht geführt und ihn um
Tausende von Dollars erleichtert. Letzteres ärgerte ihn
nun weniger als das erzwungene Eingeständnis, daß
er, der es als Geschäftsmann mit dem geriebensten und
pfiffigsten Yankee aufzunehmen glaubte, sich doch so
plump hatte täuschen und beschwindeln lassen. Heer=
brandt hatte auf die Ausbeutung einer patentierten Er=
findung, einer Buttermaschine nämlich, die es jeder
Städterin ermöglichte, sich aus Kuhmilch ihren Haus=
bedarf an Butter schnell und billig selber herzustellen,
weitgehende Hoffnungen gesetzt und bereits von einem
sorgenfreien Alter in hohem Lustschlosse am Hudson=
strande geträumt, denn nur ein Schafskopf erster Klasse
konnte nach seiner Ansicht an dem Erfolge dieses
Unternehmens zweifeln; trotzdem mußte er schließlich
zugeben, daß er, und nur er allein der Schafskopf ge=
wesen war.

Er kaufte also damals einige Maschinen, engagierte

mehrere Metallarbeiter und ließ fleißig darauf los
gießen, feilen und hämmern. Als ich ihn in dieser
hoffnungsvollen Zeit an einem Sonntagsmorgen in
Mount Vernon bei New York auf seinem Landsitze
besuchte, war er gerade damit beschäftigt, Kartoffelkäfer
in eine Austernkanne zu sammeln. Sobald er mich
erblickte, stellte er das bereits stark gefüllte Gefäß auf
den Boden, begrüßte mich herzlich und weihte mich
auch gleich in die Geheimnisse seiner neuesten Speku-
lation ein. Als ich mir jedoch erlaubte, den Erfolg
jenes Unternehmens bescheiden zu bezweifeln und die
Bemerkung machte, daß jede alte Frau Butter machen
könne, wenn man ihr nur die nötige Milch liefere, und
als ich ferner hinzufügte, daß mit einer neuen Buttermaschine nur dann die erwarteten Millionen zu verdienen
seien, wenn man mittels derselben gewöhnliches Fluß-
oder Brunnenwasser in unverfälschte Milch verwandeln
könne, da erhielt ich eine Antwort, die so haarsträubend
grob war, daß ich es nicht wage, sie im Beisein der
Leser zu wiederholen.

Bald jedoch hatte er seine Gemütsruhe wieder
erlangt und machte mir nun die Vorzüge seiner Buttermaschine so plausibel, daß ich wahrhaftig selber glaubte,
es seien damit Millionen zu verdienen. Als er mich
darauf in sein Haus zu einem Glase Wein einlud,
bemerkte er, daß die mühsam gesammelten Kartoffelkäfer
inzwischen natürlich das Weite gesucht hatten, wofür
ich abermals als intellektueller Urheber dieses Unglücks
einige Grobheiten über mich ergehen lassen mußte.
Doch tröstete ich ihn damit, daß die Buttermaschine

alle seine bisherigen Unannehmlichkeiten reichlich aus=
gleichen werde.

Vier Wochen nach dieser Begegnung traf ich ihn
zufällig auf einer New Yorker Hochbahn und da wir
eine lange Strecke zusammenfahren mußten, so sprachen
wir von diesem und jenem, und ich brachte schließlich
auch die Rede auf seine berühmte Buttermaschine.
„Kein Wort weiter!" donnerte er mich an, „so bin ich
in meinem ganzen Leben noch nicht beschwindelt worden!
Morgen lasse ich alle Maschinen und Werkzeuge auf
einen Wagen laden und in den „Räwwer" (River)
fahren. Gestern wollte ich den alten Schuft, der mich
um bare Tausende von Dollars beschwindelt, einstecken
lassen, allein er hatte sich bereits aus dem Staube
gemacht. Aber der Teufel holt ihn doch noch."

Nach dieser traurigen Erfahrung verwandte
Heerbrandt wieder mehr Zeit und Aufmerksamkeit auf
sein „Schwäbisches Wochenblatt", besonders aber auf
die im Zahlen saumseligen Abonnenten desselben und
war in seinem Verfahren, dieselben zur Erfüllung ihrer
Pflicht zu zwingen, ebenso originell wie erfolgreich.
Nahmen dieselben von seinen Mahnbriefen keine Notiz,
so veröffentlichte er eine Anzeige in seinem Blatte, worin
er jene Abonnenten für verschollen oder tot erklärte
und um Nachricht über ihr Lebensende und ihre
Hinterlassenschaft bat. Dies half in den meisten Fällen.
Einstmals publicierte er folgende, hier nach dem Gedächt=
nisse mitgeteilte Erzählung:

„Nachts um zwei Uhr klopfte es letzthin bei kaltem,
stürmischem Wetter an meine Wohnung, und als ich

aufstand, um den Rüpel, der da einen schwer arbeiten=
den alten Mann um die Nachtruhe bringen wollte,
mit einem Fußtritte abzufertigen, sehe ich da plötzlich
meinen alten Leser N. N. in einem langen Leichenhemde
jammernd vor mir stehen. Auf meine Frage, was er
begehre, erklärte er, er habe die Bescheinigung, daß er
sein Abonnement auf das „Schwäbische Wochenblatt"
bezahlt, verloren und müsse augenblicklich eine neue
haben.

Was? rief ich aus, du bist doch vor einigen Tagen
gestorben und ich bin sogar selber auf deiner Leiche
gewesen; wo kommst du denn eigentlich her?

Petrus, klagte er, fragte mich, als ich vor seiner
Himmelsthüre stand, wer ich sei und welchem Lande ich
entstamme. Als ich darauf erwiderte, daß ich ein
Schwabe sei und lange Jahre in New York gewohnt
habe, fragte er mich, ob ich auch den guten alten
Heerbrandt gekannt und sein ausgezeichnetes Wochen=
blatt gehalten habe. Als ich dies bejahte, erklärte
Petrus, das glaube er erst dann, wenn er die
Quittung sähe, denn es seien schon so viele Schwaben
aus New York zu ihm gekommen und hätten alle
erklärt, eifrige Leser des „Schwäbischen Wochenblattes"
gewesen zu sein, doch habe er später ausgefunden, daß
es elende Lumpen waren, die entweder den braven
Heerbrandt um sein sauer verdientes Geld betrogen
oder sein Blatt gar nicht gehalten hatten. Die Leser
des „Schwäbischen Wochenblattes" seien alle vernünftige
und anständige Leute, denn der Heerbrandt habe sich
stets die größte Mühe gegeben, sie zu belehren und

aufzuklären. Wer also jetzt als amerikanischer Schwabe in den Himmel wolle, müsse vorher seine Quittung zeigen.

Da der arme Schwabe im Totenhemde stets ein pünktlicher Zahler gewesen war, so stellte ich ihm natürlich gleich eine neue Quittung aus; wenn aber von jetzt an ein schlechter Zahler von Petrus nicht in den Himmel gelassen wird und dann glaubt, der alte Heerbrandt sei so gottssträflich gutmütig, ihm doch eine Quittung zu geben, so kann er lange warten. Solche Hundsvötter haben überhaupt im Himmel nichts zu suchen."

Im Jahre 1892 ließ Heerbrandt seine „Gedichte in schwäbischer Mundart", ein Bändchen von 78 Seiten, im Selbstverlag erscheinen. Darin zeigt er sich stets in der heitersten Laune, hat er es doch darin nur mit gemütreichen, drolligen und trinkbaren Schwaben und lieben Schwäbinnen zu thun. In einem größeren, vom Lobe der Schwaben handelnden Gedichte vergißt er natürlich auch die weltberühmten sieben Schwaben nicht.

Und was ischt vergessa blieba
Namentlich von deane Siaba,
Woa füars liabe Vaterland
Wia d'Spartaner gfochta hant?
Namentlich woa se hear sind komma,
Hot man niemols gnau vernomma.
Der oin schreibt, 's seie Ulmer gwea
Der ander, man hätts in Rautweil gseah.
Daß d'Blitzschwoaba von Ulm kommet, dös ist bekannt,
Doabei hent se als Spatza an Ruf durch's ganz Land,
No kommet dia Gealfüaßler, dia Oekonoma,
Dia mit Oier handlet und mit Vitriolsoma,

Dia hent de Name, weil man bei ihne ganz sampft
D' Dier mit de Absätz in d'Fässer nei stampft.
• No kommet d' Ritter vom Spiagel,
Dia butzet Naas an jede Biagel,
Hauptsächlich unterm Ehleboga,
Hent se ihar Woappa mit Glanz nanzoga.
D' Neschtelschwoaba sind traurige Tröpf,
Brauchet überahl Bändel statt Hosaknöpf.
Von de Suppaschwoaba kann man gar nix saga,
Ihr ganzer Verstand steckt bei deane im Maga.
D' Knöpflesschwoabe kennt man an iahre dicke Köpf
Und wenn se schlucket, an iahre krauße Kröpf.
Als de gescheideste von dene Sieba
Sind d' Muckaschwoaba übrig blieba.
Dia hent amol de Feind in 'ra Schlacht
Mit 'ma Sack voll Mucka zum Lause broacht.

Nachdem Heerbrandt auch die neueren Schwaben
und ihre Leistungen auf allen Gebieten der Kunst und
Wissenschaft seinem Leser vorgeführt und die Behauptung
aufgestellt hat, daß alle Menschen von den Schwaben
abstammen, fährt er fort:

Und was ist unser Ländle gar so reich
An guata Sacha für dia Schwoababäuch.
Do kommt z'airschte 's Sauerkraut,
Doazua a Reutlinger Kümicherdaut.
Von de Kanarienvögel dia so grunza,
Macht man überall de beste Blunza,
In Ronnaf . . . . ., Leaberaspätzla
Pfitzauf, Schnecka, Laugebrätzla
Und in Kraut= und Zwiebelplatz
Find't moa do an grauße Schatz.
Von unsere Mauldäsche und Pasteta
Brauch i eigentlich gar net z'reda,
Unsere Wein braucht ma au net z'loba:
Dia werdet jo in Himmel nei ghoba;

D' Pfullinger namentlich kennet druf roisa,
Deana iahrer wurd der Verlobungswein ghoissa.
Wenn zwoi einander net heiroathe wöllet
Und d'Alte trotzdem d'Hauzig bestellet,
No stellt man a Gläsle Pfullinger Wein
Zwischa bia Leutla in b' Mitte nein.
Dear ziehts z'säme, aus isch und gar!
Nix trennt mai des junge Paar.
Und was sag i von der schwäbischa Musik,
Ist der Lautebacher net a prächtiges Stück?
Ihr möget rumroisa in der ganza Welt,
So geit's halt koins, bös be Leut so guat gfällt.

Von seinem bereits 1873 als Broschüre erschienenen Gedichte „Hannes in Amerika" hat Heerbrandt nur den zweiten, sich mit dem hiesigen Leben beschäftigenden Teil in die genannte Sammlung aufgenommen; er läßt darin seine stereotypen Klagen über Temperenz, Muckerei und Korruption ertönen. Das originelle Büchlein schließt mit Übertragungen einiger bekannten Gedichte in den schwäbischen Dialekt.

Eine Sammlung heiterer Schwabengeschichten ließ Heerbrandt unter dem Titel „Humoristische Perlen" erscheinen; er war zwar nicht der eigentliche Verfasser derselben, hatte sie jedoch derart umgewandelt und besonders den Lesern seines „Wochenblattes" so mundgerecht gemacht, daß sie als seine eigenen Schöpfungen gelten können.

Auch J. Nefflens längst vergriffenes Volksbuch „Der Vetter aus Schwaben" ließ Heerbrandt in New York nachdrucken. In der nicht nachgedruckten Einleitung zur Original-Ausgabe heißt es: „Dieses Büchlein ist nicht geschrieben für die halbgewachsenen Schwäblein

— männliches und weibliches —, die hinter den Ohren noch nicht trocken sind, noch weniger aber für die affektierten und reizbaren Frauen und Jungfern, deren Schamhaftigkeit übernatürlich und überzuckert ist. Nein, das Buch hat keinen Goldschaum um seine Worte geklebt, es giebt sich einfach und deutlich, so recht natürlich wie der Hafner vom Tuttlinger Markt."

Daß sich Heerbrandt mit einem solchen Schriftsteller wahlverwandt fühlte, ist leicht erklärt; auch war der 1858 zu Cumberland im Staate Maryland verstorbene Nefflen insofern sein Gesinnungs- und Leidensgenosse, als er ebenfalls wegen seiner politischen Thätigkeit eine Zeitlang auf dem Hohenasberg untergebracht worden war. Da Heerbrandts billige Volksausgabe des Nefflenschen Werkes auch in Deutschland Absatz fand, so hatte der Stuttgarter Buchhändler Robert Lutz 1888 nichts Eiligeres zu thun, als einen „rechtmäßigen" Abdruck zu veranstalten, zu dem der um die schwäbische Litteratur hochverdiente August Holder eine orientierende Einleitung schrieb.

Die plattdeutſche Litteratur Nordamerikas.

Die Norddeutſchen, in deren Adern frieſiſches, alt=
oder niederſächſiſches und wendiſches Blut fließt,
bilden eine ſchlichte, derbe, treuherzige, fleißige, ent=
ſchiedene und von einem gewiſſen Mutterwitz beſeelte
Raſſe. Dieſen Eigenſchaften haben ſie in zahlreichen
charakteriſtiſchen Sprichwörtern kernigen Ausdruck ver=
liehen. Die Dichter, welche in ihrem angeſtammten
Dialekte ſangen und das Lob ihrer engeren Heimat
verkündeten, konnten ſtets auf ein dankbares Publikum
rechnen. Sind nun auch die drolligen Schnurren der
wackeren Reimſchmiede Bornemann und Balcht ſo ziem=
lich der Vergeſſenheit anheimgefallen, ſo ſind dieſen
dafür in Klaus Groth, Fritz Reuter und dem aus
Bremen gebürtigen Emil Rocco Nachfolger entſtanden,
deren Ruf weit über die Grenzen ihres Vaterlandes
gedrungen iſt, und deren Leiſtungen den Perlen der
deutſchen Litteratur zugezählt werden müſſen.

Man hat vielfach und zwar ohne die allergeringſte
Begründung behauptet, daß ſich der Volksdialekt nur
zur Darſtellung komiſcher Vorfälle eigne; abgeſehen
nun davon, daß Hebel und Burns längſt das Gegen=

teil überzeugend nachgewiesen haben, so braucht man
nur auf die unbestreitbare Thatsache hinzudeuten, daß
sich das Volk da, wo das Hochdeutsche noch nicht
Mode ist, im täglichen Verkehr nur des altgewohnten
Dialektes bedient und mithin alle seine Gefühle, die
traurigen sowohl wie die freudigen, in demselben aus=
drückt. Reines Hochdeutsch wird eigentlich nur in
Schulen, in Theatern und auf den Kanzeln gesprochen;
im vertraulichen Umgang bedienen sich selbst die Ge=
bildeten des Dialektes, besonders in Norddeutschland,
wo man das Plattdeutsche häufig in Gerichtssälen hört.

Auch die zahlreichen in Amerika ansässigen Platt=
deutschen haben ihre ursprüngliche Liebe zur alten
Heimat treu bewahrt, und die Pflege ihrer Eigenart
durch Vereine, Volksfeste, Zeitungen und sonstige litte=
rarische Erzeugnisse erfolgreich gefördert. Besonders
wird seit ungefähr sechsundzwanzig Jahren alljährlich
in New York ein allgemeines plattdeutsches Volksfest
gefeiert, als dessen poetischer Befürworter hauptsächlich
Niklas Butenschön eine gewisse Popularität erlangte,
so daß er es auf Grund derselben wohl wagen konnte,
seine gesammelten Gelegenheits=Gedichte 1886 zu New
York, unter dem Titel „Uns’ Muttersprak in Amerika“
erscheinen zu lassen. Das diesem bescheidenen Bändchen
vorgestellte Bild des Verfassers zeigt uns einen gut=
mütigen, heiter in die Welt blickenden Hannoveraner,
dessen „Bausbäckigkeit“ sicherlich nicht auf den Genuß
von Gänsewein oder das Studium der Weltschmerz=
Litteratur zurückzuführen ist.

Butenschön bedient sich des Reuterschen Platt.

In dem erſten, von edler Heimatliebe durchdrungenen, zart empfundenen Gedichte vom lüttje Placken Eer beſingt er das Plätzchen Erbe, woſelbſt er den erſten Kuß und die erſte Ohrfeige bekommen. Schließlich er= mahnt er dann ſeine Landsleute, auch in der neuen Heimat ihre hiſtoriſche Sprache am häuslichen Herde zu pflegen. Wichtige Ereigniſſe beſingt er nicht; auch kann er den bedeutenden Dichtern nicht zugezählt wer= den. Was er aber ſchildert, ſei es nun das ſchnell vorübergehende Schmollen eines jungen Ehepaares, die Freude der Kinder über „de Kaujees" (Weihnachten), die Klage einer alten Jungfer über ihren im Kriege gefallenen Bräutigam, oder ſonſtige Scenen des all= täglichen Lebens, immer iſt er anmutig, harmlos und edel, ſo daß man ſein Büchlein mit innerer Befriedigung aus der Hand legt. Wenn er „ſin Deern" zum platt= deutſchen Volks= und Verbrüderungsfeſte der Schles= wig=Holſteiner, Oldenburger, Hamburger, Bremer, Mecklen= burger und Hannoveraner einladet, ſo beſchenkt er ſie vorher mit „Hanſchen, Hoot, Knöp und Manſchatten"; und wenn er in dieſer „Deern" auch ſpäter keinen Engel von Weib bekommt, ſo tröſtet er ſich damit, daß die Engel überhaupt aus der Mode gekommen ſind, und daß ſie

„Sporſam is, ja, dat's wohr,
Se dreit den Cent wohl dreemol um;
Mi is dat awers lang all klor,
Dat ick dorbi im Vordeel bin."

Der in Brooklyn anſäſſige Wilhelm Dieſcher, der ſich in ſeiner Vaterſtadt Hamburg durch die dort 1881

in zweiter Auflage erschienenen, in hochdeutscher Sprache
verfaßten „Erstlingsblüten", in welchen er seiner Liebe
für Freiheit, Recht und Frieden einen etwas haus=
backenen Ausdruck verlieh, einen bescheidenen Namen
machte, ließ 1887 in seinem neuen Wohnorte platt=
deutsch geschriebene „spaßige un annere Gedichte un
Vertelungen" unter dem Titel „Drullige Kinner" ans Licht
treten. In dem Nachwort zu diesem über vierhundert
Seiten starken Bande klagt er, daß sein geliebter heimat=
licher Dialekt allmählich aus den oberen Volksschichten
verschwände und hauptsächlich nur noch von den auf
dem Lande lebenden Bauern in Ehren gehalten werde.
„Aber," fragt er, „sind wir zuletzt nicht alle Bauern?
Der eine baut ein Hühnerhaus, der andere einen
Palast; der eine baut eine Kirche, der andere einen
Schafstall; der eine baut ein Kloster, der andere ein
Findelhaus — jeder baut etwas, keiner aber den Himmel
auf Erden oder eine Leiter, die in denselben hinauf=
führt, sodaß gar mancher den Weg dahin verfehlt."

Dieschers Orthographie richtet sich genau nach
dem Hamburger Platt. Wenn man in anderen platt=
deutschen Schriftstellern „gräun, säuk, greuter, Opleusing"
liest, so gebraucht er „grön, söt, gröter Oplösing".
Die Konsonanten p, t, k, b werden im betreffenden
Dialekt zu f, z, ch und w. R hinter a wird nicht be=
sonders ausgesprochen, doch wird der Vokal dadurch
gedehnt. Der Genitiv wird meist durch das rückbezüg=
liche Possessivum ausgedrückt, z. B. „dem Onkel sin
Hus," u. s. w. Dies geschieht übrigens in vielen Volks=
dialekten. Der Plural wird einfach durch Anhängung

von § oder n gebildet. Das Hilfszeitwort „haben"
wird wie folgt konjugiert: Präs., Ich heww; Imperf.,
Ich harr; Perf., Ich heww habt; Plusqu., Ich harr
habt; Fut. I., Ich war hebben; Fut. II., Ich war habt
hebben.

Die meisten der Diescherschen Kinner bestehen wie
Reuters Läuschen aus gereimten Anekdoten, wie sie
Lüttslagslüd, Klutensteller (Schollentreter), Warbeer-
klocken (Leute mit schlecht gehenden Uhren) oder solchen,
denen die Peterzill (gute Laune) verhagelt ist und die
derhalb Hühn und Perdühn (Alles) zerschlagen wollen,
gewöhnlich gefallen. Wie alle seine cis- und transat-
lantischen Kollegen, so ist auch unser Dichter ein geschworener Feind unnötiger Aufregung.

> „Det Abends ünner de Bäuken
> So'ne lütje Piep to smäuken
> Is doch so recht gemütlich."

Er erzählt uns heitere Abberitenstreiche platt
deutscher „Foartenmäkers, Plaggensteckers", und welt-
verbessernder, am Stammtisch hockender Kannegießer.
Freudig singend, wie der bekannte „Johann der munt're
Seifensieder", erfüllt er die Pflichten seines Berufes,
und wenn er abends keine Lust hat in Pampischen
(Pantoffeln) und Sloprock zu schlüpfen, dann eilt er
zu Bier oder Wein:

> „Bi dütsche Utbuer, dütschen Fliet
> Lat't wi en dütsches Leed erklingen,
> Un leggt wi't Handwarkstüg bi Sied
> Lat't Abends wi en Groschen springen;
> Wi nehmt ja doch, sünd wi hier quitt,
> Un klappt wi af, ken'n Penning mit."

In dem Gedicht „Näsen" hat er eine große An=
zahl plattdeutscher Bezeichnungen für die Nase zusammen=
gestellt; z. B. Gurk, Rüssell, Rückorgan, Gewürzräuber,
Stüff, Gebel, Zink, Snabel, Gumpel, Bummelaasch, Pünt
„Un wat noch sünst für Utdrück sünd."

Seine schlicht erzählten Jagdgeschichten würden
dem seligen Münchhausen zur Ehre gereichen. In dem
Gedichte „Englisch is doch nit ganz Plattdütsch" berichtet
er die Abenteuer, die ein Schusterjunge, der in seiner
Heimat keinen ordentlichen „Stebel" machen konnte und
deshalb mit einem Wechsel nach der neuen Welt ab=
geschoben wurde, in New York erlebte.

Albert Arnemann, der sich stolz einen Schüler
Reuters nennt, ließ 1875 seine plattdeutschen Schnurren
unter dem Titel „Fierabent" zu Davenport in Jowa er=
erscheinen. Das Einleitungsgedicht, nach welchem die
ganze Sammlung genannt ist, und das vielfach an
Hebels „Wächterruf" erinnert, ist eine gelungene, von
gesunder, allerdings etwas spießbürgerlicher Moral
durchdrungene Leistung. Auch das Jägerlatein redet
unser Dichter so geläufig wie seine Muttersprache.
Das längere originelle Gedicht „De Utwanderer" erzählt
von fünf unternehmungslustigen Plattdeutschen, die der
heimatlichen Verhältnisse überdrüssig, nach Omaha aus=
wanderten und dort das gesuchte Glück auch wirklich
fanden. Der eine derselben war Musikant, der zweite
Schulmeister, der dritte Schmied; doch verstand der=
selbe außer seinem Handwerk auch noch die Kunst,
mittels „Zympetie" krankes Vieh zu kurieren. Der vierte
war Barbier,

„Dat Tähnrutrit'n verstünn hei sihr
Schröppköpp setten, Plaster smiren
Und de Klistirbüß tau hantiren
Verstünn hei ut den Fundament
Dorher de Lüd 'm Doktor nennt."

Vom fünften, dem wackeren Hans Jürgen Buller=
jahn, wird gesagt, daß er lesen und schreiben konnte
und infolge dieses Umstandes als gelehrter Mann galt.
Deshalb machte er denn auch bei der Hochzeit seiner
Reisegenossen, die unter keiner Bedingung als Jung=
gesellen nach Nebraska ziehen wollten, den „Mäter von
't Pläsir" und brachte einen längeren Toast aus, indem
er zum Schlusse feierlich versprach, nach fünf Jahren
zurückzukehren und sich ein plattdeutsches Ehegespons zu
holen.

Als die jungen Ehepaare nach der Reihe die Stuten=
und Säutmilchwochen und schließlich die Zitter=, Growwa=
brod= und Schwernotswochen durchgemacht hatten,
begaben sie sich auf die Reise nach Amerika und kamen
auch wohlbehalten in Omaha an.

Bullerjahn hielt sein Versprechen; er kehrte nach
Ablauf von fünf Jahren in seine Heimat zurück, wählte
sich eine dralle Frau und gab auf dem Hochzeitsfeste
seine und seiner Freunde Erlebnisse zum Besten. Von
sich berichtete er, daß er zuerst in einer Erdhütte ge=
wohnt, fleißig gearbeitet und gespart und sich allmählich
Ochsen, Kühe und Pferde und seine eigene Farm ange=
schafft habe. Von dem Musikanten Hans Puter er=
zählte er auf Befragen, daß er, seitdem er sich „Perfesser"
der Musik nenne, einen einfachen Farmer nicht mehr kenne.

„Hei is Musikperfesser
Von noch fiw Unner-Perfessoren,
Die ol in Deutschland sünd geboren;
Hir Jahrmarktsmusikanten wiren,
Dort blasen s'nu ut annere Hüren
Sie reden gelehrt von Strauß un Haydn
Un können derbi kein Not unerscheiden,
Un wat sin Fru is, Jettchen Hauhn,
Hett blos man sib'ne Kleeder an.
Plattdütsch seggt's kanns nich mehr spreken
Un deit nun englisch rabebreken."

Aus dem Schulmeister ist natürlich ein Pastor
geworden.

„De is gahn dort bi de Mucker
Trinkt Water blos, un Thee mit Zucker
Heimlich dor drinkt hei ok sin'n Win,
Lett äwer, as Recept für Medizin
'N sick verschriewen ut de Afteuk.
Ja, be is verslagen un gescheut!
Drum is hei burt Paster, en wicht'gen,
Nich as hier uns' Paster so'n richt'gen,
Ne! So'n Heuchler, so'n Ogenverdreiher
Un deid vor'n Leib'n, as em Kasteier
Von sinen göttlichen Liw.
Hett üm sick ok tau'n Tidverdriw
'N Hupen von lüsternen Bedseucherinnen
Von äwergesnappten Hülmeierinnen."

Der Barbier ist in Amerika zum Doktor avanciert.

„Hei nennt sich sülwst dort Doktor Zahn
Hir reb'n wi'n tau'n Spaß so an,
Up den Kopp an hoch Angstrohr,
Vatermörder bit ant Uhr,
Brillen ok von Fensterglaß
Dröggt hei—un ahn Unnerlaß

> Red't hei von Waterkur un von Diät
> Als ob de Weisheit mit Leppeln hei ätt."

Auf den Schmied hingegen ist Bullerjahn gut zu sprechen.

> „Twors drimmt hei ok noch Zympeti,
> En ok en Bitschen Homepati,
> Doch dat is mal sin Steckenpird
> Wovon ein Keiner mehr kurirt."

Zum Schlusse erklärt Bullerjahn, daß er, trotzdem er bereits das amerikanische Bürgerrecht erworben, doch ein ächter Deutscher bleiben werde.

Gustav Holthusen schrieb seine „Ole Erinnerungen" (New York, 1876) im Bremer Dialekt. Wie Butenschön so hat auch er seinem „Lüttje Dorp" ein gemütreiches, von Heimweh angekränkeltes Gedicht gewidmet. Der Hauptinhalt seines Werkes besteht jedoch aus Prosa, Humoresken nämlich, die sich vorzugsweise auf die tollen Jugendstreiche des Verfassers beziehen.

Karl Münters Büchlein „Nu sind wir in Amerika" (Cincinnati, 1878) ist das Werk eines hochbegabten, feinfühlenden Dichters. Es behandelt das idyllische Stillleben eines einfachen, plattdeutschen Holzhackers, der sich deshalb in Amerika glücklich fühlt, weil er beständig Arbeit hat, und weil es ihm und seiner treuen Fieke nicht an dem Notwendigsten fehlt. Ihm ist es in seiner früheren Heimat unstreitig recht bitter ergangen, denn wenn er einen dicken Urwaldbaum umzuhauen hat, dann sagt er:

> „Ich denk, dei Boom is unse Graf
> Un wenn ick em denn so tau Straf
> För sien unminschliches Begehr

> Mit jeden Hau,
> Den ick bau,
> Dei Jack utsmeer,
> Denn hat mien Haß 'nen Gegenstand
> Un kümmt nich ute Rand un Band."

Doch dieses Glück wird plötzlich durch einen hans=wurstmäßig gekleideten, aus Deutschland stammenden Handlungsdiener gestört, der ihn anfleht, ihm auf seine goldene Uhr, ein Geschenk aus lieber Hand, hundert Dollars auf einige Wochen vorzustrecken. Da Jochen selbst keine solche Summe besitzt, so führt er den Fremden zu einem Nachbar, der sich dann auch bereden läßt, das verlangte Geld auf die wertvolle Uhr zu leihen. Als dieser dann später ausfindet, daß er schmählich be=trogen worden war, läßt er den biederen Jochen ver=haften. Fieke eilt ihm mit ihrem Hunde bei Sturm und Wetter nach, verirrt sich und stürzt in einen Ab=grund, aus dem sie noch rechtzeitig gerettet wird. Bald darauf kehrt bei dem schwer geprüften Ehepaar die frühere Ruhe wieder ein; Jochen arbeitet fleißig weiter und seine Familie erfreut sich mit der Zeit eines beträchtlichen Zuwachses.

> „Is Fieken 's Abends noch so meud
> Denn singen bei Jungs nen dütsches Lied
> Dat makt das Hart ehr werrer wiet,
> Sei spälen nen Schapskopp un'n Hund,
> Nen swarten Peiter in be Rund,
> Sei stöten eis an un drinken ehr tau
> Un wünschen ehr dann wohlslapende Rauh."

Der Verfasser dieser im pommerschen Dialekt ge=schriebenen, leider etwas zu breit ausgesponnenen Idylle war früher Geistlicher im Staate Indiana.

„Zwewle, Knowloch un Marau.“

Als der Sage nach unser Herrgott alle Länder verteilt hatte, war ihm noch ein kleines Stück übrig geblieben, und da er nicht recht wußte, was er mit demselben anfangen sollte, so bot er es dem Teufel an. Derselbe betrachtete es eine Zeit lang, und da es ihm nicht nur zu klein, sondern auch zu armselig vorkam, so sagte er kurz: „B'halts!“ Aus dieser lakonischen Antwort soll nun der Name „Pfalz“ entstanden sein.

Sei dem nun wie ihm wolle, sicherlich hat im vor=vorigen und vorigen Jahrhundert, als Ludwig XIV. die Pfalz mit Krieg überzog, gar mancher Bewohner angesichts seiner verwüsteten Heimat mit dem Teufel gesagt „b'halts“, und ist froh gewesen, daß er derselben den Rücken kehren und sich von den Engländern die Überfahrt nach Amerika bezahlen lassen konnte.

Nachdem die Pfälzer sich dort auf Befehl der englischen Regierung am Hudson niedergelassen hatten, fanden sie bald aus, daß ihnen die von den herrsch=süchtigen Engländern ausgehende Behandlung doch auf die Dauer nicht zusagte, und viele siedelten daher nach

Pennsylvanien über, welches in der Mitte des vorigen Jahrhunderts die bevorzugteste Zufluchtsstätte der europamüden Deutschen bildete. Besonders lenkten die Rheinbayern, Badenser, Württemberger und Hessen ihre Schritte nach dem Lande der religiösen Toleranz und lieferten ihre Beiträge zu dem daselbst sich naturgemäß entwickelnden Jargon, dem sogenannten Pennsylvanisch-Deutsch. Ein Blick auf Harbaughs „Harfe", die bekannteste in jener Mischsprache verfaßte Gedichtsammlung, zeigt nun, daß die Pfälzer an der Bildung des betreffenden Dialektes am meisten beteiligt waren und daß man wohl daran thut, wenn man zum bessern Verständnis desselben erst Nadlers Gedichte sprachlich studiert.

Zu den vier Hauptdichtern der Pfälzer Mundart, nämlich Kobell, Nadler, Schandein und Lennig, ist neuerdings der zu Evansville in Indiana seit Jahren als Chefredakteur des „Demokrat" thätige Lorenz Rohr gekommen.

Kobell, der übrigens kein geborener Pfälzer, sondern ein Münchener war, verfaßte seine launigen und heiteren Gedichte allerdings in Dialekte der Vorderpfälzer, allein dieselben sind so allgemein gehalten und so bar des Lokalkolorites, daß er sie ruhig ohne dem poetischen Werte derselben Eintrag zu thun, in irgend einer andern Mundart hätte schreiben können. Schandein, der sich genau des örtlich begrenzten Westricher Dialekts bediente, schlägt hingegen meist einen ernsten, schwermütigen Ton an und liefert dadurch den Beweis, was übrigens auch schon Hebel und Klaus Groth gethan,

daß sich der Volksdialekt ebenso trefflich zur Schilderung
tiefer Gemütsstimmungen wie zur Darstellung heiterer
Begebenheiten eignet. Nadler bedient sich der Mundart Heidelbergs und der Bergstraße; Lennig, der derbe
Mainzer, des Donnerberger Dialektes. Lorenz Rohr
giebt der unverstädtelten vorderpfälzischen Mundart
den Vorzug und vermischt denselben da, wo er amerikanische Themen behandelt, manchmal mit solchen deutsch-
englischen Wörtern und Redensarten, wie sie den
Deutschen in Amerika geläufig sind.

Ehe wir nun einzelne Nummern seines Buches
„Zwewle, Knowlach un Marau" (München 1896) näher
betrachten, wollen wir erst einen kurzen Blick auf das
demselben beigegebene Vokabularium werfen. Da finden
wir, daß die fast überall in Süddeutschland gebräuchlichen, dem Hebräischen entnommenen Wörter „acheln"
(essen, hebr. achal), und „Mackes" (Schläge) auch dem
Pfälzer geläufig sind. Das alte deutsche, in vielen
süddeutschen Dialekten erhaltene und noch im vorigen
Jahrhundert in Kirchenliedern gebrauchte Zeitwort
„batten" (nützen) hängt mit dem gotischen „bota" (Buße
oder Besserung) und dem Komparativ „besser" zusammen, für welch' letzteren man zuweilen noch in Gedichten die ältere Form „baß" als Positiv gebraucht.

Der hausierende Jude heißt im Pfälzischen „Bännel-
jibb" (Bänderjude); Drewennel, wofür die Hessen Dreh-
peter sagen, bedeutet Einfaltspinsel. In Schmalkalden
versteht man unter der Redensart „Einen Drewes aus
etwas machen" soviel wie eine Sache in Verwirrung
bringen. Unter einer Pinns versteht der Pfälzer eine

zimperliche, schwer zu befriedigende, übel gelaunte,
„mußige“, d. h. verdrießliche Frau, die am besten in
einem „Kewwig“ (Käfig) aufgehoben ist. „Bumberdan“
ist ein onomatopoetischer Ausdruck für Baßtrommel
oder Pauke; „Dellchen“ ist so viel wie geringe Vertiefung und wird auch vielfach in Süddeutschland für
Wangengrübchen gebraucht. „Verzwernt“ (verwirrt)
bedeutete ursprünglich verwickelten Zwirn; letzterer heißt
nun im Pfälzischen „Neez“, welches Wort von nähen
abgeleitet ist. Unter „Spuchte“, wofür der Darm-
städter „Spuße“ sagt, versteht der Pfälzer bäurische
Späße.

Der Titel des Rohrschen Buches bezieht sich, wie
im Einleitungsgedicht deutlich erklärt ist, auf den Gebrauch
der Männer von Zäskäm, jährlich im Spätherbst mit
dem Zwergsack auf dem Rücken die Dörfer der Nieder-
pfalz zu besuchen und Zwiebeln, Knoblauch und
Majoran zu verkaufen; denn

> „Der Bauer, wenn er metzle will,
> Der muß e Saiche hau,
> Un Zwewle, for zu mache Worscht,
> Nebscht Knowloch und Marau.“

Ein alter Volksschriftsteller hat einstmals gesagt, er
liebe die Pfälzer deshalb, weil sie sich rücklings neigten,
um eine volle Kanne bis auf die Nagelprobe zu leeren.
Daß jene Landsleute gerne ihren „Schoppen petzen“, ist
übrigens weltbekannt und es wäre daher ein Wunder,
wenn Rohr als ächter Sohn seiner ursprünglichen
Heimat die moralische und physische Notwendigkeit des
Trinkens nicht in mehreren Liedern überzeugend nach-

gewiesen hätte. In seinem „Cabidl aus 'm Trinkbrevier" erklärt er, daß der Wein das Blut verjünge, den Mut beseele, Kerngedanken hervorzaubere und zum Himmel vorbereite. Selbst dem von sittenstrengen Pfahlbürgern in die Acht erklärten „Frühschoppe" ist er nicht abhold

> „Sou e Scheppl in der Frih
> Kannscht b'r g'falle looße;
> 's esch, a deht's zur Trinkrewi
> D' gude Geeschter blooße."

In seinem Liede vom „Hahn aller Hähne" sagt er, nachdem er den Hahn auf dem Hofe, dem Kirchturm und den an der Flinte besprochen und auch den gallischen Hahn patriotisch abgefertigt hat, zum Schluß:

> „O Hah am Faß, du bescht
> Bun de Hahne de allerbescht."

Das Trinken ist ihm eine Kunst, trotzdem es gewöhnlich nicht dazu gerechnet wird, was insofern als Ungerechtigkeit zu bezeichnen ist, als Maler, Dichter, Bildhauer und Musiker ihre Begeisterung doch meistens der gefüllten Flasche verdanken.

> „De Kunscht vum Trinke kennt die Palz
> Vum diefschte Fundament;
> 's esch g'spaßig, wie der Pälzer als
> Je dernooch die Raisch benennt.
> Wenn's nor saiselt im Kopp
> So esch g'flochte e Zopp.
> Hoorbeidl, Schwipp un Spitz du bischt
> 'm Pälzer wohlbekannt.
> Un Stimwel, Stiewer, Spritzer, Kischt,
> Un Aff un Storm un Brand."

Kein Wunder, daß unserem Dichter die amerikanischen Temperenzler in innerster Seele zuwider sind; dieselben, die ihren Durst mit Wasser zu löschen pflegen, können unmöglich dermaleinst selig werden und müssen in die Hölle wandern, wo sie auch keinen Heiligen umstoßen.

Nach dem Liede „De Priß" zu urteilen, scheint unser Dichter auch ein fleißiger Schnupfer zu sein. Er schnupft morgens ehe der Hahn kräht und abends, wenn der Mond am Himmel steht; ja selbst im Traum kommt es ihm häufig vor, als schnupfe er „de leschte Priß". Aber er schnupft stets aus Rücksicht auf seine leibliche Gesundheit, denn eine gute Prise hilft gegen „Glibbergeriß" und allerlei Bekümmernis.

Wenn er nun sagt:

„Wer frei sich hält an b' Dus',
Der kriegt so leicht noch nit de Rous,"

so bedeutet das nicht etwa, daß er auch von der Gesichts=roje verschont bleibe, sondern vielmehr, daß er nicht so leicht zu Schanden wird, oder wie die Hessen sagen, die Kränke kriegt. Also hat Rohr von seinem Standpunkte aus Recht, wenn er sagt:

„Der Mann, wu geche's Schnuppe gackst,
G'hört anne, wu der Pfeffer wachst."

Das allem Anscheine nach im Abnehmen begriffene Schnupfen bildete früher eine noble Passion, oder wie die Amerikaner sagen, ein tugendhaftes Laster (virtuos vice). Der Schnupfer galt allgemein als ein ernster, nachdenkender und vorsichtiger Mensch, der sich, ehe er eine wichtige Frage beantwortete, den Kopf stets durch eine kräftige Prise klar machte. Demjenigen also, der nach der englischen Redensart „up to snuff" ist, schreibt man ruhiges Urteil und entschiedenes Handeln zu.

Talleyrand soll erklärt haben, daß jeder Diplomat, der erfolgreich sein wolle, unbedingt wissen müsse, die Schnupftabaksdose zur rechten Zeit zu gebrauchen. Friedrich der Große, Napoleon, Moltke, Voltaire, Pope, John Dryden, Dr. Johnson u. s. w., waren eifrige Schnupfer. Wenn der Historiker Gibbon etwas Wichtiges sagen wollte, zeigte er es dadurch an, daß er auf seine Dose klopfte. Lord Stanhope behauptete, daß von den vierzig Jahren eines Schnupfers zwei durch die Einführung der Prise in die Nase und zwei durch Niesen vergeudet würden. Ehe sich Henry Clay mit Calhoun in einen Redekampf einließ, erfrischte er seinen Geist durch eine Prise. Dasselbe that der erste Napoleon vor Beginn einer Schlacht.

Und nun das Niesen! Welche abergläubischen Gebräuche, welche Segenssprüche und Prophezeiungen hat man nicht zu allen Zeiten damit verknüpft!

Catull läßt in einem seiner Gedichte den Cupid niesen, zum Zeichen, daß er die Liebe eines jungen Paares sanktioniert. In der italienischen Posse „Bambociata", bei welcher der englische Satiriker Swift starke Anleihen machte, wird erzählt, wie Herkules in das Land der Zwerge kam, sich dort niederlegte und sanft einschlief. Sobald dies die erschrockenen Kleinen bemerkten, bewaffneten sie sich mit dornigen Zweigen und krochen scharenweise auf den Körper des Riesen. Als sich nun gar einer in die Nase des Herkules wagte, mußte dieser so stark niesen, daß das gesamte Zwergvolk in alle Winde zerstob.

Das Schnupfen erlernt sich bald; auch braucht man dabei keine unangenehmen Vorstudien wie beim Rauchen zu machen. Derjenige, der es unternähme, die auf den Schnupftabaksdosen unserer Vorväter verzeichneten Weisheitssprüche zu sammeln, würde der Folklore einen großen Dienst erweisen.

Doch nun zurück zu unserem Dichter. Im „Lambrechter Bock" schildert Rohr einen alten pfälzer Gebrauch, nach welchem die Gemeinde Lambrecht jährlich am Pfingstdienstag der Gemeinde Deidesheim für Weideberechtigung einen Bock zu liefern hat. Trotz aller Anstrengung, diesen alten Zopf zu beseitigen, konnte es bis jetzt nicht erreicht werden. Die Sache spielt sich weiter in althergebrachter Weise ab. Wenn auch einige Formalitäten infolge gegenseitigen Einverständnisses nicht mehr so genau eingehalten werden, wie es die Urkunde verlangt, so ist der Pfingstdienstag für die Deidesheimer immer noch ein denkwürdiger Tag, und viele Fremde wandern dahin, das seltene Schauspiel zu schauen.

Nach der alten Urkunde muß dieser Bock vor Sonnenaufgang vom jüngsten Bürger nach Deidesheim geführt werden.

„Der Gäsbock esch kumme!"
So kreischen se numme,
Und Alles steerzt 'raus
Nooch 'm Borgemäschtershaus.

„Do esch er, do steht er!
E Staatsbock!" sägt Jeder,
Un der Schulz in seim Rang,
Der nimmt 'n in Empfang.

„Wie's Fobbre dhut d' Satzing
Bun d'r Beehweede-Atzing,
Gui gebeiblt un g'hernt
Esch's Bocksdhier, verzöernt.

Do guck emol be Herner,
Die mächbige Derner!
Eier Bock esch schun recht."
So der Borgemäschter sächt.

Bekanntlich brachten auch die alten Deutschen ihrem Donnergotte im Frühjahr einen Bock als Opfer dar. In der Jachenau, einem Seitenthale des Isarwinkels, hatte sich, wie Prof. Sepp in seinem Werke „Die Religion der alten Deutschen" (München 1890) erzählt, der Gebrauch, nach welchem jährlich von den weideberechtigten Bauern ein Opferbock geliefert werden mußte, bis auf Ostern 1854 erhalten. Dieser wurde gebraten, und nachdem er in der Kirche geweiht worden war, gemeinschaftlich verzehrt; vorher aber erhielt der Priester die Leber, und auch Lehrer und Meßner (Küster) wurden mit einem Stückchen Bockfleisch bedacht.

Sepp erwähnt auch den Lamprechter Bock, macht jedoch dabei Deidesheim zu Dürckheim, was wohl ein Druckfehler sein dürfte. 1879 versuchte die Gemeinde Lamprecht jenen Zoll abzulösen; es kam zu einem Prozeß, und da derselbe gegen sie entschieden wurde, so erfreuen sich die Deidesheimer heute noch jedes Jahr der Lieferung des vorschriftsmäßigen Bockes.

Das Pfälzische ist nach Rohr

„Die Sprooch der Sprooche:
Wer dichtig Pälzisch kann, der braucht
Nooch Anner'm net veel so froge."

Es ist auch hier in Amerika dadurch zu hoher Ehre gelangt, daß man bei der Bildung der pennsylvanisch-deutschen Mundart die meisten Anleihen bei ihm gemacht hat.

„E Simmern vun der pälzer Sprooch
Un vum Englische e Messel
Des mengt mer orntlich dorchenand
Un schitt's dann in e Fässel.

Un wann des Dings vergohre hot
Un endlich aus 'm Thran isch,
So gibt's e Sprooch voll Saft un Kraft,
Des liebe Deutsch-Pennsylvanisch."

Wehmütig gedenkt Rohr der guten alten Zeiten, da die deutschen Lieder noch durch die „Rockestobb" erhalten und fortgepflanzt wurden. Auf das Maschinenalter ist er überhaupt schlecht zu sprechen.

D' Maschine dhun jetz Alles;
's esch ganz en ann'ri Zeit,
Un sie ach hot de Dalles,
Die ald Gemithlichkeit.

Des Spinnrad licht im Speicher
Un d' Spinne hausen drin,
Jetz sag', eb d' Pälzer reicher,
Odd'r ärmer wore sin."

Unser Dichter ist jedoch in seinem neuen Vaterlande kein Yankeehasser geworden. Er sagt zwar, daß das Gewissen des Amerikaners weiter als das Meer sei, erkennt aber zu gleicher Zeit auch die lobenswerten Eigenschaften, besonders den Gemeingeist und Wohlthätigkeitssinn desselben, bereitwillig an.

21*

Als vor einigen Jahren einige einflußreiche Deutsche
des alten Vaterlandes eine „Centralstelle" gründen
wollten, durch welche überschüssigen deutschen Gelehrten
ein ihren Kenntnissen entsprechender Wirkungskreis in
Amerika verschafft werden sollte, da lachte gar mancher
Deutschamerikaner ob dieser Naivetät still in sich hinein
und dachte, wer kommen will, mag kommen, soll aber
nicht vergessen, daß das nationale Motto „help yourself" heißt. Auch Rohr bespöttelt jene Centralstelle
und sagt unter anderem sehr treffend:

> „Centralstell hi, Centralstell her!
> Dem Mut'ge nor winkt's Glück.
> Doch jeder denkt, wenn gekreizt esch 's Meer,
> Voll Sehnsucht oft zurück.
> Professor un studirti Welt
> Sin 'm Holzweg dren, o mei!
> Wer hier san Witz will mache zu Geld,
> Muß sich selwer Centralstell sei."

Auch einige Schattenseiten des Amerikaners werden derb
gegeißelt, wie z. B. der rasend um sich greifende Spiri-
tualismus, die Sucht, auf alle Fälle („ennehau") Geld
zu verdienen, die in den Gefängnissen des „Weschte-
baschestäätls" Delaware aufs neue eingeführte Prügelstrafe u. s. w. Letztere ist ihm hauptsächlich deshalb
verhaßt, weil sie nach seiner Ansicht dem Gefühl der
Menschenwürde widerstreitet.

Sonderbarerweise aber verherrlicht Rohr in einem
anderen, „Hiebe" überschriebenen Gedichte gerade die
rechtzeitig angewandte Prügelstrafe und versteigt sich
sogar zu der Bemerkung:

„Wammer d' Hieb nimmi kennt,
Hot die Welt ach ein End.‟

Und zum Schlusse dieses Gedichtes sagt er:

„Wie d' Blume vum Dank aus Hieb erspriest,
Des zeegt e Deckelbruck
Vum e Speyrer Lehre.   Drof er liest,
Wann er als sich gunnt en Schluck:
„Unserm Lehre aus Lieb
For empfangene Hieb.‟‟

In dem Gedichte „Good by‟ wird dieser Abschieds=
gruß nach allgemeinem Gebrauche durch „Gott sei mit
dir‟ übersetzt; dies ist jedoch insofern falsch, als good
hier nichts mit Gott zu thun hat, sondern einfach „gut‟
bedeutet, und by der angelsächsische und dänisch=
norwegische Ausdruck für Dorf, Aufenthalt oder
Wohnung ist.   So weisen auch alle englischen Orts=
namen mit der Nachsilbe „by‟ auf dänischen Ursprung hin.

Unser Dichter ist kein Freund der Jagd nach dem
Dollar; herzlich freut er sich des jährlich wiederkehren=
den, Blumen spendenden Frühlings und des herrlichen
Indianersommers,

„Wu d' Bääm in Feld un Wald
Sich färwen wie Meerschaumkepp.‟

Als echter Optimist glaubt er an die zum Fortschritt
der Menschheit notwendige Abwechslung von Glück
und Unglück und beneidet selbst den größten Protzen
nicht, da sich derselbe doch im höchsten Falle auch nur
zweiunddreißig Zähne ausziehen lassen kann.

Vor und nach der Hochzeit.

Die dem göttlichen Ausspruche „Es ist nicht gut, daß der Mensch allein sei" unstreitig zu Grunde liegende Wahrheit wird selbst da bereitwillig anerkannt, wo man vom alten Testament kein Sterbenswörtchen gehört hat.

Eros, der Sohn der Venus, nahm in seiner Jugend erst dann an Schönheit und Stärke zu, als ihm seine Mutter den Anteros zugesellte, denn die Liebe verlangt Gegenliebe, wenn sie nicht verkümmern soll. So sehnt sich auch heute jeder Hans nach einer Grete, und das Mädchen, das sich gerne in den Stand der Ehe begeben möchte, bittet die Mutter, ihr gut, aber ja nicht abzuraten. Es will einmal unter die Haube, und da nach einem derben Sprichworte eine Laus in der Suppe besser als gar kein Fleisch ist, so ist es, um nicht zum Stande einer alten Jungfer verurteilt zu werden, im Falle der Not betreffs des Zukünftigen durchaus nicht wählerisch. Die Beantwortung der Frage: „Wann und wen werde ich heiraten?" bildet das Hauptthema aller Versuche, die Zukunft auszufinden.

Wenn auch der feste Glaube an die Zuverlässigkeit derartiger Orakel längst verschwunden ist, so hat dadurch die Anwendung derselben doch nicht nachgelassen, denn der Trieb, einen Blick in die dunkle Zukunft zu thun, scheint unausrottbar zu sein und eine trügerische Hoffnung ist gleichsam ein Opiat, das eine Zeitlang unangenehme Gefühle verbannt.

Wenn eine heiratslustige Jungfrau Neuenglands ausfinden will*), wer ihr zum zukünftigen Gemahle bestimmt sei, so nagelt sie einfach ein vierblättriges Kleeblatt über ihre Hausthüre, und der erste junge Mann, der darunter herschreitet, ist der Glückliche. Wenn sie ihren Herzenswunsch nicht jedem offenbaren will, so legt sie jene Seltenheit in ihren Schuh und den ersten Jüngling, dessen sie dann ansichtig wird, wird sie später bräutlich umfangen. Findet sie kein vierblättriges Kleeblatt, nun so thut auch ein alter, harter Apfel dieselben Dienste. Denselben schält sie sorgfältig, sodaß die Schale nicht zerbricht, schwingt diese dann dreimal um den Kopf und wirft sie rück= wärts über die Schulter auf den Boden. Die geringelte Apfelschale soll alsdann die Gestalt eines Buchstabens annehmen, welche den Anfang des Namens des ihr Zu= gedachten darstellt. Im Falle nun dieser Buchstabe auf einen unerwünschten Freier hinweist, bleibt es der Phantasie der Jungfrau überlassen, darin einen anderen zu erblicken. Daß der Apfel über die fromme Mensch= heit das größte Unglück gebracht hat, daran wird bei der Vornahme jenes Orakels gewöhnlich nicht gedacht.

Statt eines Apfels werden zum genannten Zwecke häufig auch Apfelkerne gebraucht, dem Anschein nach aber

*) Clifton Johnson, What they say in New Eng- land. Boston 1896.

mehr von Jünglingen als von Jungfrauen. Zwei Apfelkerne, denen durch eine zweite Person Namen von Mädchen beigelegt worden sind, werden mit Speichel an den Augendeckeln befestigt und derjenige Kern, der beim Winken zuerst abfällt, zeigt die Zukünftige an. Dieses Experiment kann man auch auf eine Weise machen, wodurch man keine andere Person in seine Geheimnisse einzuweihen braucht. Man legt nämlich die mit Namen versehenen Kerne auf eine heiße Ofenplatte und diejenige, die darauf zuerst zerplatzt, prophezeit die Zukunft.

Auch werden in Neuengland oft dem Neumonde folgende Fragen gestellt:

> „New moon, new mon, pray tell to me
> Who my true lover is to be. —
> The color of his hair,
> The clothes he will wear,
> And the day he 'll be wedded to me.“

Ob aber jemals und in welcher Weise der Mond die neugierige Fragerin befriedigt hat, davon verlautet nichts.

Oft werfen die Mädchen genannten Landes beim Neumond Garnspulen aus dem Fenster und erwarten dann, daß der junge Mann, der diese aufhebt, einen Heiratsantrag mache. Nach einer alten Regel muß dort der Hochzeitskuchen bis auf die letzte Krume aufgegessen werden, wenn das neuvermählte Paar Glück haben soll; nach einer ebenso alten und probaten Regel soll man jedoch so lange Glück haben, wie man ein Stück vom Hauptkuchen des Hochzeitsschmauses auf=

bewahrt. Empfohlen wird auch den heiratsluftigen Jungfrauen, sich eine solche süße Reliquie zu verschaffen und sie unter das Kopfkissen zu legen, denn alsdann erscheint ihr der Bräutigam im Traume. Ist ein Ring in den Hochzeitskuchen gebacken und erhält beim Zerschneiden desselben eine unverheiratete Dame das Stück mit genanntem Schmucke, so hat sie die beste Aussicht, bald an den Traualtar zu treten. In keinem Falle aber darf der Hochzeitskuchen, wenn er seinen Ruf als zuverlässiges Orakel nicht einbüßen soll, von der Braut gebacken worden sein.

Der Anblick eines weißen Pferdes ist zu vielen Dingen gut, hat man alsdann doch den berühmten Schimmel des Wunschgottes Wotan vor sich*). Aber auch dieser hat seine alte Zuverlässigkeit verloren, wenigstens in dem zweifelsüchtigen Neuengland, wo er dem einen Glück, dem andern hingegen Unglück bringen soll. Ferner wird behauptet, daß, wenn man drei Schimmeln hintereinander begegne, dann einem Menschen die Hand gebe und dabei im stillen irgend etwas wünsche, auf Erfüllung seiner Sehnsucht rechnen dürfe. Den Zukünftigen mittels des Schimmels auszufinden, geht übrigens nicht so schnell, denn die Jungfrau muß erst neunundneunzig derartigen Tieren begegnet sein, ehe sie berechtigt ist, in dem ihr darauf erscheinenden Manne ihren Bräutigam zu begrüßen. Natürlich darf

---

*) Siehe darüber meine Schrift: „Folklore, mit dem Anhange: Amerikanische Kinderreime." Dresden, Verlag der Druckerei Glöß.

sich die Dame hier nicht verzählen. Dies gilt allgemein als das unfehlbarste Orakel seiner Art.

Ißt ein Mädchen gerne saure Gurken, oder blutet ihr die Nase, so ist es sterblich verliebt; fällt es die Treppe hinauf anstatt hinunter, so kann es sich darauf verlassen, daß es vor Jahresschluß glückliche Braut ist. Einen schönen Bräutigam aber bekommt es nur, wenn es die Kunst des Bettmachens gründlich versteht. Diese Orakel, sowie einige der folgenden, haben jedoch nur für Neuengland Bedeutung. Dort suchen die jungen Damen ihr Schicksal auch dadurch zu erfahren, daß sie sich gegenseitig in den Kniekehlen kitzeln und dabei sprechen:

„Tickle, tickle on the knee,
Laugh or smile, an old maid you 'll be."

Lacht oder lächelt nun eine, so hat sie ihr Glück verscherzt und muß als alte Jungfer in den Orkus steigen. Auch Jünglinge bedienen sich zuweilen dieses Orakels; diese sprechen dann natürlich old bachelor anstatt old maid.

Wenn ein junger Mann dreimal hintereinander von einem bestimmten Mädchen träumt, so führt er dieses sicher bald als Gattin heim. Um sich betreffs seiner Zukünftigen in einer Nacht Gewißheit zu verschaffen, braucht der Neuengländer bloß jedem Bettpfosten den Namen einer Jungfrau zu geben und diejenige, die ihm dann im Traume erscheint, ist die ihm bestimmte Braut. Ein ähnliches Resultat erzielt er auch, wenn er jedem seiner Strümpfe einen weiblichen Namen beilegt und diese dann unter dem Kopfkissen 'verbirgt. Um in diesem Falle nun ganz sicher zu gehen, muß er sich am Abende dem Bette rückwärts nähern.

Die um ihre Zukunft besorgte Neuengländerin schreibt die Namen von zwölf Männern auf eben so viele Zettel, legt dieselben unter ihr Kopfkissen und zieht dann beim Erwachen einen nach dem andern hervor. Der letzte Zettel enthält den Namen ihres Zukünftigen.

Die Jungfrau, die ohne in den Spiegel zu schauen, sich das Haar kämmen kann, braucht nicht zu befürchten, die Zahl der alten Jungfern zu vermehren, denn ihre Geschicklichkeit, die sie sicherlich auch bei anderen Gelegenheiten zur Schau trägt, wird ihr schon einen Mann gewinnen. Wenn sie jedoch bei jenem Haar- kämmen eine Locke unberührt läßt, so muß sie mindestens ein Jahr warten, bis sie unter die Haube kommt.

Die Neuengländerin, die beim Kuchenbacken den Teig sorgfältig aus der Schüssel kratzt, wird allerdings einen armen Mann heiraten, denselben aber durch ihre Sparsamkeit zum Reichtum verhelfen. Mädchen, die sich beim Geschirrwaschen so ungeschickt anstellen, daß sie ihre Kleider naß machen, oder die beim Mittags- essen das Gesicht beständig kreuzweis verziehen, werden, wenn sie nicht ledig bleiben, Trunkenbolde heiraten und in große Not geraten. Treffen am Eßtische drei Mädchen mit dem gleichen Vornamen zusammen, so wird sich wenigstens eines derselben im Laufe des Jahres vermählen. Wer den Stuhl rückwärts umwirft, braucht vor Ablauf eines Jahres nicht an seine Hochzeit zu denken. Ein Mädchen, das einen Brautschleier trägt

und sich mit Orangeblüten schmückt, wird eine alte
Jungfer. Wer über den Stil eines Fegewisches schreitet,
bleibt ledig, sei es nun Jüngling oder Jungfrau. Das
Mädchen, das eine verbogene Nadel aufhebt, muß die=
selbe so schnell wie möglich wieder fortwerfen, wenn es
sich zu verheiraten gedenkt. Sicher aber bekommt es
bald einen Mann, wenn ihr die Kleidermacherin beim
Anprobieren eines neuen Rockes eine Nadel durch das
Hemd sticht. In Sussex wird die Braut nach der
Trauung aller Nadeln, die sich an ihrem Kleide befinden,
beraubt; wer eine solche erreicht, kann innerhalb eines
Jahres Hochzeit machen.

Die Neuengländerin, welche die Kruste eines Back=
werkes abschneidet und der diese dabei über die Hand
gleitet, tritt jung in den Ehestand. Zieht sie einen
Krautstengel aus der Erde und bleibt dabei etwas Erde
an der Wurzel hängen, so bekommt sie einen armen
Mann; das Gegenteil deutet auf einen reichen. Hängt
sie ein solches Gewächs am Allerseelentag über die
Hausthüre, so kann sie sicher sein, daß der erste junge
Mann, der darunter hinschreitet, ihr zukünftiger Bräuti=
gam ist.

Wenn die Irländerin freien will, so betet sie neun
tagelang zum heiligen Joseph, und da dieser im Ge=
ruch stand, ein sanfter Ehemann gewesen zu sein, so
hofft sie bestimmt, daß er ihr mit Rat und That zur
Seite steht. Will die Engländerin, deren Geliebter
Seemann ist, sicher sein, daß dieser auf dem Weltmeere
an sie denkt, so legt sie eine Schürze voll Ufersand
auf ein Vergißmeinnichtbeet und begießt dasselbe jeden

Morgen vor Sonnenaufgang. Will eine Neuschottländerin ihren Schatz sehen, so nimmt sie die erste Blume, die sie auf einem Maifest findet, haucht sie dreimal an und spricht dabei:

> „Flower pink, flower white,
> I wish to see my love to-night.“

In Ungarn, wie auch in Deutschland, gebrauchen die Mädchen das Gänseblümchen als Orakel. Dies nennen sie im erstgenannten Lande, wo sie beim Abpflücken der Blätter „Farra (Pfarrer), Rektor (Lehrer), Bidmon (Witwer) und Knecht“ sagen, „Farrarekter“*).

In England und einigen Gegenden Schottlands wird die Stabwurz oder Eberraute (artemisia abrotanum) lady's love, lad-love-lass, oder auch old man's love genannt; in Maine und Massachusetts ist sie als boy's love bekannt, denn dort begegnet nämlich ein Mädchen, das sich einen Teil dieser Pflanze in den Schuh gesteckt, oder unter das Kleid auf die bloße Haut gelegt hat, bald ihrem zukünftigen Gemahl. Die Pflanzenart artemisia heißt im Deutschen Beifuß, deshalb nämlich, weil sie in den Schuhen, also „bei Fuß“ getragen wird, um gegen Müdigkeit zu schützen. Nagelt man Beifußwurzeln an die Thüre des Hauses, so ist dieses gegen Hexen und Feuer gefeit; außerdem sollen sie ein wirksames Mittel gegen Schwindsucht sein.

Das Haus, dessen Fenster die Schwalben umfliegen oder gar zur Anlage ihres Nestes auswählen, wird bald eine Braut beherbergen. Auch für den liebenden

---

*) Ethnolog. Mitteilungen aus Ungarn. Bd. III, Heft 3—4.

Jüngling ist die Schwalbe bedeutungsvoll. Sobald er die erste Schwalbe erblickt, muß er unter seinen Fuß sehen. Liegt dort zufällig ein Haar, so kann er aus diesem erkennen, von welcher Farbe das Haar seiner Lebensgefährtin sein wird.

Bei weitem festere Anhaltepunkte giebt aber das niedliche Marienkäferchen, das für junge Mädchen geradezu als ein Wegweiser auf dem Pfade der Liebe bezeichnet werden darf. Läßt man nämlich einen Marienkäfer vom Finger auffliegen und singt dabei:

> „Maikäfer, flieg über die Spitz,
> Wo mein Schwieger und Schwäher sitzt!“

so fliegt das Käferchen nach der Richtung, wo sich der Geliebte aufhält.

Gewisse Nächte, wie die Andreasnacht und die Thomasnacht, sind besonders für die Liebesorakel bedeutungsvoll. Man kann zu diesen zauberkräftigen Zeiten nicht nur das Bild des Geliebten erblicken, sondern auch etwas näheres über seine sonstigen Lebensverhältnisse erfahren. Zu diesem Zwecke muß sich die zukunftsbegierige Jungfrau vor Mitternacht in ihre Schlafstube einschließen, einen Tisch decken und darauf zwei Gläser, von denen das eine mit Wein, das andere mit Wasser gefüllt ist, setzen. Dann stellt sie sich selbst auf die Bettkante und spricht:

> „Bettspind, ich trete dich,
> St. Andreas, ich bitte dich,
> Laß’ doch erscheinen
> Den Herzallerliebsten meinen.“

Sicher erscheint dann der Angebetete. Ist er arm, so trinkt er Wasser, ist er aber reich, so greift er nach dem Wein. Jedoch muß man bei der Beschwörung die Vorsicht beobachten, den Erschienenen nicht beim Namen anzurufen, da er sonst unfehlbar sterben würde. Nach den Erfahrungen, welche die Mädchen im Erzgebirge mit diesem Liebesorakel gemacht haben, soll es stets von Erfolg begleitet sein.

Haben sich die Herzen gefunden und ist der feier= liche Tag der Hochzeit genaht, dann vermag man wiederum aus allerlei Anzeichen auf den Verlauf der Ehe zu schließen. Das erste Hochzeitsgeschenk verrät das Geschlecht des ersten Familienzuwachses. Wird das Präsent von einer ledigen Person dargebracht, dann darf man zur gegebenen Zeit auf einen Jungen rechnen. Dagegen bedeutet die Beschenkung mit Messern, Gabeln und anderen schneidenden Instrumenten Streit und Zwistigkeiten. Glückverheißender sind Löffel als Hoch= zeitsgeschenk; man wird dann stets etwas zu essen haben.

Selbstverständlich kann man auch aus dem Braut= kranz die Zukunft erforschen. Setzen sich in ihn Spinn= fäden oder fällt auf ihn Regen, so ist Reichtum an Geld und Kindern zu erwarten; wird er aber vom Wind zerzaust, so bleiben trübe Tage nicht aus. Etwaigen Nahrungssorgen kann die Braut dadurch vorbeugen, daß sie ein Stück Brot zu sich in die Tasche oder eine Münze in die Strümpfe steckt.

Auch auf der Fahrt nach der Kirche vermag man wertvolle Beobachtungen zu machen. Schweine, die dem Brautpaar begegnen, versprechen Glück, Schafe Unglück.

Ein beladener Wagen stellt Reichtum in Aussicht; ein Leichenwagen verkündet den Tod.

Vor dem Altar haben die Brautleute mancherlei Rücksichten zu nehmen. Die Braut darf während der Einsegnung nicht lachen, denn sonst lacht sie zum letzten Male. Läßt sie dagegen ihren Thränen freien Lauf, so weint sie später in der Ehe nicht.

Bei den Armeniern gilt der heilige Sarkis als der Schutzpatron der Jungfrauen. Eine Woche vor seinem Geburtstage beginnen die schönen Armenierinnen zu fasten. Sie essen täglich nur einmal und auch da nur Früchte. Am letzten Tage essen sie nichts weiter als vor dem Schlafengehen ein Stückchen gesalzenes Brot. In der Nacht erblicken sie dann ihren Zukünftigen im Traume.

Wie der heilige Sarkis zu dem Amte des Liebespatrons kam, erzählt eine Sage. Danach erschien ihm einmal Gott im Traume und sprach: „Du bist immer ein frommer Mann gewesen, darum will ich dich schon auf Erden belohnen. Ich will dir eine Macht verleihen, die noch kein Mensch besessen hat; wenn du eine reine, schuldlose Jungfrau siehst, die gern heiraten möchte, so flehe in ihrem Namen zu mir, und ich werde ihr einen Gatten bescheren."

Als der heilige Sarkis erwachte, wollte er seine neue Macht gleich probieren. Er ging in die Stadt und suchte eine reine Jungfrau, die gern heiraten wollte; als er sie gefunden hatte, bat er in ihrem Namen zu Gott um einen Gatten, und noch am selbigen Tage kam ein stattlicher Mann durch den Ort geritten und heiratete die schöne Jungfrau. Von da an zog der heilige Sarkis durch die ganze Welt, und überall in Stadt und Land, wo eine reine Jungfrau einen Gatten wünschte, erhielt sie denselben durch sein Gebet.

Einmal kam der Heilige in eine Wüste und traf dort eine Büßerin, die viele Freier betrogen hatte und durch die harte Buße noch gern einen Gatten erringen wollte. Ihre aufrichtige Reue erbarmte den heiligen Sarkis und er flehte auch für sie zu Gott um einen Gemahl. Sein Gebet wurde zwar erhört, denn ein schöner Mann kam noch am selben Tage durch die Wüste und heiratete die Sünderin; der Heilige aber mußte nachmals seinen Ungehorsam schwer büßen und fünfzig Jahre länger, als ihm ursprünglich beschieden war, auf der Erde verbleiben.

Der Liebeszauber spielt bei den Zigeunerinnen eine große Rolle. Wenn bei den siebenbürgischen Wanderzigeunern eine sogenannte Zauberfrau gestorben ist, reiben die Mädchen das Brustbein mit einem Tuch= lappen, tragen denselben neun Tage am bloßen Leibe, lassen dann einige Tropfen Blut aus ihrer linken Hand darauf rinnen und verbrennen ihn. Die Asche mischen sie in die Speise des Burschen, den sie gewinnen möchten — sie soll ihn zu toller Liebe treiben.

Serbische Zigeunermädchen schneiden sich am Tage des heiligen Basilius, am 30. Januar, während des Kirchen= läutens mit einem Glasscherben in den linken Fuß und fangen das Blut in einem neuen Napfe auf. Den Napf verschließen sie dann und vergraben ihn im Grabhügel eines Mannes. Dabei sprechen sie:

„Alle Liebe, welche diesem Toten im Leben gewesen ist, komme in den N. N., das Blut locke sie herbei, damit ich sie dem N. N. gebe. Liebt er mich dann nicht, so vertrockne sein Leben, wie mein Blut vertrocknen wird." Nach neun Tagen wird der Napf ausgegraben und irgend eine Speise für den Burschen darin gekocht.

Gelingt es einer Maid, etwas von dem aus dem Fuße strömenden Blut, so lange es noch warm ist, dem Burschen heimlich in die Schuhe zu thun, so muß er Tag und Nacht die Schritte zu ihr lenken. Bei einem anderen Liebeszauber stiehlt das Mädchen dem Burschen heimlich einige Haupthaare und kocht sie mit Quittenkernen und einigen Tropfen ihres aus dem linken kleinen Finger gewonnenen Blutes zu einem Brei. Dann schaut sie den Vollmond an, kaut den Brei im Munde und spricht drei mal:

„Ich kaue dein Haar,
Ich kaue dein Blut;
Aus Haar und Blut
Werde Liebe,
Werde neues Leben
Für uns."

Schmiert sie mit diesem Brei irgend ein Kleidungsstück des Geliebten ein, so kann er nirgends mehr Ruhe finden, als bei ihr allein*).

---

*) Der nun verstorbene Amerikaner John G. Bourke giebt in seinem umfangreichen Werke „Scatologic Rites of all Nations" (Washington 1891) zahlreiche, höchst unappetitliche Zaubermittel an, um die Liebe einer Jungfrau oder eines Jünglings zu gewinnen.

„Die an der niederländisch-deutschen Grenze seß=
haften Nachkommen der alten Sachsen, die „Achterhoeker“,
haben von alters her manche recht sonderbare Gepflogenheit
treu bewahrt. Unter ihnen obenan steht die Braut=
werbung. Dazu findet sich hauptsächlich an großen
Feiertagen, wie Ostermontag, Pfingstdienstag, dem Mai=
markt und St. Martensmarkt Gelegenheit. Dann
strömen die Bauernmädchen aus den umliegenden Höfen
in Dorf und Stadt. Alles wird nun von den Bauern=
jungen in Bewegung gesetzt, um zu erfahren, ob bei
der, welche er im Auge hat, auch „werk aanzit“ (ob
sie Vermögen besitzt). Schönheit ist nämlich nur eine
angenehme Nebensache. Lauten die Erkundigungen
günstig, so bittet er die Auserkorene um einen Tanz,
überzeugt sich aber zuvor, wohin sie den unvermeidlichen
Regenschirm gestellt hat. Darauf setzt er die Beine in
Bewegung nach der Melodie des alten Liedchens:

„Twee violen en de bas, das
En een striekstok, woar geen hoar an was.“

Beim Tanzen läßt der Bursche den Regenschirm
seines Mädels, der in der Ecke lehnt, nicht aus dem
Auge. Ist endlich die Tanzerei zu Ende und drängt
alles wild durcheinander, so läßt er plötzlich die Hand
seiner „Vrijster“ los, stürzt sich auf den Regenschirm
und läuft damit weg, so schnell er nur kann.

Jetzt kommt einer der wichtigsten Augenblicke seines
Lebens. Das Mädchen, welches seine Absicht natürlich
bemerkt hat, rennt hinter ihm her. Nun muß sich
zeigen, ob ihr Herz ihm gehört, oder nicht. Läuft sie

sehr schnell und fordert mit Entrüstung ungefähr mit den Worten: „Hier de paraplü, zeg if dij!" ihren Regenschirm zurück, dann braucht sich der Bursche keine Hoffnung auf Gegenliebe zu machen. Ruft sie jedoch im scherzenden Tone etwa: „Allo, miene paraplü hier!" und faßt sie dieses Instrument, wie um es ihm zu entreißen, dann — darf er sie nach Hause begleiten.

Zu Hause angekommen, treten sie mit einem „Gon oavend saam!" in das Zimmer, wo Vater und Mutter schweigend sitzen. „Gon oavend ook!" klingt es zurück. „Si," fährt der Vater fort, „ja Dalbert (nehmen wir an, der Bursche hieße so), büst dou doar ook, ho geet et nog?" — „Bo, good en ho geet et bij dou en de brouwe?" — „Dat geet ook wal. Kriege 'ne stoole en smiete dij dale!" — „O, dat kan 't wal boen."

Nach diesen gebräuchlichen Begrüßungs= und Höf= lichkeitsformeln setzt sich der Bursche zwischen die Eltern am Herde nieder. Das Mädchen ist inzwischen in die „Kamer" geeilt, um den Sonntagsstaat abzulegen. Dann kehrt sie zurück und setzt die „Koffiesmodde" an das Feuer. Fünf bis sechs Tassen Kaffee müssen nun daran glauben. Dabei wird aber zwischen den jungen Leuten kein Wort mehr gewechselt. Nur die Eltern unterhalten sich mit dem „Vijer" übers Wetter, das Vieh u. s. w. Sobald die Uhr die zehnte Stunde weist, steht der Bursche auf, trinkt seine siebente oder achte Tasse Kaffee aus und sagt: „Ja, if modde goan."

Nachdem er eine weitere Einladung empfangen und

eine solche an die Eltern gerichtet hat, erfolgt der Abschied mit den Worten: „Gegroot dan!" — „Van 't
zelfde!" — „Wal thoes!" Nunmehr werden die Personen
des Heiratskandidaten, sowie seine Verhältnisse einer
scharfen Musterung unterzogen, denn am Sonntag kommt
der „Vrijer", um eine verblümte Antwort zu holen.
Wieder sitzt er dann am Herde zwischen Vater und
Mutter. In begreiflicher Angst fliegt sein Auge von
einem Gesichte zum andern, um sein Schicksal daraus zu lesen.
Aber dies ist nicht wohl möglich, denn die Gesichtszüge
eines sächsischen Bauern sind so unerforschlich, wie die
einer Rothaut. Er muß warten, bis das Orakel, der Speck-
pfannkuchen, spricht. Seine Herzallerliebste trifft schon
die Vorbereitungen zum Backen: sie nimmt den „Panne-
kookenleupen", rührt den Teig an und setzt ihn dann
ans Feuer, bis er aufgegangen ist. Dann holt sie eine
Riesenpfanne und beginnt mit dem Backen.

Endlich ist der Pfannkuchen fertig und aus der
braunen Kruste glitzern die gelblich-weißen „Speckharsten"
(Speckstückchen). Hauptsächlich der oberste Kuchen, der
für den Burschen bestimmt, ist damit gut versehen.
Dieser verschlingt ihn mit den Blicken; nicht weil er
Hunger hat. O, nein! Die Kehle ist ihm wie zu-
geschnürt. Er könnte sicherlich keinen Bissen herunter-
kriegen.

Er starrt darum so darauf hin, weil er die Speckstückchen zählt; sie sind das Liebesorakel der Nachkommen
der alten Sachsen. Eine ungerade Anzahl Speckwürfel
bedeutet dem Burschen, daß er erhört ist. Bringt er es
aber immer und immer wieder auf gerade Zahlen, dann

kann er ruhig seinen Hut aufsetzen und sich nach einem anderen Regenschirm umsehen"*).

Weihnachten ist in Rußland die Zeit der Braut= wahl. Junge Leute beiderlei Geschlechtes werden als= dann von einer Dame zu Tanz, Spiel und Gesang eingeladen; zur bestimmten Stunde führt nun die Gast= geberin die Mädchen in ein besonderes Zimmer und hüllt sie in große Tücher, sodaß sie gänzlich unkennt= lich sind. Nachdem dies geschehen, müssen die Männer in der durch das Los bestimmten Reihe zu den ver= mummten Mädchen gehen und sich ihre Liebste aus= suchen. Glaubt nun einer, die Seinige gefunden zu haben, so giebt er dies kund, worauf sie durch die Gastgeberin von ihrer Umhüllung befreit wird. Will jedoch der junge Mann das betreffende Mädchen dem allgemeinen Gebrauch entgegen nicht heiraten, so muß er sich von ihr durch ein hohes Pfand loskaufen.

In Holland kommt es häufig vor, daß die Mädchen auf die Freite gehen, oder sich für besondere Festtage einen Schatz mieten. Derselbe muß natürlich angenehme Manieren besitzen, sauber gekleidet, frisch gewaschen und glatt gekämmt sein, sodaß die junge Dame Staat mit ihm machen kann und ihr Geld, da sie allein alle Un= kosten zu tragen hat, nicht zum Fenster hinauswirft.

Eine weise Frau sagte einst: Drei Dinge kann ich nicht begreifen, nämlich daß die Jungen den Mädchen nachlaufen, die Leute sich im Kriege gegenseitig totschießen

---

*) Der Name des Verfassers dieses in mehreren deutsch= amerikanischen Zeitungen erschienenen Artikels ist mir un= bekannt.

und die Knaben Steine nach den Äpfeln auf den
Bäumen werfen. Warteten die Knaben nur einige Tage,
so fielen die Äpfel von selber von den Bäumen; blieben
die Soldaten zu Hause, so würden sie auch mit der
Zeit sterben, und bekümmerten sich die jungen Männer
nicht um die jungen Mädchen, so würden letztere die zu
einer Verlobung führenden Vorarbeiten allein besorgen.
Letzteres geschieht übrigens während eines Schaltjahres
in mehreren Staaten der Union, besonders Pennsylvanien.
Dort hat alsdann jede unverheiratete Dame das Recht,
einen von ihr bevorzugten Mann zu einem Balle oder
einer andern Festlichkeit einzuladen; damit aber übernimmt
sie zugleich auch die Pflicht, denselben abzuholen, dafür
zu sorgen, daß es ihm an Speise und Trank nicht
fehlt und daß er schließlich wohlbehalten wieder in seine
Wohnung gelangt.

In Piemont wirft die heiratslustige Jungfrau am
Neujahrstag oder 6. Januar einen Schuh über ihren
Kopf nach der Hausthüre; ist nun beim Fallen die
Spitze nach der Thüre gerichtet, so zieht sie innerhalb
eines Jahres in das Haus ihres Bräutigams; tritt
das Gegenteil ein, so bleibt sie noch einige Jahre ledig.
Oft auch stellt die Piemonteserin in der Nacht vor dem
6. Januar eine mit Wasser gefüllte Schüssel in die
freie Luft, sodaß es gefriert. Am nächsten Morgen
folgert sie dann aus den Unebenheiten der Eisfläche
Schlüsse auf die Beschäftigung ihres Zukünftigen.

Will der junge Piemonteser ausfinden, ob
seine Liebe erwidert wird, so schneidet er seinen Namen
und den seiner Auserkorenen auf einen Stock und

schleudert ihn am Abende in das Haus derselben; fliegt
er wieder zurück, so kann er seine Werbung ruhig ein=
stellen; im andern Falle aber darf er getrost eintreten
und seinen Wunsch vorbringen.

Wenn früher ein Häuptling der Missisfaguas in
Kanada in den Stand der Ehe treten wollte, ließ er
alle heiratsfähigen Töchter seines Stammes vor seinen
Wigwam kommen und dort Tänze aufführen. Der=
jenigen, welche ihm am besten gefiel, heftete er ein
Zeichen an das Kleid und machte sie dadurch zu seiner
Squaw.

Wenn früher ein an der Westküste Afrikas wohnender
Neger seine heiratsfähige Tochter an den Mann bringen
wollte, so setzte er sie, nachdem er sie reichlich geputzt
und geschminkt, in eine Bude und überließ sie dann
dem Freier als Gattin, der ihm am besten gefiel. Eine
solche Brautschaubude wurde von den Portugiesen „Hütte
der Bemalten" genannt.

Nach Herodot und Strabo versteigerten die
Babylonier ihre heiratsfähigen Mädchen an einem be=
stimmten Tage. In einigen Gegenden Österreichs ist
es, wie Dr. Lippert in seinem Buche „Deutsche Fest=
gebräuche" mitteilt, noch heute Sitte, daß der sogenannte
Maigraf die jungen Mädchen eines Dorfes jährlich
einmal zusammenruft und von den Burschen darauf
bieten läßt. Die auf diese Weise erzielte Summe fließt
in eine gemeinschaftliche Bummelkasse. Jeder Bursche
hat die Pflicht, das von ihm ersteigerte Mädchen auf
alle Festlichkeiten und Tänze während eines Jahres zu
führen. Auf hochmütige oder schnippische Mädchen wird

bei solcher Gelegenheit entweder gar nicht oder sehr
wenig geboten.

Das Mädchen, welches die Katzen liebt oder diese
den Hunden vorzieht, stirbt nach einem in Neuengland
verbreiteten Glauben unvermählt. Will der Neuengländer
das Schicksal betreffs seiner etwaigen Vermählung be=
fragen, so füllt er ein Glas mit Wasser aus einem in
südlicher Richtung fließenden Bache, borgt sich dann den
Trauring einer treuen Ehefrau und hält diesen an einem
seinem eigenen Kopfe entstammenden Haare zwischen
Daumen und Zeigefinger in das Gefäß; schlägt nun
der Ring an das Glas, so stirbt er unvermählt; dreht
er sich schnell herum, so wird er sich einmal, im ent=
gegengesetzten Falle aber zweimal verheiraten. Spricht
er den Namen seines Schatzes aus und der Ring
schlägt darauf dreimal an das Glas, so giebt's eine
lange Kurmacherei, aber keine Hochzeit.

Wenn sich der Neuengländer ein Stück von einer
Schafgarbe in das Knopfloch steckt und dann einen
Spaziergang macht, so kann er sicher sein, daß die erste
ihm begegnende Dame seine Gattin wird. Ein anderes
in Massachusetts viel gebrauchtes Orakel ist dies: Ein
junger Mann zündet ein Streichholz an und nimmt den
angebrannten Teil in die Hand; brennt der Rest nun
weiter, so liebt ihn sein Schatz, bricht er aber ab, so
denkt er sehr wenig von ihm.

Will ein Dalmatier sich der Liebe einer Schönen
versichern, so fängt er einen Nachtschmetterling, sperrt
ihn ein und läßt ihn verwesen. Dann wickelt er die
Überreste in rote Seide und sobald es ihm gelingt, die

Auserkorene damit zu berühren, ist sie in seiner Gewalt.

Wer auf einer amerikanischen Gasterei das letzte Stück Kuchen vom Teller nimmt, bleibt ledig. Wer kein Unglück in der Liebe haben will, muß stets den Zucker vor der Milch in die Thee= oder Kaffeetasse thun.

„A preacher cannot marry a woman from his congregation and stay" lautet eine in den Vereinigten Staaten viel verbreitete Redensart, und die tagtägliche Erfahrung zeigt, daß dieselbe auf Wahrheit beruht, was übrigens auch leicht zu erklären ist. Jeder amerikanische protestantische Geistliche hängt nämlich ohne Ausnahme von der Gnade und Barmherzigkeit seiner Gemeinde= mitglieder, besonders aber der weiblichen ab, denn diese besuchen den Gottesdienst am regelmäßigsten und haben auch die meisten Bemerkungen darüber zu machen. Ist nun ein Geistlicher beim Antritt seiner Stellung ledig, so machen ihm gleich alle alten und jungen Jungfern den Hof und überhäufen ihn mit kostbaren Geschenken, um ihn zu ködern, denn der Pastor ist, predige er nun gut oder schlecht und bediene er die armseligste Ge= meinde, schon infolge seines höheren Ansehens bei Gott und den Menschen, der begehrenswerteste Ehemann auf dem ganzen Erdenrund — nach den Begriffen der frommen Amerikanerinnen nämlich. Verheiratet sich nun ein solcher Neuling wirklich mit einer Jungfrau aus seiner Gemeinde, so sorgen die Verschmähten schon dafür, daß er sich bald nach einer andern Stellung umsieht.

Da es früher einem Henker infolge der Unehrlich= keit seines Handwerks fast unmöglich war, eine recht=

schaffene Gattin zu finden, so erlaubte man ihm zu=
weilen, besonders in England und Frankreich, sich eine
zum Tode verurteilte Verbrecherin zur Frau zu nehmen,
in welchem Falle natürlich die Hinrichtung unterblieb.

Der Neuengländer, der sich verheiraten will, muß
nach einem alten Spruche fähig sein, sich die Nägel an
beiden Händen abzuschneiden. Darin liegt insofern ein
gesunder Sinn, als zu dieser Operation immerhin eine
gewisse Geschicklichkeit gehört, die solchen Leuten, die
gewöhnt sind, sich bedienen zu lassen, nicht eigen ist.
Wer also in den Stand der Ehe treten will, muß beide
Hände gleichmäßig gebrauchen können.

Über das, was die Neuengländerinnen in früherer
Zeit über die jungen Männer dachten, giebt uns fol=
gendes Lied Auskunft:

„Those young men that trot about the town,
You'd think they were worth one thousand pound;
Look in their pokets — not a penny you'll find;
False and fickle is a young man's mind.

These young men when they first begin to love
It's nothing but "My Honey" and "My Turtle-dove";
But once they are married, it's no such a thing;
It's trouble, trouble, trouble, and it's trouble again."

Nach dem längeren, in Johnsons früher erwähnten
Sammelwerke „What they say in New England"
enthaltenen Gedichte „The Courtin'" rühmt sich ein
Farmersohn, der von seiner Mutter auf die Freite
geschickt worden ist, einer Jungfrau gegenüber, daß er
rechen und mähen, pflügen und säen und täglich für
zwei Pence Heu verkaufen könne. Ein solches Ein=

kommen aber hat nichts Verlockendes für sie, denn sie will sich in Samt und Seide kleiden und so oft es ihr beliebt, in einer Kutsche ausfahren. Dies schreckt nun den Freier durchaus nicht ab, denn er erklärt, ihr diese Wünsche zu erfüllen, nur müsse sie ihn augenblicklich heiraten, widrigenfalls er sich auf sein Pferd setzen und fortreiten würde. Doch die Braut hatte im Grunde nur gescherzt und bittet nun den entschiedenen Freier, sie gleich zu nehmen, da sie ja das Spinnen und das Kühmelken gründlich verstehe.

Wenn bei den alten Puritanern in Neuengland ein Mädchen das 25. Jahr erreicht hatte und noch unverheiratet war, so glaubte jeder das Recht zu haben, es zur Zielscheibe seines Spottes zu machen. Jünglinge, die keine Lust zur Ehe hatten, mußten Strafe zahlen*). Unterhielt ein junger Puritaner eine Liebschaft mit einem Mädchen, ohne seine Eltern davon in Kenntnis zu setzen, so wurde er von diesen im Entdeckungsfalle mit der neunschwänzigen Katze verhauen. Der puritanische Jüngling, der ein Mädchen küßte, welches seine Braut nicht war, wurde dafür von den alten Männern seiner Nachbarschaft zur Rechenschaft

---

*) Die Spartaner verlangten, daß sich jeder waffenfähige Mann eine Frau nähme. Junggesellen mußten Strafe zahlen, die von Jahr zu Jahr erhöht wurde. Auch wurden sie jährlich einmal von der Polizei um den Marktplatz geführt und mußten während dieses Marsches Spottlieder auf den Junggesellenstand singen. Welche Angst sie vor dieser Strafe hatten, geht daraus hervor, daß sie so schnell wie möglich in den Stand der Ehe traten und daß an jenem Tage selten mehr als ein Junggeselle an der Parade teilnahm.

gezogen. Nur Witwen und Witwer durften in Neu=
england ihre Liebesangelegenheiten geheim halten. Die
Mädchen zogen oft jungen Männern Witwer vor, weil
diese bereits Erfahrung im Eheleben besaßen. Je häu=
figer sich ein Puritaner vor seinem achtzigsten Jahre
verheiratete, desto geachteter stand er da.

Wenn sich heute eine Amerikanerin verheiratet, er=
hält sie oft von einer Freundin einen Besen zum Hoch=
zeitsgeschenk. Derselbe ist gewöhnlich von folgendem
Verse begleitet:

> „If ever you get married,
> A broom to you I'll send,
> In sunshine use the brushy part,
> In storm the other end.“

Ein eigenartiger Brauch besteht in Welsch=Tirol.
Wenn dort ein junges Mädchen heiratet, überreicht ihr
die Mutter, bevor sie am Hochzeitstage die Schwelle
des Elternhauses überschreitet, ein neues Taschentuch.
Die junge Braut behält es in der Hand und trocknet
damit die Thränen, die ihr während der Trauung ent=
fallen. Sobald die Hochzeitsfeierlichkeiten vorüber sind,
legt die junge Frau das Tuch zu oberst in ihren
Leinenschrank. Was auch das Schicksal seiner Be=
sitzerin bringen mag, ob sie Haus und Hof verlassen
muß, ob die Ehe ihr Glück oder Unglück bietet, nie
wird das Tuch berührt. Erst nach langen, langen Jahren
vielleicht erfüllt es den zweiten Teil seiner Mission.
Wenn die einst so strahlende Braut ein altes Mütter=
chen geworden und nun vom „Bräutigam Tod“ zur
letzten Hochzeit aufgefordert wird, legen liebende Hände

das alte Thränentuch über das Antlitz der Toten.
Mit ihm zusammen wird sie begraben.

Von einer merkwürdigen Sitte, die sich in einigen
Teilen Indiens erhalten hat, wird folgendes berichtet:
„Wenn in einer Familie mehrere Töchter vorhanden sind,
dürfen die jüngeren nicht heiraten, bevor die älteren
Schwestern sich vermählt haben. Wenn sich für die älteren
Schwestern aber durchaus kein Gatte finden will, und
der jüngeren Schwester Gelegenheit geboten wird, sich
zu verheiraten, umgeht man diesen Zwang, indem man
die ältere Schwester einem Baume oder einer großen
Blume anvertraut. Dann steht der Hochzeit der jüngeren
Schwester nichts mehr im Wege. Nur muß man be=
achten, daß man sie einem Apfel=, Pflaumen= oder
Aprikosenbaume antraut, denn nur dann kann die Ehe
später ohne besondere Formalitäten wieder getrennt
werden. Bei der Trauung mit einer Ulme, Pappel
oder Pinie ist die Ehe unlöslich, da diese Bäume heilig
sind.“

Die malayische Frau macht aus ihren Gefühlen
kein Hehl, wenn sie für einen Mann Neigung empfindet;
es ist etwas ganz Gewöhnliches, daß die Frauen dort
neben dem rechtmäßigen Gatten noch eine Anzahl Lieb=
haber besitzen. Der Gatte hat nicht das Recht, seine
Frau deshalb zu tadeln oder sie gar zu bestrafen, denn
er ist der Untergebene derselben und ihr zu Gehorsam
und Schweigen verpflichtet.

Die „Hochzeit der Geister“ gehört zu den originellsten
Volksbräuchen der Chinesen. Nach chinesischem Glauben
muß jeder heiraten, ob lebend oder tot. Ist dem

Sohn des himmlischen Reiches ein Kind gestorben, so geht er, sobald dasselbe nach irdischer Berechnung heiratsfähig wäre, zu einem Heirats-Vermittler und läßt sich von diesem die Liste gleichalteriger verstorbener Jünglinge oder Jungfrauen geben. In einem großen, sehr feierlichen Familienrat wird dem Toten eine Braut (resp. Bräutigam) gewählt, und man setzt sich mit der Familie der Erkorenen in Verbindung. Hat diese nichts gegen die Ehe einzuwenden, wird der Sterndeuter befragt. Erst wenn dessen Antwort eine glückliche Ehe für das Brautpaar verkündet, rüstet man sich zur Hochzeit.

Wenn sich eine arabische Witwe zum zweitenmale zu verheiraten gedenkt, so geht sie vorher in dunkler Nacht zum Grabe des verstorbenen Gatten, begleitet von einem Esel, der zwei Schläuche voll Wasser trägt. Am Grabe kniet sie nieder und bittet den Verblichenen, daß er seine Einwilligung zu ihrer neuen Heirat geben möge. Kommt nun der also Angerufene aus seinem Grab nicht heraus, so gilt dies als Zustimmung. Die Witwe gießt alsdann das mitgebrachte Wasser als eine Art Dankopfer über das Grab und reitet vergnügt auf ihrem Esel nach Hause.

Eine alte deutsche Bauernregel lautet:

> „Heirate über den Mist,
> Dann weißt du, wer sie ist."

Damit ist angedeutet, daß niemand eine Gattin aus der Fremde oder aus einer ihm unbekannten Familie nehmen und auch nicht über seinen Stand hinaus sich verheiraten solle.

Stehen drei Lampen in einer Nacht auf einem Tische und eine Person nimmt ohne sich etwas dabei zu denken eine derselben fort, so wird sie sich innerhalb eines Jahres verheiraten. Jeder Heiratsantrag, der auf einer Eisenbahn oder einem Dampfschiffe gemacht wird, hat unangenehme Folgen. Soll eine Liebschaft in Amerika nicht zum frühzeitigen Abschluß gelangen, so dürfen sich die jungen Leute nicht mit scharfen Instrumenten, z. B. mit einer Schere oder einem Messer, beschenken; besonders soll in dieser Hinsicht die Schere gefährlich sein und leicht die Liebe und Freundschaft zerschneiden. Sonst aber soll eine unter dem Kopfkissen liegende Schere ein wirksames Mittel gegen Rheumatismus sein.

Der amerikanische Farmer, auf dessen Land das Ende eines Regenbogens zu ruhen scheint, wird bald Hochzeit machen.

Wer seinen Verlobungsring verändern läßt, hat Unglück zu erwarten; das größte Unglück aber trifft die Braut, die den ihrigen verliert. Recht so, denn eine solche bodenlose Nachlässigkeit kann nicht scharf genug geahndet werden!

Der Amerikaner, der am Zeigefinger der linken Hand einen Ring trägt, giebt dadurch zu erkennen, daß er dem Junggesellenstand Valet sagen möchte.

In Schweden darf kein Bräutigam der Braut ein seidenes Taschentuch schenken, denn diese könnte damit leicht die Liebe wegwischen. Will sich ein in seinen Erwartungen getäuschter Borghese an seinem glücklicheren Rivalen rächen, so geht er am Hochzeitstage desselben

in die Kirche und knüpft, sobald der Bräutigam „Si"
gesagt, einen Knoten in sein Taschentuch; bleibt nun
das erwartete Unglück aus, so hat er seine Zauberei
zu ungeschickt ausgeführt. Um die Trauung überhaupt
zu verhindern, wirft der zurückgewiesene Freier ein
brennendes Streichholz ins Meer und ehe dasselbe
nicht wieder aufgefischt worden ist, ist an jene Feier
nicht zu denken.

> „Wer ehrlich ist, freit früh,
> Wer klug ist, nie."

lautet ein altes deutsches Sprichwort; trotzdem aber
freien die Ehrlichen ebenso fleißig wie die Klugen.

In einigen Gegenden des Rheinlandes halten die
jungen Männer ein heimliches Gericht über das bald
sich verheiratende Paar ab; stellt es sich dabei heraus,
daß der Ruf der Braut kein besonders feiner ist, so
wird ihr eine Katzenmusik gebracht, oder es wird in
der Nacht vor dem Hochzeitstage von ihrem Hause bis
zur Kirche Häcksel gestreut. Ist die Braut eine liebes=
tolle Witwe, so wird am Abend vor der Trauung
vor ihrem Hause unter großem Lärm leeres Stroh ge=
droschen und dabei ihr Sündenregister laut ausgerufen.
Will sich ein junger Rheinländer, der sich auf irgend
eine Weise mißliebig gemacht hat, verheiraten, so ver=
brennt ihm ein „guter Freund" am Tage vor der
Hochzeit „zufällig" den Bart und versucht dann, ihm
auf dem Gange zur Kirche einen Bart von Pferdehaar
anzukleben.

Trotzdem der Mai von den deutschen Dichtern
der Wonnemonat und von den englischen „The merry

month" genannt wird, so ist er doch als die Zeit für
Trauungen nicht sonderlich zu empfehlen.

> „Marry in May,
> Rue the day"

und

> „She that marries in the month of May
> Will repent it in a year and a day"

sind bekannte englische Sprichwörter.

Die Römer pflegten zu sagen: „Malae nubent
Maia," d. h. nur böse Frauen verheiraten sich im Mai.
Die Schweizer behaupten, daß nur liebestolle Mädchen
im besagten Monate zum Traualtar eilten.

In Böhmen sagt man:

> „Heiraten im Mai
> Ruft den Tod herbei."

Ein auf den Monat Mai bezügliches Distichon
des bekannten römischen Dichters Ovid besagt, es sei
sowohl für Witwen, als auch für junge Mädchen
diese Zeit bedenklich zum Verehelichen; wer es thue,
der lebe nicht lange. Aber auch bei den alten Griechen
fand sich dieser Glaube. Plutarch betont wenigstens
wiederholt, daß man beim Schließen einer Ehe den
Mai zu vermeiden pflege. Dieser Glaube war auch
im Mittelalter lebendig. Der italienische Dichter Ales-
sandro Tassoni sagt in seinen „Pensieri diversi" (Rom
1612), in Ferrara erzähle man sich, daß viele dortige
junge Edelleute und selbst auch Fürsten, die sich im
Monat Mai verheiratet hätten, schon nach Verlauf
weniger Tage gestorben seien. Infolge dieser Wahr-

nehmung, welche den alten Glauben bestätige, vermeide
man es in Ferrara, sich im Mai zu verehelichen. In
den Cevennen und in der Landschaft Saintonge (De=
partement Nieder=Charente) lautet ein darauf bezüglicher
Spruch:

Monat der Blumen, Monat der Thränen.

Plutarch giebt folgende Gründe an, weshalb der
Mai nicht als Hochzeitsmonat zu empfehlen sei: 1. fällt
er zwischen die Monate April und Juni, welche der
Venus und Juno, also den der Ehe günstig gesinnten
Göttinnen gewidmet sind, und die sich daher beleidigt
fühlen würden, wenn eine Hochzeit im Mai stattfände;
2. wird im Mai das Fest der Lamurien abgehalten
und die Frauen dürfen sich alsdann weder baden noch
schminken; 3. ist der Mai der Monat der alten Leute
(majus), der Juni hingegen der der jungen (junius).

In England gilt besonders der 14. Mai als
Unglückstag; derselbe ist von Gott und Teufel verflucht
und das Paar, das sich alsdann trotzdem verheiratet,
wird von beiden bestraft. Diese Ansicht herrscht be=
sonders bei den englischen Katholiken vor; die Protestanten
sind zuweilen anderer Meinung, wie aus folgenden
alten Verse hervorgeht:

"The turtle dove said 'Welcome, welcome May,
Gladsome and light to lovers that been true.'"

Auf den Orkney=Inseln finden die Trauungen nur
im Mai bei zunehmendem Monde und nach eingetretener
Flut statt.

Nach Ed. Duller gilt den Kurhessen der erste

Mai als Unglückstag; es wird alsdann nichts verborgt, das Vieh wird nicht auf die Weide getrieben und manches andere landwirtschaftliche Geschäft aufgeschoben.

Wer sich in England und Amerika an einem Mittwoch verheiratet, hat das meiste Glück zu erwarten. Vom Freitag hofft man gewöhnlich im erstgenannten Lande nichts Gutes, weil an demselben früher die Hinrichtungen vorgenommen wurden, weshalb er auch im Volksmunde hangman's day heißt. In Süddeutschland heißt es: „Donnerstagsheirat — Glücksheirat." Serben und Wenden erwarten vom Donnerstag nur Unglück.

Regen am Hochzeitstag deuten auf Thränen in der Ehe; ein Schneesturm bringt Reichtum. Wird die Braut auf dem Gange zur Kirche von der Sonne beschienen, so hat sie Glück zu erwarten, wenigstens in den Oststaaten Amerikas. Dort darf sich kein verlobtes Paar mit verheirateten Leuten an einen Tisch setzen. Wenn sich daselbst die Hunde am Hochzeitstage beißen, so giebt's Zank und Streit in der Ehe. Die Braut soll am Hochzeitsmorgen so lange schlafen wie sie will; wer sie aufweckt, beschwört Elend auf sie herab. Einige Stunden vor der Trauung dürfen Braut und Bräutigam nicht zusammenkommen. Weint die Frau bei dem Trauakte nicht, so stehen ihr traurige Zeiten bevor. Eine Trauung am Abend wird in Neuengland deshalb nicht für ratsam gehalten, weil alle der Ehe entstammenden Kinder jung sterben sollen. Das Paar, dem vor der Trauung ein Mönch begegnet, wird nicht glücklich. Dieser Aberglaube dürfte auf den Haß zurückzuführen sein, der früher in den amerikanischen Kolonieen der katholischen Kirche entgegengebracht wurde. Der einmal festgesetzte Hochzeitstag darf unter keiner Bedingung verlegt werden; lieber soll man sich auf dem Krankenbett trauen lassen.

Nach einem, wie es scheint, in allen civilisierten Ländern verbreiteten Glauben darf die Braut bei der Trauung kein schwarzes Kleid tragen; auch darf sie sich vor jenem Akte nicht öffentlich im Trautleibe zeigen. Letzteres muß ihr Eigentum sein; hat sie es von einer Freundin geborgt, so stehen dieser viele Unannehmlichkeiten in Aussicht. Beim Anziehen der Braut darf keine der dabei beteiligten Frauen Trauerkleider tragen.

Die amerikanische Braut, welche ihr Hochzeitskleid selber geschneidert hat, wird es nicht austragen, d. h. sie wird jung sterben. Der Hochzeitsschleier muß bis zum Tode der Eigentümerin aufbewahrt werden. Auf Reichtum kann ein Ehepaar erst dann rechnen, wenn die Hochzeitskleider zerrissen sind. Auf der Hochzeitsreise darf bloß ein grauer Anzug getragen werden.

Die alten holländischen Kolonisten New Yorks ließen sich stets im Hause der Braut trauen und zwar am Abende. Während des Hochzeitsschmauses mußten die Brautjungfern die Gäste bedienen und auch dafür sorgen, daß jeder derselben beim Nachhausegehen ein Stück Hochzeitskuchen erhielt.

Nach der „History of Pennsylvania" von Shearf und Westcoat, mußte sich während der Kolonialzeit im genannten Staate eine Wittwe bei ihrer Wiedervermählung im bloßen Hemde hinter eine Thüre stellen, ihre beiden Hände durch die darin angebrachten Löcher stecken und sich so vom Geistlichen mit ihrem Bräutigam trauen lassen. Durch diesen sonderbaren Gebrauch, dessen Existenz übrigens vielfach in Zweifel gezogen wird, erklärte die Witwe, daß sie für die Schulden ihres ersten Ehemannes nur bis zur Höhe des Geld= wertes der bei ihrer zweiten Vermählung getragenen Kleidung aufkommen wolle.

Die früheren Trauceremonieen der Kolonisten am nordwestlichen Missouri dürften wohl zu den denkbar einfachsten gehören; Braut und Bräutigam küßten sich einfach vor ein paar Zeugen über einem brennenden Lichte und dann konnte das eheliche Leben beginnen. Wollte sich während der Sklavenzeit ein Neger mit einer Negerin verheiraten, so hüpften beide, nachdem sie die Erlaubnis des Sklavenhalters erlangt, über einen ihnen von ihren Schicksalsgenossen vorgehaltenen Besen= stiel und der Trauakt war vorüber. Dies hieß jumping the broomstick.

In Schottland darf die Mutter der Braut nicht bei der Trauung zugegen sein; stellt sie sich doch ein, so giebt es eine an Zank und Streit reiche Ehe. Fällt in Neuschottland ein Regentropfen oder die Thräne eines Säuglings auf die Braut, so wird diese später oft Grund zum Weinen haben. Läßt sich hingegen eine Spinne auf die Braut während der Trauung herab, so wird die Ehe glücklich ausfallen.

Betritt eine amerikanische Braut die Kirche, so darf sie sich nicht umsehen; begegnen sich darin zwei Bräute, so werden beide Unglück haben. Die Amerikanerin,

die sich des ehelichen Glückes versichern will, muß bei
der Trauung ein Päckchen Salz in der Tasche tragen.
Damit sie eine sparsame Haushälterin werde, werfen
ihre Freundinnen einige alte Schlüssel auf dem Wege
zur Kirche hinter ihr her. Passiert dem Bräutigam
vor dem Altar das Unglück, daß er den für seine Braut
bestimmten Ring fallen läßt, so muß die Trauung
zur Verhütung schweren Unglücks unbedingt aufgeschoben
werden. Zerbricht die Braut den Vermählungsring,
so wird sie zeitig Witwe. Wer den Trauring zuerst
verliert, stirbt zuerst, so auch die Person, die in der
Hochzeitsnacht zuerst einschläft oder die das Kopfkissen
aus dem Bette fallen läßt. Reis und Hopfen auf das
amerikanische Brautpaar geworfen, bringt demselben
reichen Kindersegen. Vor dem Hochzeitsschmause müssen
alle alten Thon= und Porzellangefäße aus dem Hause
getragen und zerbrochen werden. Werden während des
Hochzeitsschmauses Gläser, Teller oder Schüsseln zer=
brochen, so muß sich das junge Paar auf zahlreiche
Enttäuschungen gefaßt machen.

Kein Bräutigam darf sich am Hochzeitstage auf
einen Kreuzweg oder vor eine verschlossene Gartenthüre
stellen. Stolpert das Pferd der bräutlichen Farmers=
tochter auf dem Ritte zur Kirche, so ist's um das Ehe=
glück geschehen; ebenso auch, wenn dem Brautpaar auf
dem Wege zur Trauung ein Stein entgegenrollt.
Ein Schäfer mit Schafen bringt Segen, doch muß
demselben ein Geschenk verabfolgt werden. Wird eine
Leiche am Brautpaar vorübergetragen, so stirbt der
Bräutigam zuerst, wenn dieselbe ein Mann ist; ist sie

hingegen eine Frau, so stirbt die Braut zuerst. Auch stirbt diejenige Person zuerst, welche während der Trauung die kältesten Hände hat. Ein Gast, der zwei Hochzeiten an einem Tage beiwohnt, bringt dem zweiten Paare Unglück. Dies ist hauptsächlich in den Oststaaten Amerikas der Fall. Braut und Bräutigam müssen sich bei der Trauung so fest zusammenstellen, daß sich keine Hexe zwischen ihnen einnisten kann; stehen sie jedoch so weit auseinander, daß man zwischen ihnen durchblicken kann, so werden sie von langjährigem Unfrieden heimgesucht. Wer sich nach der Trauung zuerst von den Knieen erhebt, stirbt zuerst. Verläßt die Braut die Kirche, so muß sie einen Rosenstrauß unter ihre Freundinnen werfen; diejenige welche, denselben erhascht, wird sich zuerst verheiraten. Heißes Wasser auf eine von einem Brautpaare betretene Treppe gegossen, bringt bald eine neue Hochzeit.

Kehrt in einigen Landdistrikten Englands und Schottlands die Braut nach der Trauung in ihre Wohnung zurück, so muß sie durch eine Thüre schreiten, über welcher zwei Schwerter kreuzweise aufgehängt sind. Nach dem Trauakte muß in einigen Staaten Amerikas eine der Brautjungfern nach Hause eilen und dem Bräutigam beim Betreten desselben ein Glas Wein kredenzen; dieser trinkt es dann aus und wirft es rückwärts über seine linke Schulter. Zerbricht es dabei, so kann er auf Glück im neuen Stande rechnen.

Ist die Hochzeit vorüber und schickt sich das junge Paar an, seinen eigenen Haushalt zu führen, so ist die erste Frage, wer darin das Kommando führen soll.

Die junge Neuengländerin, die dies Amt gerne über=
nehmen möchte, kleidet sich in der Nacht vor der Trauung
in einem Backtroge an und klopft dann an die Kirch=
thüre. Ein anderes Mittel ist folgendes: Die Braut
breitet ihre Finger aus und schlägt dann beide Hände
schnell zusammen; ragt nun der Daumen der einen
Hand über den Zeigefinger der anderen empor, so wird
sie die Herrin des Hauses. In England und Amerika,
wo man den starkgeistigen Frauen bereitwillig zahlreiche
Vorrechte einräumt, hat man einen gewaltigen Respekt
vor solchen, die beim Händefalten die Daumen in die
Höhe heben; sie sind zwar herrschsüchtig, aber höchst
zuverlässig, wohingegen man vor denjenigen Damen,
welche ihre Daumen zu verstecken suchen, auf der Hut
sein muß, da sie gewöhnlich voll Lug und Trug sind.
Je größer die Daumen, desto größer der Verstand,
sagt man in England. Ferner führt nach Ansicht der
Engländer und Amerikaner in der Ehe die Person das
Regiment, deren erste Zehen größer als die zweiten sind.

Die Neuengländerin, welche das Oberleder ihrer
Schuhe auf einer Seite durchtritt, wird die Braut
eines reichen Mannes.

„Wear at the side,
A rich man's bride."

Diejenige Braut, welche am Hochzeitstage ihre Schuhe
zerreißt, wird von ihrem Manne geprügelt.

In Irland und einigen Teilen Englands bewerfen
die Gäste das aus der Kirche tretende Brautpaar mit
alten Schuhen.

In Bayern glaubt man, daß die Person, welche

der anderen bei der Trauung auf den Fuß trete, in der Ehe die Herrschaft führen werde; daher soll der Ausdruck „unter dem Pantoffel stehen" stammen. In der altdeutschen Dorfgeschichte „Meyer Helmbrecht" tritt der Räuber Lämmerschling seiner Braut Gotelinde auf den Fuß und erklärt sich durch diesen Akt zu ihrem Gemahl. Nach alter deutscher Sitte erkannte eine Frau die Herrschaft ihres Mannes dadurch an, daß sie die ihr von ihm geschenkten Schuhe anzog. Dieses Gebrauchs wird auch im „König Rother" gedacht.

Auf der deutschen Sprachinsel Gottschee wirft der junge Ehemann in der Hochzeitsnacht seine Schuhe über den Kopf; fallen sie nun derart, daß die Spitzen der Thüre zugekehrt sind, so stirbt er vor seiner Frau.

Bei den Omahas scheint nach einer von Frau Alice Fletcher im zweiten Bande des „Journal of American Folklore" veröffentlichten Mitteilung der Schwiegersohn keine beneidenswerte Rolle zu spielen. Er muß nämlich bei seinem Schwiegervater Sklaven= dienste verrichten und kann noch nicht einmal über sein Privatvermögen frei verfügen. Lehnt er sich gegen eine solche Behandlung auf, so wird ihm einfach gesagt, das Feld zu räumen, seine Frau aber zurückzulassen.

So ganz leicht läßt sich übrigens eine Frau die Herrschaft nicht streitig machen, besonders wenn sie schön ist und einen alten Mann zum Gatten hat. Das Mißverhältnis im Alter der Eheleute hat den Dichtern aller Nationen dankbaren Stoff zu Erzählungen geliefert, die mehr heiter als moralisch sind. Nicht ohne guten Grund wird im altdeutschen Gedichte „Ruodlieb"

Reisenden der Rat gegeben, nicht in Häusern einzukehren, in denen die Männer alt und die Frauen jung seien.

„Vor der Hochzeit Küsse,
Nach der Hochzeit Schmisse"

heißt es, und die Frage ist nur, wer die Schmisse erhält. Sehnt sich der Mann nicht darnach, so muß er seine Frau „beim ersten Laib Brot" oder womöglich schon während des Brautstandes erziehen. Nach der Hochzeit ist dies in Amerika insofern mit großen Unannehmlichkeiten verknüpft, als die Frauen dahier so leicht eine Ehescheidung erlangen können. Darüber erzählt John Bryan in seinem originellen Buche „Fables and Essays" (New York 1895) folgende charakteristische Geschichte: „Ein junger Mann hatte eine junge Dame geheiratet und da er sie sehr liebte, so legte er ihr beim Mitagessen stets das saftigste Stück Beefsteak auf ihren Teller. Nach einem Jahre bat er sie nun unter dem Vorwande, daß er sich die rechte Hand verstaucht, das Fleisch zu zerlegen; sie that es und fand es ganz in der Ordnung, daß sie sich das beste Stück reservierte. Als er nun am folgenden Tage das Fleisch wieder selber zerschnitt und der Abwechselung wegen das saftigste Stück für sich nahm, da fing sie plötzlich an, krampfhaft zu weinen und zu schreien: Du liebst mich nicht mehr! Du liebst mich nicht mehr!

Madame, erwiderte der Ehemann, ich habe mich seit der Zeit unserer Verheiratung nur einmal, du aber jeden Tag der Selbstsucht schuldig gemacht!

Die Folge dieser rohen Antwort war, daß die

Frau wegen grausamer Behandlung auf Ehescheidung klagte und auch den Prozeß gewann."

Die Zähmung einer Widerspenstigen, wie sie Petruccio an seiner Katharine vornimmt, würde in Amerika zu Mord und Totschlag führen.

Abraham a Santa Clara erzählt in seinem „Erzschelm Judas" von einem Manne, der seine Frau, sobald sie schrie, in eine Wiege legte und so lange hin und her schaukelte, bis sie ruhig wurde.

Ein Sprichwort lautet: Drei Dinge sind in einem Hause unerträglich, nämlich ein Dach, durch das es regnet, ein Zimmer, in dem es raucht und ein Weib, das immer zankt.

Zu den schlimmsten Eigenschaften einer Frau gehören nun erstens der schwer zu brechende Eigensinn und zweitens die Sucht, jedes ihr unter dem Siegel der Verschwiegenheit anvertraute Geheimnis so schnell wie möglich auszuplaudern.

Der Eigensinn der Frau ist besonders in der englischen Geschichte „The grey mare is the better horse"*) und in zahlreichen anderen Volkserzählungen drastisch geschildert.

Folgendes sizilianische Märchen zeigt, daß die Zähmung einer Widerspenstigen nicht immer zu den erfolgreichsten Arbeiten gehört.

„Die Frau eines Schneiders hatte eines Tages alle Töpfe, Gläser und Teller in der Küche zerbrochen.

---

*) Siehe S. 302, Schrader, Bilderschmuck der deutschen Sprache. 2. Aufl. Berlin 1889.

Als sie nun ihr Mann fragte, wie sie dies gethan habe, erwiderte sie: Mit der Schere. Diese Antwort befriedigte ihn aber nicht und als sie trotz aller Drohungen bei dieser Behauptung blieb, band er sie an ein Seil und ließ sie in den Brunnen hinab. So oft er nun fragte, womit sie das Unglück angerichtet, erwiderte sie: Mit der Schere! Selbst als sie beinahe am Ertrinken war und nicht mehr sprechen konnte, wich der Eigensinn nicht von ihr und sie bewegte beständig ihre Finger, als ob sie mit einer Schere schneide. Da nun der Schneidermeister keinen absichtlichen Mord begehen wollte, so zog er sein Weib wieder heraus und machte gute Miene zum bösen Spiel."

Daß die Frauen selbst dann sich nicht der Verschwiegenheit befleißigen können, wenn sie im voraus von den unglücklichen Folgen ihres Lasters überzeugt sind, bildet das Thema zahlreicher Märchen und Sagen aller Völker. So verriet Delila ihren Simson und Psyche ihren Amor. Das Geheimnis der Geburt des guten Sünders Gregorius wurde durch ein Fischweib ausgeplaudert.

Der Italiener Giuseppe Pitré teilt in seinem vierbändigen Sammelwerke „Fiabe, Novelli e Racconti" (Palermo 1875) folgende, hier im Auszuge reproduzierte Geschichte mit:

Ein Mann, der seine Frau und seinen Freund, einen Gerichtsbeamten, auf die Probe stellen wollte, tötete eine Ziege und warf den Kopf derselben in einen Brunnen. Dann sagte er seiner Ehehälfte im Vertrauen, er habe einen Menschen umgebracht, ihm den Kopf ab-

darauf drang nun der Gerichtsbeamte bei ihm ein,
arretierte ihn und führte ihn zum Brunnen, in dem
dann statt eines Menschenkopfes ein Ziegenkopf entdeckt
wurde. Die Moral ist, keinem Weibe ein Geheimnis
anzuvertrauen und keinen Gerichtsbeamten zum Freunde
zu wählen.

Waitz erzählt im 2. Bande seiner „Anthropologie
der Naturvölker“, daß die Neger in Bornu früher die
Sprache der Tiere verstanden und sich mit denselben
geläufig unterhalten konnten; doch verloren sie diese
Fertigkeit dadurch, daß sie alle ihnen anvertrauten Geheimnisse ihren Frauen mitteilten.

Nur betreffs ihrer Untreue verstehen die Weiber
die Kunst der Verschwiegenheit; auch wissen sie sich im
Falle unerwarteter Entdeckung geschickt aus der Klemme
zu ziehen. Bei tölpelhaften Ehemännern, wovon uns
in der nachfolgenden, dem 4. Bande von Erlachs
Sammlung deutscher Volkslieder entnommenen Erzählung
ein Exemplar vorgestellt wird, ist auch nicht einmal eine
große Geschicklichkeit nötig, um sie hinter das Licht zu
führen.

> „Und als ein Bauer im Hof 'nein kam,
> Ei, ei, ei!
> Im Hof, da stehen Pferde,
> Eins, zwei, drei.
> „Ei Gretel, komm nur g'schwind herfür!“
> „Ei Mann, was willst von mir?“
> „Im Hof, da stehen Pferde,
> Drei oder vier.“
> „Ei Hänsel, zünd' die Köbel (Laterne) an,

Schau selber, was passiert!
Es sind ja meine Milchkühe,
Meine Mutter schickt sie mir.“
„Milchküh mit Sättel drauf!
O Wind, o Wind, o Wind!
Ich bin ein armer Ehemann,
Wie viele Männer sind.“

Und als der Bauer ins Haus 'nein kam,
Ei, ei, ei!
An der Stieg da hängen Mäntel,
Eins, zwei, drei.
„Ei Gretel, komm nur g'schwind herfür!“
„Ei Mann, was willst von mir?“
„An der Stieg da hängen Mäntel,
Drei oder vier.“
„Ei Hänsel zünd' die Köbel an,
Schau selber was passiert,
Es sind ja meine Grastücher,
Meine Mutter schickt sie mir.“
„Grastücher mit Kräge drauf!
O Wind, o Wind, o Wind!
Ich bin ein armer Ehemann,
Wie viele Männer sind.“

Und als der Bauer in b' Stub' 'nein kam,
Ei, ei, ei!
Auf dem Tisch, da stehen Tschakos,
Eins, zwei, drei.
„Ei Gretel, komm nur g'schwind herfür!“
„Ei Mann, was willst von mir?“
„Auf dem Tisch, da stehen Tschakos,
Drei oder vier.“
„Ei Hänsel, zünd' die Köbel an,
Schau selber, was passiert,
Es sind ja meine Milchhafen,
Meine Mutter schickt sie mir.“

„Milchhafen mit Federbusch!
O Wind, o Wind, o Wind!
Ich bin ein armer Ehemann,
Wie viele Männer sind."

Und als der Bauer hintern Ofen kam,
Ei, ei, ei!
Hinterm Ofen stehen Stiefel,
Eins, zwei, drei.
„Ei Gretel, komm nur g'schwind herfür!"
„Ei Mann, was willst von mir?"
„Hinterm Ofen stehen Stiefel,
Drei oder vier."
„Ei Hänsel, zünd' die Köbel an,
Schau selber, was passiert!
Es sind ja meine Milchständer,
Meine Mutter schickt sie mir!"
„Milchständer mit Sporen dran!
O Wind, o Wind, o Wind!
Ich bin ein armer Ehemann,
Wie viele Männer sind."

Und als der Bauer in die Küche kam,
Ei, ei, ei!
An der Wand da hingen Säbel,
Eins, zwei, drei."
„Ei Gretel, komm nur g'schwind herfür!"
„Ei Mann, was willst von mir?"
„In der Küch', da hängen Säbel,
Drei oder vier."
„Ei Hänsel, zünd' die Köbel an,
Schau selber, was passiert.
Es sind ja meine Bratspieß,
Meine Mutter schickt sie mir.
„Bratspieß mit Portue! (Port d'epée)
O Wind, o Wind, o Wind!

Ich bin ein armer Ehemann,
Wie viele Männer sind."

Und als der Bauer in d' Kammer kam,
Ei, ei, ei!
Im Bett da liegen Reiter,
Eins, zwei, drei."
„Ei Gretel, komm nur g'schwind herfür!"
„Ei Mann, was willst von mir?"
„Im Bett, da liegen Reiter,
Drei oder vier."
„Ei Hänsel, zünd' die Köbel an,
Schau selber, was passiert.
Es sind ja meine Milchmägde,
Meine Mutter schickt sie mir!"
„Milchmägde mit Schnurrbärt!
O Wind, o Wind, o Wind!
Ich bin ein armer Ehemann,
Wie viele Männer sind"*).

Im altdeutschen Schwank „vom üblen Weibe"

---

*) Von der ähnlichen schottischen Ballade „Our Gudeman",
(Aytoun, „The Ballads of Scotland", vol. I.) habe ich
in meinem Werke „Schottische Balladen" (Halle 1875) eine
freie Übersetzung veröffentlicht. Eine andere Übertragung ist
in Wolffs „Hausschatz der Volkspoesie" (S. 230) nachzulesen.
— Eine in Deutschland populär gewordene freie Nachbildung
von F. L. W. Meyer erschien zuerst im „Göttinger Musen-
almanach" von 1790 (S. 61—64); vergl. Hoffmann v. Fallers-
leben „Unsere volkstümlichen Lieder" Nr. 478. Dasselbe
Thema in verwandter Gestalt ist sowohl in romanischen wie
germanischen, slavischen wie magyarischen Volksliedern behandelt
worden; ein flandrisches bietet deutsch Ph. C. Nathusius in
den Anfängen zu seiner Béranger-Übersetzung (S. 449) und
ein ungarisches L. Aigner in seiner Sammlung.

werden die unglücklich verheirateten Männer mit heiligen Märtyrern verglichen.

> „Wer längre Zeit will leben
> Mit solch bösen Weibern,
> Der leidet ärgre Qualen
> Als die Blutzeugen litten,
> Die um Gottes Willen
> Sich einst ließen peitschen,
> Denen man die Sehnen ausriß,
> Die man auf dem Roste briet,
> Die man durchschoß mit Pfeilen,
> Durch deren Füß' und Hände man
> Eisennägel bohrte
> Und die man auf Räder flocht.
> Wo immer man sie briet und sott,
> So war es doch ein kurzer Tod,
> Und sie starben an einem Tage.
> Wie uns gelehrte Leute sagen,
> Haben sie dies kurze Leben
> Gegeben für das ewige
> Und sind im Rang der Engel.
> Ihre Qual war nie so groß,
> Daß die bei weitem größer
> Und nicht um vieles ärger sei:
> Wer ein böses Weib besitzt,
> Der thue, was er wolle,
> Er liege, sitze oder stehe,
> Er schlafe oder wache,
> Er wird die Pein durchaus nicht los.“*)

Nach Abraham a Santa Clara („Merks Wien.“ S. 92 Reclams Ausgabe) gab es früher ein probates Mittel, die Schweigsamkeit der Weiber zu brechen.

---

*) Dr. F. Khull, Geschichte der altdeutschen Dichtung. Graz 1886.

„Im alten Testament hatten die Weiber einen wunderlichen Trunk, und obschon manche über keinen Durst klagte, mußte sie bennoch über Willen Bescheid thun. Wenn ein Mann, wegen des unruhigen Eifer=Geistes einen Argwohn hatte, als ob ihm seine Frau treulos worden, mußte er aus Befehl Gottes solche zu dem Priester vor den Altar führen, welcher dann ein ge= wisses und mit tausend Fluch gemischtes Wasser ihr darreicht zu trinken; so sie nur unschuldig bezichtigt, fügte ihr dieser Trank den wenigsten Schaden nicht zu, dafern sie aber in der Wahrheit auf dem Löffel=Markt gewesen, und ihren Ehegenossen mit Erkennung eines andern veruntreut, ist durch Peters Wunderwerk geschehen, daß sie von solchem Wasser alsobald aufgebläht und einem böhmischen Hopfensack gleich aufgeschwollen, auch nach und nach elendiglich verfault und gestorben. Also hat man dazumal sein können auf die Spur kommen, wer schuldig oder unschuldig sei. Nein! sagt mancher, warum daß dieses nicht mehr geschieht? Wir hätten es jetziger Zeit sowohl von Nöten als damals, und da auch solches Wasser auf viel Geld sollte steigen, man würde es doch reißend kaufen.“

Wo nun viel Schatten ist, da ist auch viel Licht und es giebt daher auch zahllose Märchen und Volks= lieder, welche die Treue und Zuverlässigkeit der Frau feiern. Die Geschichte der Weiber von Weinsberg, wie sie uns in einem alten Liede vorliegt*), ist durch Bürger allgemein bekannt geworden; Varianten der betreffenden

---

*) Erlach, Volkslieder der Deutschen. Bd. III. S. 391.

Erzählung sind jedoch auch in außerdeutschen Litteraturen nicht selten, sogar der Talmud enthält eine solche**).

„Ein Mann," heißt es dort, „verstößt seine Frau, gestattet ihr aber, das Kostbarste aus seinem Hause mitzunehmen. Nachdem er eingeschlafen, läßt sie ihn durch ihre Dienerinnen in das Haus ihres Vaters tragen. Als er erwacht und fragt ‚wo bin ich?‘, antwortet die Frau: ‚Im Hause meines Vaters; du hast mir ja gestattet, das Kostbarste aus deinem Hause mit= zunehmen, und ich habe in der Welt nichts Kostbareres als dich‘".

Die beiden gingen hierauf zum Rabbi Simon ben Jochai, der für sie zu Gott betete. Sie versöhnten sich und ihre bis dahin unfruchtbare Ehe ward mit Kindern gesegnet.

Fast wörtlich finden wir diese Anekdote in der russischen Erzählung von „Semiletka" (W. R. S. Ralston, Russian folk-tales, London 1873, S. 31) und in der damit verwandten ungarischen „Az aranyeke" (Eth= nologische Mitteilungen aus Ungarn, Budapest 1889 1. Heft, S. 395). In der ungarischen und russischen Erzählung schläft der Mann nicht von selbst ein, sondern wird von der Frau betrunken gemacht, ebenso wie in dem deutschen Märchen ähnlichen Inhalts („Die kluge Bauerntochter") bei Grimm.

Nach einer in W. Paulys „Perlen aus dem Sagenschatz des Rheinlandes" enthaltenen Erzählung

**) P. 208 L. Hearn, Stray leaves from strange literature. Boston 1884.

rettete eine Äbtiffin ihren Bruder dadurch, daß fie ihn als ihr Liebftes auf den Schultern forttrug.

Ein hierher gehöriges italienifches Märchen mag im Auszuge folgen.

„Ein armer Vogelfteller hatte dem Teufel gegen das Verfprechen, ihm recht viele Vögel in das Garn zu treiben, feine Seele verfprochen und follte fie diefer nach zwölf Jahren in Empfang nehmen. Als nun diefe Zeit beinahe verfloffen war, erfuchte er feine Frau, den Teufel zu bereden, feinen Kontrakt zu ändern und zwar fo, daß derfelbe feine Seele haben könne, wenn er ihm einen Vogel vorführe, den diefer nicht kenne. Der Teufel ging darauf ein und als er zum beftimmten Tage zur Vogelfchau eintraf, bemerkte er einen Vogel, wie er nie einen gefehen hatte und der ihm einen folchen Schrecken einjagte, daß er auf und davon lief. Jener Vogel war nämlich die Frau des Armen, die fich durch Theer und Federn unkenntlich gemacht hatte."

Trotz aller Eheftandsleiden aber läßt fich doch kein heiratsluftiger Jüngling von der Befolgung der Eingangsworte zum „Landprediger von Wakefield" abhalten. Das Leben eines Hageftolzes ift doch verfehlt, weshalb ihn auch die Schweizer, zur Strafe für fein nutzlofes Dafein, nach dem Tode Waffer aus der Rhone fchöpfen und auf hohe Berge tragen laffen.

Ein Zauberbüchlein.

Der Aberglaube bildet noch immer einen wesent=
lichen Bestandteil der religiösen Anschauungen aller
Nationen; ja, eine geoffenbarte Religion ist ohne den=
selben absolut undenkbar. Da nun die officiellen Ver=
treter der Religionen sehr gut wissen, daß sie bei ihrem
Verfahren, jenes Unkraut auszurotten, den Weizen, oder
doch einen Teil desselben zugleich ausraufen, so lassen
sie, wenigstens soweit es die speciell von ihnen re=
präsentierte Sekte anbelangt, den Aberglauben ruhig
weiter wuchern und bekämpfen ihn nur da, wo er sich
in einer Konkurrenz=Denomination zu mächtig regt.

Deshalb blüht und gedeiht der Aberglaube, also
das Überbleibsel der altheidnischen Religion, noch auf
den heutigen Tag unter den frömmsten Christen, was
auch schon dadurch leicht erklärlich ist, daß dieselben
beständig mit den fabelhaftesten Wundergeschichten trak=
tiert und ihnen alle aufklärenden Schriften vorenthalten
werden. Da die Wunderthäter nach ihrem Tode gewöhn=
lich noch lange Jahre warten müssen, bis sie sich der
mit unzähligen zeitraubenden Schererein verbundenen
Heiligsprechung erfreuen, so kann es der echte Katholik
immerhin schon riskieren, denselben auch schon während

ihrer Lebenszeit die nötige Verehrung angedeihen zu
laffen. Aber auch noch viele Proteftanten, die sich
doch so gerne den Anftrich geben möchten, als seien sie
dem liberalen Fortschritte gewogen, huldigen mehr als
man ahnt, überlieferten abergläubischen Gebräuchen und
Ansichten; sie glauben noch immer an die Erscheinungen
und Beschwörung der Geifter, an Sympathiekuren und
Wahrsagereien, an die unheilvollen Thaten der Hexen
und des Teufels und finden dafür die untrüglichften
Beweise im Alten und Neuen Teftamente, sowie in den
Werken der Kirchenväter*). Die Exiftenz der bösen
Geifter und ihres Oberhauptes in Frage zu ftellen,
gilt noch immer in den Augen der orthodoxen Geiftlichen
als ftrafbare Ketzerei. Viele derselben halten heute noch
die Zauberei in ihren vielfachen Geftaltungen für eine
nicht zu leugnende Realität und eine teuflische Nach=
äffung der Religion**). Nach ausdrücklicher Erklärung
meines unten angeführten Gewährsmannes ift „etwas
an der Sache", da heutigentags noch Dinge geschehen
und durch Menschenhände verrichtet werden, für die
keine natürliche Erklärung gegeben werden kann. Auch
ftellt die Bibel die Thaten der Zauberei nirgends als

---

*) Ich verweise nur auf folgende Bibelftellen: 5. Mof.
18, Vers 9—12; 2. Mof. 7, Vers 11 u. 19, sowie Kap. 8,
Vers 18—19; 1. Sam. 8; Galater 5, Vers 19—21; Offenb.
22, Vers 15, sowie auf das 8., 13. und 19. Kapitel der
Apoftelgeschichte.

**) Siehe das Schriftchen: Die Zauberei im Lichte des
Wortes Gottes. Von F. P. Mayser, Paftor der ev. luth.
Zionskirche zu Lancafter in Pennsylvanien. Reading, Pa. 1881.

Blendwerk hin, und wenn das Ansehen des göttlichen
Buches nicht durch rationalistische Erklärungsversuche
untergraben werden soll, so muß der gläubige Christ
z. B. die Thaten der ägyptischen Hexenmeister, welche
Frösche in ihr Land zauberten und ihre Stöcke in
Schlangen und das Wasser eines Stromes in Blut
verwandelten, streng historisch auffassen.

Da sich nun die Beschwörer von Ephesus und
die späteren Wunderthäter bei ihren Handlungen des
Namens Gottes und der anderen Mitglieder der Dreieinigkeit so gut wie die heutigen Zauberer bedienten, so
wäre es sicherlich nach Ansicht des Volkes inkonsequent,
nur die Wunderthaten der ersteren für wahr zu halten
und die der letzteren für Werke des Teufels anzusehen.
Wenigstens fällt es den gewöhnlichen Leuten schwer,
hier den rechten Unterschied zu machen oder alles auf
dieselbe Stufe zu stellen.

In der Kirche Jesu sind heidnische und christliche
Elemente eng miteinander verbunden. Elfen und Riesen
nehmen vielfach die Stelle der Engel und bösen Geister
ein; die Wunder Jesu und der Apostel werden durch
die der katholischen Heiligen bedeutend in den Schatten
gestellt. Mehr Anhänger Christi als man sich träumen
läßt, werden also am jüngsten Tage zu der Frage
berechtigt sein: „Herr, haben wir nicht in deinem Namen
geweissagt, Teufel ausgetrieben und andere Thaten
gethan?“

„Das Christentum,“ sagt Jakob Grimm in seiner
deutschen Mythologie, „war nicht volksmäßig; es kam
aus der Fremde und wollte althergebrachte Götter ver-

drängen, die das Volk ehrte und liebte. Und die Ver=
ehrung dieser Götter hing zusammen mit den Ge=
bräuchen, Überlieferungen und der Geschichte des Landes."
Diesem allen sollte nun das Volk plötzlich entsagen.
So schnell, wie dies die christlichen Missionare
wünschten, ging es damit nun allerdings nicht; doch
kam man dem Volke insoweit entgegen, als man ihm
seine historischen Feste ließ und dieselben nur mit einem
christlichen Firnis versah.

Durch den Glauben an Zauberei und Wunder
drückt der einfache Mensch den sehnsüchtigsten Wunsch
aus, die Natur, deren Gesetze er nicht kennt und deren
Wirken gegenüber er ohnmächtig ist, unter seinen Befehl
zu bringen. Gewitter und Krankheiten sind ihm
Wirkungen böser Geister, die er nur durch Anrufung
mächtigerer Götter und Heiliger besiegen kann; um nun
letztere in seinen Dienst zu zwingen, bedient er sich
erprobter Zaubersprüche. Solche finden sich in einem
mir vorliegenden, 180 Seiten starken und im Westen=
taschenformat gedruckten Büchlein, das folgenden Titel
führt:

„Der wahre Geistliche Schild, so vor 300
Jahren von dem heil. Pabst Leo X. bestätigt worden,
wider alle gefährliche Menschen sowohl, als aller Hexerei
und Teufelswerk entgegen gesetzt. Darin sehr kräftige
Segen und Gebete, so teils von Gott offenbaret, teils
von der Kirche und heiligen Vätern gemacht und ap=
probiert worden. Nebst einem Anhang heiliger Segen,
zum Gebrauch frommer katholischer Christen, um in
allen Gefahren, worin sowohl Menschen als Vieh ge=

rathen, gesichert zu sein. Cum licentio ord. Cens. ibid. An. 1647 impress*)."

Dieses seltene Büchlein, aus dem ich nun einige mit Anmerkungen begleitete Auszüge folgen lasse, fängt mit einem Teile des Evangeliums Johannis an, wobei speciell bemerkt wird, daß das ganze Evangelium, bei sich getragen und inbrünstig gebetet, ein kräftiges Mittel gegen Ungewitter, Gespenster und allerlei Gefahren ab= giebt. Ehe nun der gläubige Katholik das in jenem Büchlein abgedruckte Bruchstück des genannten Evange= liums liest, muß er Stirne, Mund und Brust mit dem Daumen bekreuzen und die Personen der heil. Drei= einigkeit erwähnen. Ist nun jener Bibelabschnitt gelesen, so wird derselbe geküßt und dann werden die Buch= staben J. N. R. J. mit dem Daumen auf die Stirne geschrieben, worauf dann Christus zum Schutz gegen sichtbare und unsichtbare Feinde, „Gespenst, Zauberei und Gefährlichkeit" angerufen wird.

Dann folgt ein „kräftiger, von Pabst Urbanus VIII. 1635 zu Rom approbierter Segen", worin der Bitt= steller Gott Heloym, Gott Sabaoth, Gott Emmanuel, Gott Hagios, Gott Jehova, Gott Messia, Gott Otheos, Gott Tschryos, Gott Alpha und Omega und außerdem noch die Personen der Dreieinigkeit gegen leibliche und

---

*) Die meisten der darin enthaltenen Zaubersprüche be= finden sich auch im sogenannten „Romanusbüchlein", von dem J. Scheible im zweiten Bande seines Faustwerkes einen Abdruck bringt. — Daß die Beachtung katholischer Gebräuche zu erfolg= reichen Beschwörungen nötig ist, beweist der „Inbegriff der übernatürlichen Magie" desselben Bandes.

geistliche Feinde, gegen Ungewitter, Zauberei und
Teufelskunst anruft. In einem anderen, gegen dieselben
Unannehmlichkeiten gerichteten und von demselben Papste
empfohlenen Segen, bitten furchtsame Katholiken Christum,
er „möge sie durch das Eingeweide seiner Barmherzig=
keit, in welchen er uns, aufgehend aus der Höhe, heim=
gesucht hat, durch die Fürbitte der seligsten Jungfrau
Mariä und aller Heiligen, sonderlich der vier Evange=
listen erlösen und bewahren vor allem Gespenst des
Satans und seiner Diener, vor allerlei Hexerei, Be=
schwörung, Verblendung, Verzauberung, Verbündnis
und Beschreibung, so uns angethan worden oder noch
können angethan werden, vor allerlei Nachstellung des
Teufels, bösem Willen, Blitz, Donner, Hagel, Ungewitter,
gäher Tod und von allerlei Übel." Die darauf ab=
gedruckten Stellen aus den Psalmen sollen so kräftig
sein, daß der Teufel beim Anhören derselben schnell
das Hasenpanier ergreift.

Dann folgt eine Anzahl in und außer Gefahr zu
sprechender Segen, darunter auch ein vom heil. Antonius
stammender, der gegen Versuchungen gerichtet ist. Dabei
wird auch die Geschichte einer Frau mitgeteilt, die sich
wegen ihrer Sünden aus Verzweiflung ertränken wollte.
Als sie nun zum Flusse eilte, kam sie an einer dem
genannten Heiligen gewidmeten Kirche vorbei und setzte
sich auf die Treppe derselben. Dort entschlief sie und
hörte im Traume die Worte: „Lese die Schrift, die du
in deinem Schoße findest; durch deren Kraft wirst du
von der Versuchung erledigt werden." Nach dem Er=
wachen fand sie eine Schrift folgenden Inhaltes:

„Siehe das Kreuz des Herrn; flieht, ihr Gegenteil. Der Löwe vom Geschlecht Judä hat überwunden die Wurzel Davids. Alleluja." Nachdem sie diesen Segen gelesen, wurde sie „erledigt". Dieses Dokument wurde ihr später vom König von Portugal abgenommen; doch hatte sie sich noch rechtzeitig eine Abschrift davon gemacht. Dieselbe hing sie sich um den Hals und seit dieser Zeit wurde sie niemals mehr in Versuchung geführt.

Ein anderes Kapitel des genannten Büchleins führt den Titel „Buchstaben wider die Pest". Es heißt darin: „Es bezeugt Herr Franziskus Solarius, Bischof zu Solarino, daß im Concilio zu Trient Anno 1547 über 20 Bischöfe und Ordensgenerale an der Pest gestorben; da hat der Patriarch zu Antiochia allen geraten, folgende Buchstaben, so von dem Herrn Zachariä, Bischoffen zu Jerusalem, mit ihrer Auslegung und Beschwörung hinterlassen worden, als ein gewisses Mittel gegen die Pest bei sich zu tragen, und als dieses geschehen, da ist kein einziger mehr an der Pest gestorben. Und wenn man dieselben Buchstaben über die Thüre geschrieben, so sind alle in selbigem Hause Wohnenden vor der Pest bewahret worden.

† Z. † D. J. A. † B. J. Z.
† S. A. B. † Z. H. G. F.
† B. F. R. S."

Nach diesem Segen folgt eine kräftige Beschwörung, bestehend aus einem Gebet, das dem heil. Augustino vom heiligen Geist offenbart worden ist. Wer dasselbe bei sich trägt und andächtig spricht, wird nicht um=

kommen im Waſſer, noch im Feuer, noch im rechtmäßigen
Streit; auch wird er keines ſchnellen Todes ſterben.
Dieſes Gebet iſt hauptſächlich an den Erzengel Michael
gerichtet. Denjenigen, der ein anderes „kräftiges“ und
ſehr langes Gebet bei ſich trägt, verläßt die Mutter
Gottes in ſeinen Nöten nicht. Dasſelbe iſt nach
unſerer Quelle am 14. Heumonat 1540 auf dem Grabe
Mariä gefunden worden. Ein in unſerem Büchlein
ebenfalls veröffentlichtes, auf dem heiligen Grabe in
Jeruſalem gefundenes und vom Papſt Marcello II.
beglaubigtes Gebet, ſchützt gegen Blitzesgefahr und
Beſeſſenheit. Einer gebärenden Frau, der es auf das
Haupt gelegt wird, ſchafft es Linderung.

Vom Prieſter geweihte und mit Andacht bei ſich
getragene Benediktiner-Pfennige haben folgende Heilkräfte:

1. ſie halten alle Bezauberung ferne und ſchützen
gegen die Umtriebe des Teufels;

2. diejenigen, die vom Teufel angefochten werden,
beſchirmen ſie;

3. das Haus, an deſſen Thüre ſie genagelt oder
unter deſſen Thürſchwelle ſie vergraben ſind, wird weder
von Zauberern noch von Hexen betreten;

4. wenn das Vieh behext iſt, ſo wäſcht man dasſelbe mit Waſſer, in das man einen ſolchen Pfennig
gelegt hat und die Bezauberung wird machtlos;

5. wird in der Milch oder Butter ein „unnatür-
licher Schaden verſpürt“, ſo legt man einige Benediktiner-
Pfennige in Waſſer und läßt es die Kühe trinken.

Nachdem dann eine längere „andächtige Weis,
dem Amt der heiligen Meſſe nutzlich beizuwohnen“

abgedruckt ist, folgt ein Abschnitt mit folgendem be=
sonderem Titelblatt:

„Ein schöner, wohl approbierter heiliger Segen
zu Wasser und zu Land wider alle seine Feinde, so
ihm begegnen auf allen seinen. Wegen und Stegen.
J. H. S. Erstlich gedruckt zu Cöln."

Wer dieses Dokument, das der Abdruck des von Papst
Leo seinem Bruder Carolo gesandten Segens sein soll,
bei sich trägt und Gott zu Ehren täglich fünf Vater=
unser und den Glauben hersagt, der wird behütet vor
Feuers= und Wassersgefahr; er wird in keinem Streit
umkommen, weder Gift noch Zauberei kann ihm Schaden
zufügen, auch wird er von keinem Geschoß „mörderischer=
weise" getroffen. Derjenige, der im Besitze dieses
Segens ist, wird niemals in große Armut geraten;
einer schwangeren Frau wird dadurch leicht und schnell
über die Stunde des Gebärens hinweggeholfen.

Als der König der Yberier, heißt es weiter, einst
in den Krieg ziehen mußte, ließ er sich jenen Segen
von seinem Sohne, dem Abte Collomannus mitgeben
und um sicher zu gehen, probierte er dessen Kraft an
einem zum Tode verurteilten Menschen. Doch es stellte
sich bald heraus, daß der Scharfrichter ihm nicht das
Haupt abzuschlagen vermochte; er warf ihn darauf in
ein großes Feuer, doch wurde ihm kein Härlein versengt.
In einem fließenden Wasser ertrank er nicht und das
gröbste Geschoß verwundete ihn nicht*).

---

*) Odin verstand die Kunst, jemanden hieb= und stichfest
zu machen.

Dieser kräftige Segen, den jeder bei sich tragen oder doch wenigstens im Hause haben sollte, fängt ebenfalls mit dem Evangelium Johannis an; dann folgen die gewöhnlichen Bitten an Jesum, dem Inhaber besagten Dokumentes seinen besonderen Schutz zu gewähren.

In dem Abschnitt „Eine Offenbarung, so Christus denen h. h. Jungfrauen Maria, Elisabeth und Brigitta geoffenbaret", erzählt Jesus: „Ich habe 102 Maultaschen von den Juden empfangen; bin von ihnen 30 mal im Garten mit den Fäusten auf den Mund geschlagen worden; bin in des Anna's Haus 7 mal niedergesunken. Ich habe auf das Haupt und Brust

---

„Ein dreizehntes kann ich, soll ich ein Degenkind
In die Taufe tauchen,
So mag er nicht fallen im Volksgefecht,
Kein Schwert mag ihn versehren."

(Edda, Odins Runenlied.)

Luther erzählt in seinen Tischreden: „Die Juden haben ihre Zauberei gleich sowohl als andere Zauberer; sie gedenken also: Gerät's uns, so stehet's wohl um uns; wo nicht, so ist's um einen Christen gethan; was liegt uns daran? Denn sie achten eines Christen wie eines Hundes.

Aber Herzog Albrecht zu Sachsen that recht. Da ihm ein Jude einen Knopf gab mit seltsamen characteribus und Zeichen, der sollte dienen vor kalte Eisen, Stechen und Schießen; da sagte er: Das will ich mit dir, Jude, erstlich probieren; führte den Juden vors Thor, hing ihm den Knopf an den Hals, zog sein Schwert aus, und durchstach ihn durchaus. Also, sagte er darauf, wäre mir's auch ergangen, so ich dir getrauet hätte."

„Jäger und Wildschützen halten," wie Dr. M. Höfler

30 Streiche empfangen; auf den Schultern meines
Leibes und Schenkel habe ich 30 Streiche empfangen;
ich bin 30mal beim Haar aufgezogen worden; ich habe
aus meinem Herzen 127 Seufzer gehen lassen, bin
87mal beim Bart gezogen worden. Ich habe einen
tötlichen Stoß überkommen, daß ich mit dem schweren
Kreuz zu Boden habe sinken müssen. Ich habe 6660
Streiche bei der Geißelung empfangen; in dem Haupt
habe ich von der Dornenkrone 1000 Stiche empfangen;
an dem Kreuz habe ich drei töbtliche Dornspitzen, so
durch das Haupt gingen, empfangen; es ist mir 73mal
ins Antlitz gespeit worden. Sie haben an meinem
Leib 5473 Wunden gemacht. Seynd der jüdischen
Soldaten, so mich gefangen haben, 50, der Schergen 28,
derer, die mich getragen, 5 gewesen. Blutstropfen aus
meinem Leibe geflossen seynd 30 430.

Allen, die da sprechen alle Tage 7 Vaterunser,
7 Ave Maria und einen Glauben, so lange bis sie
die Zahl der Blutstropfen werden vollbringen, denen
will ich verleihen zur Ehre meines bitteren Leidens

---

in seinem Werke „Volksmedizin und Aberglaube in Ober-
bayerns Gegenwart und Vergangenheit' (Neue Ausgabe
München 1893) mitteilt, „das Fingergliedchen eines noch nicht
entbundenen oder im Mutterleibe abgestorbenen oder eines
durch die sectio caesarea entfernten, also sicher unschuldigen,
sündlosen Kindes für ein unfehlbares Amuletmittel, um sich
kugelfest zu machen; die Diebe tragen dasselbe bei sich, um
unsichtbar stehlen zu können. Im Frankenwalde ist dieses
Kindes-Rudiment bereits auf den abgeschnittenen Nagel eines
noch nicht sechs Wochen alten Kindes zusammengeschrumpft."

und Sterbens die fünf nachfolgenden Ablässe und
Gnaden:

1. vollkommener Nachlaß und Verzeihung aller
ihrer Sünden;

2. sie werden die Pein des Fegefeuers nicht em-
pfinden;

3. so sie sterben, ehe sie die Zeit oder Jahr vollendet, so will ich raten, als wenn sie die ganze Zeit
vollendet hätten;

4. ich will sie den heiligen Martyrern vergleichen,
als wenn sie für mich und meinen Glauben Blut ver-
gossen hätten;

5. in der Stunde des Todes will ich ihre Seele
durch ihren Schutzengel in den Himmel führen lassen,
samt allen ihren Blutsfreunden, so noch im Fegefeuer
würden leiden, bis in das letzte Glied."

Vorstehende Offenbarung soll auf dem heiligen
Grabe in Jerusalem gefunden worden sein*). Wer sie
aufschreibt und bei sich trägt, dem kann der böse Feind
keinen Schaden zufügen; er ist gegen schnellen Tod
gefeit und wird nicht auf elende Weise umkommen.
Auch einer gebärenden Frau verschafft sie Linderung.

Der nächste größere Abschnitt unseres Büchleins
trägt den Volltitel: „Anhang heiliger Segen zum Gebrauch frommer Christen, um in allen Gefahren, worin

---

*) „Den Gräbern der Heiligen", schreibt Jacob Grimm,
„wurde im Mittelalter Heilvermögen beigemessen, und alles,
was mit ihnen in Berührung stand, gewährte Hilfe, sogar der
Trunk des über Knochen, Kleider, Holzsplitter und Erde ge-
gossenen Wassers. Rasen und Tau auf dem Grabe heilen."

sowohl Menschen als auch Vieh geraten, gesichert zu sein. Gedruckt im Jahr Christi 1802."

Darin wird folgendes Rezept gegen Mundfäule empfohlen: „Jakob zog über Land, der hat den Stab in seiner Hand, da begegnet ihm Gott der Herr und sprach zu ihm: Jakob, warum trauerst du so sehr? Er sprach: Ach Gott, warum sollt ich nicht trauern, mein Schlund und mein Mund will mir abfaulen. Da sprach Gott zu Jakob: Dort in jenem Thal, da fließt ein Brunn, der heilt dir N. N. beinen Schlund und deinen Mund, im Namen Gottes des Vaters, des Sohnes und des heiligen Geistes. Amen."

Dieser Segen muß dreimal des Morgens und Abends gesprochen werden. Bei den Worten: „Der heilt dir N. N." u. s. w. bläst man dem kranken Kinde fünfmal in den Mund.

Ein „allezeit helfender" Feuersegen lautet: „Das walte das bittere Leiden und Sterben unseres Herrn Jesu Christi, Feuer und Wind und heiße Glut, was du in deiner elementischen Gewalt hast, ich gebiete dir beim Herrn Jesu Christi, welcher gesprochen hat über den Wind und das Meer, die ihm aufs Wort gehorsam gewesen, durch diese gewaltigen Worte, die Jesus gesprochen hat, thue ich dir Feuer befehlen, drohen und ankündigen, daß du gleich flugs dich sollest legen mit deiner elementischen Gewalt, die Flamme und Glut, das walte das h. rosenfarbige Blut unseres lieben Herrn Jesu Christi! Du Feuer und Wind, auch heiße Glut, ich gebiete dir, wie Gott geboten hat dem Feuer und Glut durch seinen heiligen Engel in dem Feuerofen,

als die drei heiligen Männer, Sadrach und seine Mit=
gesellen Meloch und Abednego, durch göttlichen Befehl
dem heiligen Engel befohlen, daß sie sollen unversehrt
bleiben, wie es auch geschehen; also sollst gleicherweise
du Feuerflamme und heiße Glut dich legen, da der all=
mächtige Gott gesprochen, als er die vier Elemente
samt Himmel und Erde erschaffen hat! fiat, fiat, fiat,
d. h. es werde, im Namen Gottes des Vaters, des
Sohnes und des heiligen Geistes. Amen.“

Wenn man Feuer ohne Wasser löschen will, so
schreibe man folgende Buchstaben auf jede Seite eines
Tellers, werfe diesen in das Feuer und sogleich wird
es „geduldig auslöschen“.

S	A	T	O	R
A	R	E	P	O
T	E	N	E	S
O	P	E	R	A
R	O	S	A	S

Diese Buchstaben geben von oben nach unten und
von links nach rechts gelesen dieselben Wörter.

Dann wird auch folgendes Mittel zur Abwendung
der Feuersnot empfohlen:

„Nimm des Morgens oder des Abends ein
schwarzes Huhn aus dem Nest, schneide ihm den Hals
ab, wirf es auf die Erde, schneide ihm den Magen aus
dem Leib, darnach sehe, daß du ein Stück aus dem
Hemde bekommst, da ein Mägdelein, die noch eine reine
Jungfrau sei, ihre Zeit innen hat, nimm dann eines
Tellers Breite von dem, da die Zeit am meisten
darinnen; diese zwei Stücke wickle zusammen und gebe

25*

wohl Achtung, daß du ein Ei bekommst, das am Gründonnerstag gelegt ist; diese drei Stück wickle zusammen
mit Wachs, darnach thue es in ein achtmäßig Häflein,
decke es zu und vergrabe es unter deiner Hausschwelle.
Mit Gottes Hilfe, so lange als ein Stück am Hause
währt, wenn es schon vor und hinter deiner Behausung
brennt, so kann das Feuer dir und deinen Kindern
keinen Schaden thun. Im Falle unversehens ein Feuer
ausbricht, so siehe zu, daß du ein Hemd bekommst von
einer Magd, die ihre Zeit darin gehabt; oder auch ein
Leibchen, worin eine Frau ein Kind geboren; wirf's
zusammengewickelt stillschweigend in das Feuer; es hilft
ganz gewiß."

Gegen Hexen und Gespenster muß, damit sie weder
Menschen noch Vieh schaden, folgendes an die Bettstätte und an eine Wand im Stall geschrieben werden:
"Trottenkopf, ich verbiete dir mein Haus und meinen
Hof, ich verbiete dir meinen Pferd- und Kuh-
stall, ich verbiete dir meine Bettstätte, daß du nicht
über mich trittst; in ein ander Haus und steige über
alle Berge und Zaunstecken und über alle Wasser, so
kommt der liebe Tag wieder in mein Haus. Im
Namen Gottes u. s. w."

Eine Anweisung "zum Beisichtragen von Zigeuner-
kunst in Lebensgefahr, und welches allezeit den Menschen sicherstellet: Gleichwie der Prophet Jonas als
Vorbild Christi drei Tage und drei Nächte in des
Walfisches Bauch versorget hat, also will auch der
allgewaltige Gott mich vor allen Gefahren väterlich
behüten und bewahren. J. J. J."

Gegen Geschwulst ist folgender Segen im Namen
der Dreieinigkeit zu sprechen: „Es gingen drei reine
Jungfrauen, sie wollten eine Geschwulst, eine Krankheit
beschauen. Die eine sprach: Es ist haisch! Die andere
sprach: Es ist nicht! Die dritte sprach: Ist es denn
nicht, so komm unser lieber Herr Jesus Christ!“

Ist eine Kuh behext, so schreibt man die Worte:

J. Kreuz Jesu Christi, Milch goß,

J. Kreuz Jesu Christi, Wasser goß,

J. Kreuz Jesu Christi, Hafen goß

auf drei Zettel, nimmt Milch von der kranken Kuh,
schabt etwas von der Hirnschale eines armen Sünders
ab, thut dies alles in einen Hafen und siedet es, „so
wird die Hexe krepieren“ *).

„Man kann auch,“ heißt es weiter, „die drei
Zettel abgeschrieben in das Maul nehmen, vor die
Dachtraufe hinausgehen und fünfmal sprechen; sie dann

---

*) Der Hexe selber fehlt es nie an Butter, weshalb sie
auch in Kurhessen die „Buttermachersche“ genannt wird. Die
Milch soll sie nämlich nach Vilmars Mitteilung von Kröten
erhalten, die sie im Keller versteckt habe und sorgfältig füttere.
Der französische Bauer, der vor Sonnenaufgang einen Arm
voll Gras auf der Wiese seines Nachbars schneidet und es
seinen Kühen giebt, erhält reichliche Milch, währenddem die
Kühe seines Nachbars trocken bleiben.

Nach Mannhardt („Baumkultus“ S. 272) soll Lebens-
und Wachstumskraft durch die Wacholderrute mitgeteilt und
jedes dem entgegenwirkende feindliche Gespenst vertrieben werden.

„Zur Abwehr gegen die Entziehung der Milch durch Hexen
bedient man sich des Wacholders. Will man es verhindern,
daß Hexen zu den Kühen kommen, so nehme man in der
Weihnachtsnacht einen Wacholderzweig und warte im Stalle,

dem Vieh eingeben, so wirst du nicht allein alle Hexen
sehen, sondern es wird auch dem Vieh geholfen werden.“

Wer das Fieber hat, der „bete erstlich früher,
kehre alsdann das Hemb um, den linken Ärmel zuerst,
und spreche: Kehre dich um, Hemb, und du, Fieber,
wende dich! Und nun nenne den Namen dessen, der das
Fieber hat. Dies sage ich dir zur Buße, im Namen
Gottes u. s. w.“

Folgender Diebsbann muß am Donnerstagsmorgen
vor Aufgang der Sonne unter freiem Himmel ge=
sprochen werden: „Ihr Diebe, ich beschwöre euch, daß ihr
sollt gehorsam sein, wie Christus seinem Vater gehorsam
war bis ans Kreuz, und müßt ihr mir stehen und nicht
aus meinen Augen gehen, im Namen der heiligen Drei=
faltigkeit. Ich gebiete euch bei der Kraft Gottes und
der Menschwerdung Jesu Christi, daß ihr mir aus den
Augen nicht geht, wie Christus der Herr ist gestanden
im Jordan, als ihn Sankt Johannes getauft hat;
diesem nach schwöre ich Roß und Mann, daß ihr mir

bis die Hexen kommen, um die Kühe zu melken. Sobald sie
zu melken anfangen, trete man zu der Kuh und versetze der
Hexe drei Streiche. Das muß man schweigend thun und ebenso
schweigend sich entfernen. Ein anderes Mittel lautet: Will
man die Hexen von den Kühen vertreiben, so gehe man auf
Weihnachten um die Mitternachtsstunde hin, gebe Wacholder
in einen Topf (in welchem Glutkohlen liegen) und räuchere
damit dreimal die Kühe, dann wird das ganze Jahr keine
Hexe zu ihnen kommen. Das muß man aber jeden Weih=
nachtsabend thun.“

(Dr. Fr. S. Kraus, Südslavische Hexensagen. Mitteilungen
der anthropolog. Gesellschaft in Wien. 1884.)

stehet und nicht aus meinen Augen gehet, wie Christus der Herr gestanden, als man ihn auf dem Kalvari gekreuzigt und hat die alten Väter von der Höllen Gewalt erlöset. Ihr Diebe, ich binde euch mit den Banden, womit Christus der Herr die Hölle gebunden hat, so seid ihr Diebe gebunden."

Die zu diesem Diebsbann gehörende Auflösung lautet: „Ihr Roß und Mann, so ich euch habe beschworen zu dieser Frist, reitet hin in dem Namen Jesu Christi, durch Gottes Wort und Christi Hort, so geht ihr nun alle fort."

Um einen Dieb zu zwingen, gestohlene Sachen wieder herauszugeben, wird folgendes Mittel empfohlen: „Man geht vor Sonnenaufgang zu einem Birnbaum und nimmt drei Nägel aus einer Totenbahr oder drei ungebrauchte Hufnägel mit, hält sie, nachdem sie mit Armsünderfett geschmiert sind,*) gegen die Sonne und

---

*) „Alles, was von einem Hingerichteten herrührt, ist glückbringend. Man stritt und kämpfte in oft nicht ungefährlicher Weise um die Reste des Hingerichteten, als wären sie Reliquien eines Heiligen oder noch kostbarere Dinge. Ein Knöchelchen des armen Sünders im Geldbeutel schafft Geld und schützt den Dieb vor Entdeckung; unter der Schwelle eingegraben schafft es Glück. Der kostbarste Schatz vor allem ist das Blut des Hingerichteten. Getrunken befreit es von vielen Krankheiten. Die Nachrichter trieben meist einen schwunghaften Handel mit diesen Reliquien.

Wie einst „Blut und Fett der Nieren" so wesentlich war, so führten auch damals Apotheker „Armsünderfett." Der ganze Vorstellungskreis zeigte sich sowohl in katholischen wie in protestantischen Ländern noch in unserem Jahrhundert sehr lebenskräftig".

spricht: „O Dieb, ich binde dich beim ersten Nagel, den ich dir in deine Stirn und Hirn thue schlagen, daß du das gestohlene Gut wieder an seinen vorigen Ort mußt tragen; es soll dir so weh werden nach dem Menschen und nach dem Ort, wo du es gestohlen hast, als dem Jünger Judas war, da er Jesus verraten hatte.

Den andern Nagel, den ich dir in deine Lunge und Leber thue schlagen, daß du das gestohlene Gut wieder an seinen vorigen Ort mußt tragen; es soll dir so weh nach dem Menschen und Ort sein, da du es gestohlen hast, als dem Pilato in der Höllenpein.

Den dritten Nagel, den ich dir Dieb in deinen Fuß thue schlagen, daß du das gestohlene Gut wieder an seinen vorigen Ort mußt tragen, wo du es ge= stohlen hast. O Dieb, ich binde dich und bringe dich durch die drei Nägel, die Christum durch seine heiligen

(J. Lippert, „Christentum, Volksglaube und Volksbrauch.")
„Diebe, besonders Gartendiebe, bannen zu können, was das Volk „stehend machen" nennt, ist eine von vielen noch immer geglaubte Kunst, welche besonders den Scharfrichtern zugeschrieben wurde. Sie sicherte, mochte ein solcher sie üben oder nicht, deren Gärten vor Frevel. Der Scharfrichter über= haupt galt stets und aller Orten als ein geheimnisvoller und außerordentlicher Mann. Fast jeder war als Heilkünstler in Ruf; jeder kurierte, hatte heilsamen Schnupftabak, schnell hei= lendes Pflaster und wußte manchen guten Rat zu erteilen. Trat ein Dieb in seine Stube, so zitterte das Richtschwert; ein künftiger Mörder, so erklang es mit leisem Dröhnen und regte sich im Schranke. Aber das Schwert heilte auch gegen den Tod durchs Schwert, einesteils durch den Schwertsegen, andern= teils daß der, dem es die Haut durch leise Berührung ritzte, sodaß Blut kam, es durch dieses Blut sühnte und frei blieb

Hände und Füße sind geschlagen worden, daß du das gestohlene Gut wieder an seinen vorigen Ort mußt tragen, da du es gestohlen haft."

Auch folgender Segen, um einen Dieb zu zwingen, gestohlene Sachen wieder herauszugeben, soll probat sein: „Gehe morgens früh vor Sonnenaufgang zu einem Wacholderstrauch und biege ihn gegen der Sonne Aufgang mit der linken Hand und sprich: Wacholder= busch, ich thue dich decken und strecken, bis der Dieb dem N. N. sein gestohlen Gut wieder an seinen Ort hat getragen. Du mußt einen Stein nehmen und auf den Busch legen und unter den Stein auf den Busch eine Hirnschale von einem Übelthäter. Du mußt aber Achtung geben, wenn der Dieb das Gestohlene wieder= gebracht hat, daß du den Stein wieder an seinen ersten Ort trägst und hinlegst, wo er lag, und den Busch wieder los machest."

Gegen Zahnweh soll folgender Segen helfen:

---

von Mord und Unthat sein Leben lang. Diebstahlsentdeckung war ebenfalls Scharfrichterkunst, außerdem wurde sie durch Erb= schlüssel und Sieb oft versucht. Der Diebsdaumen in ein Bierfaß gehängt, mehrte das Bier; einen solchen Daumen in Gold oder Silber gefaßt und bei sich getragen, ward für glück= bringend erachtet."

(L. Bechstein, Mythe, Sage, Märe und Fabel. I.)

In Thüringen glaubt man, daß ein Dieb sterben muß, wenn man einen Sargnagel in seine Fußspuren schlägt; daß er ein lahmes Bein bekommt, wenn man seinen Fußtritt mit Nadeln sticht, und daß er, wenn man seine Fußspuren aus= schneidet, sie in ein Säckchen steckt und räuchert, abzehrt und endlich stirbt.

„Sankt Petrus stund unter einem Eichenbusch, da sprach unser Herr Christ zu Petro: Warum bist du so traurig? Petrus sprach: Warum sollt ich nicht traurig sein? Die Zähne wollen mir im Mund verfaulen. Da sprach unser Herr Jesus Christ zu Petro: Peter, gehe hin im Grund und nimm Wasser in den Mund, und speie es wieder aus im Grund" *).

---

*) Um einen bösen Zahn unschädlich zu machen, verfuhr man früher in einzelnen Gegenden Deutschlands also: Man nahm einen alten Sargnagel und berührte damit den Plage=geist. Dann stellte sich der Kranke barfuß vor einen Eichbaum, und nun schlug ein zauberkundiger Mann, indem er seinen Spruch hermurmelte, den Nagel nahe über dem Kopfe des Lei=benden in den Stamm. So war der Zahnschmerz an den Baum festgenagelt.

Noch einfacher ist folgendes Mittel: Man nehme ein Stück Wegerichwurzel und lege es im Namen Gottes auf den kranken Zahn, so werden selbst die wütendsten Schmerzen verschwinden.

Daß Krankheiten und auch Schadfeuer auf den Einfluß böser Geister zurückzuführen seien, war früher ein allgemein verbreiteter Aberglaube, dem auch Luther huldigte. Nach alter Meinung lebten unter der Rinde der Birnbäume böse Geister, die zuweilen auszogen, um die Menschen zu quälen. Damit ein solcher Baum sie nun wieder zurückrief, umarmte man ihn und sprach dabei:

„Birnbaum, ich klage dir,
Drei Würmer stechen bei mir;
Der eine ist grau,
Der andere ist blau,
Der dritte ist rot:
Ich wünschte, sie wären alle drei tot."

Auch auf den schwarzen Holunder lassen sich die Zahn=schmerzen übertragen. Man geht mit einem Messer rückwärts

Folgender Segen soll Gefangene von Fesseln und Banden frei machen: „Wie der Sohn dem Vater gehorsam war bis an den Tod des Kreuzes, also behüte mich der ewige Gott heute durch sein rosenfarbiges Blut, durch die heiligen Wunden, welche er am Stamme des Kreuzes bekommen und erlitten hat; also muß ich los und wohlgesegnet sein, wie der Kelch und das wahre

---

hinzu und spricht dreimal den Vers:

> „Liebe Frau Hölter,
> Leiht mir ein'n Spälter,
> Den bring' ich euch wieder."

Darauf löst man ein Stück der Rinde und schneidet einen Span vom Holze des Holunders ab. Mit diesem Schatze geht man, wie man gekommen, in die Stube zurück. Dort ritzt man mit dem Span das Zahnfleisch, bis es blutig ist. Hiernach trägt man ihn feierlich zurück und fügt ihn wieder sorgfältig in den Stamm ein, indem man die Rinde darüber befestigt.

In Mecklenburg macht man dasselbe Experiment an einer jungen Weide. Nur spricht man dabei folgenden Vers:

> „Gun Nabend, Fru Wier,
> An'ne Tähn il lier.
> Nu giv mi ein'n Spon
> Dei helpt mi doavon
> In'n Namen Gottes" u. s. w.

Nach Jacob Grimm hilft der Flieder oder Holunder auch gegen Fieber; man braucht nur einen Zweig desselben stillschweigend in die Erde zu stecken, dann bleibt die Krankheit an ihm haften.

Nicht minder kräftig soll die Gundelrebe oder der Gundermann sein, weil nach der Legende der Herr Jesus sie selbst empfahl. Es wird berichtet, daß, als einst Petrus heftig an Zahnschmerzen litt, der Herr zu ihm sprach:

Himmelsbrot, das Christus seinen zwölf Jüngern bot
am Gründonnerstag. Christus ging über das rote
Meer und sahe in das Land: also müssen zerreißen alle
Rohr, Gewehr und Waffen gestellet sein, und stumpf
und unbrauchbar sein. Der Segen, den Gott that, da
er den Menschen erschaffen hat, der gehe über mich
N. N. allezeit, da ist eine Liebe und Wert, das gute
Kreuz in meiner rechten Hand, damit ich gehe durch
die Freye des Landes, daß ich nicht werde erschlagen
oder beraubt, nicht geschlagen oder getötet. Behüte
mein Gott mein Blut und Fleisch vor bösen Wunden
und falschen Zungen, die von der Erde bis zum Himmel
reichen, durch die Kraft des heiligen Evangeliums Johannis. Im Namen Gottes" u. f. w.*)

––––––––––

> „Nimm drei Gundelreben
> Und laß sie deinen Mund umschweben."

Petrus that nach den Worten seines Meisters, und sofort
ließen die Schmerzen nach. Man nahm gewöhnlich drei Stengel
der Pflanze, bestrich damit die kranke Stelle und hing darnach
die Reben im Schornstein auf. Als letztes sehr geschätztes
Heilmittel nennen wir den Dill.

> „Dillenkrut, Dillenkrut!
> Drîv mi doch dei Pürrin! ut!"

rief beschwörend der Leidende. Dann ließ er das Kraut im
Wasser kochen und atmete den heißen Dampf durch einen
Trichter ein. Hauptsache war wohl, daß der heiße Strom
an den kranken Zahn gelangte und ihn so für eine Weile be-
täubte. „Hei het sik verfiehrt!" sprach sodann triumphierend
der Patient.

*) Odin sagt in seinem „Runenlied" (Edda):
   „Ein viertes weiß ich, wenn der Feind mir schlägt

Willst du beim Würfeln gewinnen, so „binde mit
einem rotseidenen Faden das Herz einer Fledermaus an
den Arm, womit du auswirfest."

Folgender Segen soll demjenigen Linderung ver=
schaffen, der an Würmern leidet: „Petrus und Jesus
gingen aus gen Acker, ackerten drei Furchen, ackerten
auf drei Würmer, der eine war weiß, der andere schwarz,
der dritte rot. Da waren alle Würmer tot." Dieses
muß dreimal gesprochen werden." *)

Als „Waffenstellung" sind folgende Segen em=
pfohlen: „Im Namen Gottes schrei ich aus: Gott der
Vater sei ob mir, Gott der Sohn sei vor mir, Gott
der heilige Geist neben mir; wer stärker ist als diese
drei Mann, der soll nur sprechen mein Leib und Leben
an; wer aber nicht stärker ist, als diese drei Mann, so
soll mich bleiben lan."

Um einen Stecken zu schneiden, mit dem man je=
mand aus der Entfernung prügeln kann, merke: „Wenn
der Mond neu wird an einem Dienstag, so gehe vor
der Sonnen Aufgang aus, tritt zu einem Stecken, den

In Bande die Bogen der Glieder,
Sobald ich es singe, so bin ich ledig,
Von den Füßen fällt mir die Fessel,
Der Haft von den Händen."

*) Einen ähnlichen, aber gegen den Fingerwurm gerich=
teten Segen teilt Jacob Grimm mit. „Gott Vater fährt zu
Acker, ackert sein wacker, ackert alle Würme heraus; der eine
war weiß, der andere schwarz, der dritte rot; hier liegen alle
Würme tot."

du dir zuvor schon ausersehen hast, stelle dich mit
deinem Gesicht gegen der Sonne Aufgang und sprich
diese Worte: Stecken, ich greife dich an im Namen
Jesu Christi. Nimm dein Messer in die Hand und
sprich wiederum: Stecken, ich schneide dich im Namen
Jesu Christi, daß du mir sollst gehorsam sein, welchen
ich prügeln will; darauf schneide an zwei Orten am
Stecken etwas hinweg, damit du diese Worte kannst
darauf schreiben, stechen oder schneiden: abia, obia, sabia;
lege einen Kittel auf einen Scheerhaufen, schlage mit
deinem Stecken auf den Kittel und nenne des Menschen
Namen, welchen du prügeln willst, und schlage tapfer
zu; so wirst du denselben eben so hart treffen, als
wenn er selber darunter wäre, und doch oft viel Meilen
Weges vom Ort entfernt ist. Statt dem Scheerhaufen
thut's auch die Schwelle unter der Thür."

Daß keiner Wild schießen kann, „sprich dessen
Namen, z. B. Jakob Wohlgemuth, schieß was du willst
doch schieß nur Haar und Federn und was du den
armen Leuten giebst."

Wer am Husten leidet, der nehme „Wacholderbeer,
Zuckerbrot und Wermut, koche es untereinander und
thue es warm über den Magen".

„Um jemand seiner Kraft zu benehmen, sprich: Ich
N. N. thue dich anhauchen; drei Blutstropfen thue ich
dir entziehen, den ersten aus deinem Herzen, den andern
aus deiner Leber und den dritten aus deiner Lebenskraft,
damit nehme ich dir deine Stärke und Menschenkraft."

Doch der glückliche Besitzer unseres kostbaren Büchleins, in dem sich außer den angeführten Segen auch noch

solche zur Blutstillung u. s. w. befinden, kann sich die Ausführung bestimmter Zaubereien noch viel bequemer machen; er steckt es einfach in seine Westentasche und von diesem Augenblick an ist er geschützt gegen sichtbare und unsichtbare Feinde; er kann weder im Feuer verbrennen noch im Wasser ertrinken, auch kann kein ungerechtes Urteil über ihn gesprochen werden.

Allerheiligen.

Das Allerheiligenfest, welches der Erinnerung an die Märtyrer des Christentums gewidmet ist, stammt aus dem 4. Jahrhundert und wurde damals in der Woche nach Pfingsten gefeiert. Erst Gregor IV. verlegte es im Jahre 835 auf den ersten November, sodaß also der Allerheiligenabend oder Hallow-e'en auf den letzten November fällt.

Die an jenem Abende gebräuchlichen, auf altheidnischen Aberglauben zurückzuführenden Spiele haben sich nicht nur in katholischen, sondern auch in protestantischen Gegenden bis auf den heutigen Tag erhalten; ja, sie sind sogar neuerdings besonders in den besseren amerikanischen Familien fashionable geworden und dienen natürlich, da man längst das Vertrauen auf die Bedeutung derselben verloren hat, ausschließlich zur geselligen Unterhaltung.

Diese Unterhaltungsspiele ähneln nun insofern den altheidnischen Gebräuchen, als dabei das Hauptgewicht auf die Erforschung der Zukunft, besonders auf die der heiratslustigen Jünglinge und Jungfrauen, gelegt wird. In welcher Weise dieselben nun mit der Erinnerung an die alten Märtyrer in Verbindung stehen, dürfte schwer

zu sagen sein; doch darf man ruhig annehmen, daß
nicht alle an jenem Abend prophezeiten Ehen im Himmel
geschlossen werden, sondern daß auch einige im Mar=
tyrium enden. Darnach sehnen sich allerdings die jungen
Männer nicht, und deshalben richten dann auch an jenem
Abend hauptsächlich heiratslustige Mädchen neugierige
Fragen an das dunkle Schicksal.

Robert Burns hat bekanntlich ein längeres Ge=
dicht über den Allerheiligenabend und die an demselben
in seiner Heimat gebräuchlichen Sitten geschrieben; da
letztere jedoch nicht nur in Schottland, sondern auch in
Irland und in Amerika vielfach geübt werden, so wollen
wir sie dahier aufzählen und uns dabei an die Er=
klärungen halten, die Burns seinem Gedichte zum besseren
Verständnis beigegeben hat.

An jenem Abende werfen z. B. die heiratslustigen Mäd=
chen Nüsse, welche Jungfrauen und Jünglinge vorstellen,
ins Feuer; bleiben dieselben nun beim Verbrennen ruhig
nebeneinander liegen, so wird die Ehe eine friedliche und glück=
liche sein; fahren sie hingegen krachend auseinander, so giebt's
Zank und Streit nach der Hochzeit.

Auch der englische Dichter Gray gedenkt dieses
Gebrauches in folgenden Worten:

Two hazel nuts I threw into the flame,
And to each nut I gave a sweetheart's name.
This with the loudest bounce me sore amazed,
That in a flame of brightest color blazed.
As blazes nut so may thy passion grow,
For 'twas thine own that did so brightly glow.

Ferner gehen an jenem Abende die jungen Mäd=
chen Hand in Hand mit geschlossenen Augen in das

Feld und ziehen den ersten besten Kohlenstengel aus der
Erde. Je nachdem derselbe nun lang oder kurz ist, ist
die Gestalt ihres zukünftigen Gatten. Haftet beim Her=
ausziehen Erde an der Wurzel, so hat er Geld; der
Geschmack des Markes jenes Stengels deutet die Ge=
mütsart des Gemahles an.

Auch gehen die Mädchen dreimal nacheinander in
die Scheune und ziehen jedesmal eine Kornähre aus
einem Getreidehaufen. Fehlt nun an der dritten Ähre
das oberste Korn, so zeigt dies Verletzung der Keusch=
heit vor der Ehe an.

Bei dem Auswerfen des blauen Knäuels sind fol=
gende Vorschriften gewissenhaft zu beachten: Man schleicht
sich allein nach einer Obstdarre oder einem Backofen und
wirft im Dunkeln einen blauen Knäuel in einen dort
stehenden Kessel. Darauf wickelt man ihn so lange zu
einem neuen Knäul ab, bis man merkt, daß der Faden
plötzlich angehalten wird. Auf die Frage, wer denselben
anhalte, ertönt dann aus der Tiefe des Kessels der
Vor= und Zuname des Zukünftigen.

Das Mädchen, das sich an genanntem Abende mit
einem Lichte vor den Spiegel stellt und einen Apfel ißt,
sieht darin, wie ihm der ihr bescherte Gatte über die
Schulter blickt.

Beim Hanfsäen begiebt man sich unbemerkt in das
Feld, wirft eine Hand voll Hanfkörner aus und eggt
sie dann mit irgend einem Instrumente unter. Dabei
spricht man:

„Hanfkörner, ich säe euch,
Hanfkörner, ich säe euch,

Mein Geliebter folgt mir
Und zieht euch heraus."

Wenn man dann über die linke Schulter zurück=
blickt, sieht man die erwartete Person, wie sie die Hanf=
körner aus dem Boden zieht.

Eva Lovett hat dieses Gebrauchs in folgendem
Verse gedacht:

At midnight lone hempseed is thrown
(The peeping elves can see).
„I sow hempseed, my love, indeed.
Come garner after me!"

Das Worfeln muß allein und unbemerkt vorge=
nommen werden. Man geht in die Scheune und öffnet
die beiden entgegengesetzten Thüren; besser ist es, man
hebt sie aus, weil sie sonst die erwartete Erscheinung
leicht zuwerfen und dann einem ein Leids anthun könnte.
Darauf nimmt man eine Wurfschaufel und thut, als ob
man damit das Getreide von Spreu reinigen wolle.
Nachdem dies dreimal wiederholt worden ist, tritt eine
Gestalt durch die eine Thür ein und verschwindet durch
die andere. Dieselbe stellt den zukünftigen Bräutigam
vor; auch trägt sie die Abzeichen seines Standes und
Gewerbes.

Beim Umklaftern des Getreideschobers geht man
dreimal um denselben und umspannt ihn mit den Armen
beim letztenmal umfaßt man den einem zugedachten Ge=
mahl.

Auch gehen die Mädchen allein oder in Gesellschaft
zuweilen nach einem in südlicher Richtung fließenden
Bache und tauchen den linken Hemdsärmel in denselben.
Dieser wird dann zu Hause zum Trocknen vor das

Kaminfeuer gehängt. Um Mitternacht erscheint nun der Erwartete und dreht den Ärmel um, damit er auch auf der anderen Seite trockne.

Man setzt auch zuweilen drei Schüsseln, wovon die eine mit reinem, die andere mit unreinem Wasser gefüllt und die dritte leer ist, auf einen Herd und führt denjenigen jungen Mann, der seine Zukunft wissen möchte, mit verbundenen Augen vor dieselben, worauf er seine Hand in eine derselben zu stecken hat. Die Schüssel mit reinem Wasser bedeutet eine Jungfrau, die mit unreinem eine Witwe und die leere ein eheloses Leben. Dieses Spiel wird auch vielfach von Mädchen geübt, wobei sich natürlich die erstgenannten Schüsseln auf Männer beziehen.

Das Hauptessen der schottischen Landleute am Allerheiligenabende wird Sowens genannt und besteht aus Hafermehlpudding, der mit Butter zubereitet ist.

Die Schottländer und Irländer New Yorks feiern jedes Jahr ihren Allerheiligenabend und ergötzen sich dabei an den Gebräuchen ihrer alten Heimat.

Auch die amerikanischen Jungen feiern diesen Abend, aber in eigener Weise. Da wird z. B. jede unbewachte Gartenthüre aus den Angeln gehoben und wenn nicht verbrannt, so doch derart versteckt, daß man froh sein muß, wenn man sie überhaupt wiederfindet. In Pennsylvanien bewerfen die Jungen, wie in dem Werke „The Pennsylvania - Dutch" (Philadelphia 1872) nachzulesen ist, die Fensterscheiben der Wohnhäuser mit Getreidekörnern, nehmen zuweilen auch einen Wagen auseinander und schleppen die einzelnen Teile auf ein Stall-

ober Scheunendach, worauf sie sie dort wieder zusammen-
setzen. Ihr haupsächlichstes Vergnügen besteht jedoch
darin, Kohlstengel gegen die Hausthüren zu schleudern,
weshalb denn auch in einigen Gegenden Pennsylvaniens
der Allerheiligenabend cabbage-night genannt wird.

Häufig ziehen sie auch die Thürklingeln, oder
spannen Seile über die Straße, sodaß die Leute darüber
stolpern.

Die Mädchen schmelzen Blei und lassen es durch
ein Schlüsselloch in Wasser laufen. Nimmt dasselbe
nun die Gestalt eines Tieres an, so ist der Zukünftige
ein Farmer; ein Schiff bedeutet einen Matrosen u. s. w.
Auch tragen sie am Tage vor dem betreffenden Abende
zwei Apfelsinenschalen in der Tasche und reiben dann
beim Schlafengehen vier Bettpfosten damit ein. Wenn
ihnen nun darauf im Traume der Ersehnte mit zwei
Apfelsinen in der Hand nicht erscheint, dann ist alle
Hoffnung vergebens. Die Bewohner Chicagos sagen,
man solle am Allerheiligenabend mit einem Mundvoll
Salz um eine Ecke laufen und man werde dem Zukünftigen sicher begegnen.

Andere in Amerika viel verbreitete Gebräuche zur
Erforschung der Zukunft sind: Man taucht mit dem
Kopfe in einen Wasserbehälter und fischt einen Apfel
mit den Zähnen heraus, oder man geht mit brennender
Lampe rückwärts die Kellertreppe hinab und schaut sich
dabei nach dem Geliebten um.

Die schwäbischen Mädchen verbinden am Allerheiligenabend einem Gänserich die Augen und tanzen im
Kreise um ihn herum, wobei sie ein lustiges Lied er-

klingen lassen. Diejenige, welche nun der geängstigte Gänserich zuerst am Kleide zaust, macht bald Hochzeit; zerreißt er dies, so bekommt sie einen feurigen Liebhaber.

Am Rhein hat man einen ähnlichen Gebrauch. Dort läßt man eine schwarze Henne in der Mitte des Zimmers einschlafen, dann stellen sich die jungen Leute beiderlei Geschlechts in bunter Reihe um dieselbe und warten auf ihr Erwachen. Das Paar, das sie dann bei ihrem Entschlüpfen streift, wird bald in den Stand der Ehe treten.

In der Bukowina backen die Mädchen am Allerheiligentage süße Kuchen, schreiben ihre Namen darauf und legen sie zum Trocknen auf ein im Zimmer ausgebreitetes Tuch. Dann bringen sie eine Henne herein und in der Reihe, wie diese die Kuchen verzehrt, werden sich die Bäckerinnen derselben verheiraten. Diejenigen, deren Kuchen verschmäht werden, bleiben zeitlebens ledig.

In einigen Gegenden Amerikas stecken die jungen Damen kleine brennende Kerzen auf Wachs- oder Holztäfelchen und setzen sie dann in einen großen Wasserbehälter. Diejenige nun, deren Kerze zuerst zusammenschmilzt und umfällt, wird bald das Brautkleid anziehen können. Zuweilen lassen auch die jungen Mädchen und Männer Nußschalen mit brennenden Kerzen auf dem Wasser schwimmen, und die Boote, welche sich nach einiger Zeit genähert haben, deuten dadurch darauf hin, daß sich ihre Eigentümer bald als Mann und Frau begrüßen.

In Throl fragt man Erde, Brot und Lappen um
die Zukunft. Diese Dinge werden unter drei Teller
gelegt, worauf dann die Spieler, denen vorher die Augen
verbunden worden sind, einen derselben aufnehmen müssen.
Wer die Erde erwischt, stirbt innerhalb eines Jahres;
das Brot stellt Reichtum und der Lappen Armut in
Aussicht. Die Irländer gebrauchen zu diesem Orakel
vier Gegenstände, nämlich Erde, Wasser, Salz und
einen Ring. Der erste bringt den Tod, der zweite prophezeit eine Reise, der dritte Krankheit und der vierte
Hochzeit. Zuweilen backen die Irländer auch Pfannekuchen und stecken in einen derselben einen Ring; wer
denselben erhält, macht bald Hochzeit. Öfters benetzt
auch die Irländerin am Abend ihr Gesicht und geht
dann ohne es abzutrocknen zu Bett, worauf sie aus
einer Agende die von den Geistlichen gebrauchte Trau-
formel liest. Um Mitternacht erscheint dann der ihr
Bestimmte und wischt ihr das Gesicht ab.

In einigen Gegenden Deutschlands prophezeit der
Familienvater die Zukunft auf folgende Weise: Er
nimmt einen Fingerhut, füllt ihn mit Salz, drückt
dieses fest und setzt dann die so geformte Miniatur-
Salzsäule auf den Tisch. Derselben macht er so viele,
wie er Familienmitglieder hat. Jedem Salzhäufchen
giebt er darauf einen Namen und dasjenige, das am
folgenden Morgen zusammengefallen ist, deutet an, daß
der, auf den es getauft ist, bald das Zeitliche segnet.

Daß Hexen und Feen am Allerheiligenabend im
Freien ihr Wesen treiben, ist ein allgemein verbreiteter
Aberglaube. Auch hat man alsdann Gelegenheit, den

Teufel zu sehen; man braucht nur mit einem Besen zwischen den Beinen dreimal um ein Dorf oder eine Scheune zu gehen und der Gottseibeiuns wird sichtbar.

Wie A. Fortier in seinem Werke „Louisiana studies" (New Orleans 1894) erzählt, so sollen besonders die mit einem sogenannten Schleier (engl. caul) geborenen Neger die Gabe besitzen, Geister an jenem Abende zu sehen. Dieser Schleier soll überhaupt glückbringend sein und unter anderem auch den Besitzer gegen das Ertrinken schützen. Er wurde daher auch, wie Dickens berichtet, von den Hebammen vielfach für Zauberzwecke verkauft.

Wie James Mooney („The funeral customs of Ireland", Philadelphia 1888) erzählt, so verlassen am Allerheiligenabend die Toten ihre Gräber und besuchen die Orte, an denen sie sich aufzuhalten pflegten. Alsdann werden die Häuser gereinigt und es wird Speise und Trank auf den Tisch gestellt, sodaß die Geister, welche bis Tagesanbruch bleiben, keine Not zu leiden brauchen. Will jemand von der Anwesenheit eines Geistes überzeugt sein, so nennt er dessen Namen und er wird sichtbar. Hört man an jenem Abende Fußtritte hinter sich, so darf man sich nicht umblicken, denn dieselben könnten leicht von einem bösen Geiste stammen. Sieht man einen Geist, so darf man nicht fliehen; man muß vielmehr auf ihn zugehen und ihn im Namen der Dreieinigkeit fragen, wer er sei und was er wolle.

Allerheiligenabend bildet in Schottland die Zeit, in der Dienstmägde ihrer Herrschaft kündigen. So heißt ein alter in W. Gunnyons Ausgabe der Werke von Robert Burns abgedruckter Vers:

> „This is Halloween,
> The morn 's hallowday;
> Nine nichts to Martinmas
> Will soon wear away.”

Nach einem von Shakespeare erwähnten Gebrauche gingen die armen Leute am Allerheiligentage betteln, was sie a-souling nannten. Sie sammelten alsdann soul-cakes ein und sangen dabei bestimmte Verse, von denen Dyer in seinem Werke „Folklore of Shakespeare“ mehrere anführt.

In amerikanischen Familien werden am Aller=heiligenabende zur Unterhaltung häufig lebende Bilder aufgeführt, die aber alle den Zweck haben, auf irgend eine Weise die Zukunft zu enthüllen. Dieselben werden tableaux of fortune genannt und sind oft mit großen Kosten für Garderobe und Scenerie verknüpft*).

Das „stille Abendessen“ (dumb supper) ist ein in Amerika am Allerheiligentage viel geübter Gebrauch. Bei der Bereitung desselben darf kein Wort ge=sprochen werden. Die Gäste gehen rückwärts an den gedeckten Tisch, setzen sich rückwärts an denselben und lesen ein Buch rückwärts, wobei jeder stumm sein muß.

---

*) Um betreffs des zukünftigen Geliebten Gewißheit zu erfahren, nehmen die Amerikanerinnen ein Ei und sieden es; dann essen sie den Dotter desselben und füllen die dadurch ent=standene Öffnung mit Salz aus. Dieses Salz nebst dem Ei=weiß essen sie dann vor dem Schlafengehen und derjenige, der ihnen im Traume einen Schluck Wasser reicht, ist ihr zukünftiger Bräutigam.

Zur Erforschung der Zukunft nehmen die Amerikanerinnen an jenem Abende drei Untertassen und legen in die eine Asche, in die andere einen Ring und die dritte füllen sie mit Wasser. Nun werden dem neugierigen Mädchen die Augen verbunden und es muß mit den Händen nach den inzwischen versteckten Untertassen suchen. Erwischt es den Ring zuerst, so wird es sich innerhalb eines Jahres verheiraten; greift es in die Asche, so wird sie später Witwe; die Wassertasse hingegen deutet auf ein eheloses Leben.

Oft legt auch die Amerikanerin zwei Walnüsse, welche ein zukünftiges Ehepaar vorstellen, auf eine Feuerschaufel und hält diese über brennende Kohlen; rollen nun die Walnüsse nahe zusammen, so wird sich das betreffende Paar bald verheiraten; trennen sie sich jedoch voneinander, so ist die Hochzeit in zweifelhafte Ferne gerückt, hüpft sogar eine Nuß ins Feuer, so ist an eine Hochzeit überhaupt nicht zu denken.

Zuweilen legt die Amerikanerin am Allerheiligenabend ein weißes Taschentuch in einen Busch und hofft dann, am nächsten Morgen die Anfangsbuchstaben des Namens ihres Zukünftigen darauf zu finden. Wenn sie am genannten Abend einen leichten Gegenstand, z. B. eine Feder, in die Luft wirft, so zeigt ihr der Flug derselben die Richtung an, in welcher ihr Bräutigam wohnt.

Bei- und Spitznamen.

In einem bekannten deutschen Gedichte wird von einem Bauernknaben erzählt, den man seiner Unbeholfenheit wegen „den kleinen Töffel" nannte und der sich darüber so sehr ärgerte, daß er jahrelang in der Fremde umher wanderte und dabei hoffte, dieser Spitzname würde inzwischen in seiner Heimat vergessen werden. Allein wie sehr er sich in dieser Hinsicht irrte, fand er gleich am ersten Tage seiner Rückkehr aus, denn eine alte Frau, die ihm zufällig begegnete, rief aus: „Da kommt ja der kleine Töffel wieder!"

Spitznamen haben bekanntlich ein ungemein zähes Leben; derjenige, dem ein solcher in einem Dorfe oder in einer Kleinstadt beigelegt wird, wird denselben nie los und es bleibt ihm in den meisten Fällen nichts anderes übrig, als sich in das Unvermeidliche zu fügen.

Viele Länder, Städte, Staatsmänner, Handwerker u. s. w. erfreuen sich der Bei- und Spitznamen und derjenige amerikanische Politiker, der es versteht, einen solchen mit dem nötigen Humor zu acceptieren, erhöht nur seine Popularität dadurch.

Wenn man eine alte, knieschwache, unmodern gekleidete Jungfer Vogelscheuche, einen notorischen Geiz-

hals, der wie man in Deutschland sagt, „seinen eigenen
Dreck frißt", Hungerleider, eine Frau von gedrungener
Körperfülle Trampelthier, einen prahlenden Feigling
Großschnabel, Hasenfuß oder Waschlappen nennt, so
wird sich keiner der Genannten für das ihm zugedachte
Epitheton bedanken; auch derjenige nicht, den man wegen
seiner Körperbeschaffenheit Krummbein, Dicksack, Schmier=
käsgesicht, Schlappmaul oder „schepp Dos" nennt.

Um die oft sonderbare Entstehung der Spitznamen
zu erklären, will ich hier einige aus dem Leben ge=
griffene Beispiele anführen. In einem Landstädtchen
des Lahnthales lebten vor einem Menschenalter drei
musikalische Freunde, welche die Namen Raachschiff,
Backtrog und Säbelbahn führten.

Der erste, ein Dachdecker, war in seiner Jugend
einmal als reisender Handwerksbursche nach Mainz ge=
kommen, hatte einen dort wohnenden Landsmann auf=
gesucht und ihm Grüße aus der Heimat gebracht. Na=
türlich mußte sich dieser für die ihm erwiesene Auf=
merksamkeit erkenntlich zeigen und so führte er ihn dann
an den Rhein, um ihm die Herrlichkeiten des deutschesten
Stromes zu zeigen. Als nun dort der biedere Dach=
decker zum erstenmale in seinem Leben ein Dampfschiff
erblickte, rief er entzückt aus: „Sieh' mol, do is jo e
Raachschiff!" Weshalb man übrigens nicht grade so
gut Rauchschiff wie Dampfschiff sagen kann, ist schwer
einzusehen; der Angeredete fand jedoch diese Bezeichnung
so überaus komisch, daß er sie nach der Heimat seines
Landsmannes berichtete, worauf dann dieser den Spott=
namen Raachschiff erhielt.

Säbelbahn, ein Schreiber bei einem Winkeladvokaten, verdankte seinen Spitznamen einfach der Beschaffenheit seiner Beine, die sich wie Türkensäbel gegenüber standen, sodaß man, wie man in der betreffenden Gegend sagt, ein Wickelkind bequem hindurchschieben konnte.

Die Entstehungsgeschichte des Spottnamens Back= trog ist nun origineller. Der Träger desselben war ein ruhiger, armer Hausknecht, in dessen Oberstübchen es nicht ganz richtig war. Er stammte aus einem kleinen Dorfe und hatte einst, was verbürgte Thatsache ist, als ihn der Schulmeister zu seiner Frau geschickt, um die Geige zu holen, einen kleinen Backtrog in das Schul= zimmer geschleppt. Ob nun die Schulmeisterin den ge= plagten Schülern einen Spaß bereiten wollte, mag dahin gestellt sein — genug, der arme Teufel erhielt eine Tracht derber Prügel und hieß von diesem Tage an Backtrog.

Einstmals hatte er nun in der Rumpelkammer seines städtischen Dienstherrn eine alte Baßgeige entdeckt und da er nicht wußte, wie er seine freien Sonntage hinbringen sollte, so trug er jenes Instrument in einen Holzstall und haspelte am Tage des Herrn fleißig darauf herum und erlangte allmählich solche Fertigkeit darauf, daß ihn der Violine spielende Schreiber und der „klarinettierende" Dachdecker beredeten, Sonntags nach= mittags mit ihnen auf die Dörfer zu ziehen und dort den Bauern für ein paar Groschen einige Tänze auf= zuspielen.

Dieses trieben nun die drei Herren jahrelang und waren auch überall gern gesehen. Wenn irgendwo eine Kirmes oder Hochzeit gefeiert wurde,

Dann zogen drei Burschen wohl über die Lahn,
Backtrog, Raachschiff und Säbelbahn.

Zuweilen schloß sich ihnen auch noch ein vierter
Künstler an; derselbe führte den Namen Schartenmaul,
weil ihm einmal bei einer Schlägerei von einem Bauern
die Oberlippe gespalten worden war.

Viele deutsch = amerikanische Bierwirte fühlen sich
geschmeichelt, wenn man ihnen einen Spitznamen beilegt;
im Falle, daß derselbe nicht gar zu derb ist, lassen sie
ihn sogar auf ihrem Wirtshausschild anbringen, weil sie
nicht ohne Grund glauben, sich dadurch beliebt zu machen,
und ihre Kundschaft zu vermehren. Da finden wir denn
Beinamen wie Hannebampel, Schandarm, Bierhannes,
Lügenkaspar, Schlangangel u. s. w.

Der nun verstorbene Gründer des in Harrisburg
erscheinenden Wochenblattes „Pennsylvanische Staats=
zeitung" war nur unter dem Namen stovepipe bekannt,
weil er jedesmal, wenn er auf die Abonnentenjagd ging,
eine abgeschabte Angströhre trug. Denjenigen, der ihn
bei seinem rechten Namen (Ripper) nannte, betrachtete
er mit einem gewissen Mißtrauen; wenigstens hielt er
ihn nicht für seinen Freund.

Vor einigen Jahren starb zu Detroit in Michigan
ein deutscher Musikant, der den Beinamen big blower
führte und nicht wenig stolz auf denselben war. Er
war nämlich zur Zeit des Bürgerkrieges Militärmusiker
gewesen und hatte einst bei einem Ständchen, welches
dem Präsidenten Lincoln gebracht wurde, wacker mit=
geblasen. Als nun der leutselige Präsident des wohl=
beleibten Musikers ansichtig ward, ging er auf ihn zu

und sagte: „You are the biggest blower I ever saw". Der Scherz dieser Bemerkung liegt darin, daß das englische blower nicht nur Bläser, sondern auch Aufschneider bedeutet.

Sich selber Beinamen zu geben, ist eine alte, deutsche Sitte, wie z. B. aus der Dorfgeschichte „Meyer Helmbrecht" hervorgeht. Als dieser Bauernknabe nach längerer Abwesenheit nach Hause kam und seinen Eltern von den vielen von ihm ausgeführten Räubereien erzählte, fragte ihn sein Vater, wer denn seine Lehrer gewesen seien. Darauf zählte der Sohn die Namen seiner Spießgesellen auf, wie Lämmerschling, Schluckdenwidder, Höllensack, Rüttelschrein, Kirchenraub, Frißdiekuh, Wolfsgaum, Wolfsrüssel, Wolfsdarm u. s. w. und fügte hinzu, daß er selber als Räuber den Namen Schlingbasland geführt habe.

Der bekannteste deutsche Räuber war der im vorigen Jahrhundert am Rheine hausende Schinderhannes; derselbe hieß eigentlich Johannes Bückler und war der Sohn eines Schinders aus Miehlen bei Rastätten in Nassau.

In Franken werden die Beinamen auch Hausnamen genannt, und um Mißverständnisse zu vermeiden, häufig in Dokumenten hinter die eigentlichen Familiennamen gesetzt*).

Luther nannte die Jesuiten Jesuwidder und den Gründer ihrer Organisation Lugiovoll. Daß ein Heuchler

---

*) S. 43 H. Halm, Vom Unterland. 2. Aufl. o. J. Schwäbisch-Hall, Verlag von W. Germann.

Tartuffe genannt wird, hat er Molière zu verdanken.
Shylock gilt allgemein als Bezeichnung für einen geld=
gierigen Menschen. Der Amerikaner nennt den Juden
häufig sheeny; ob nun, wie vielfach behauptet worden
ist, dieses Wort von dem französischen chien abgeleitet
ist, bleibt vorläufig dahingestellt. Die in den Kohlen=
gruben und Eisengießereien Pennsylvaniens für einen
Hungerlohn arbeitenden Ungarn und Slaven nennt der
Amerikaner wegwerfend Huns. Der Name Polacke wird
in Deutschland und Amerika jetzt stets im verächtlichen
Sinne gebraucht; früher hatte er wie z. B. aus Shake=
speares „Hamlet" deutlich hervorgeht, die Nebenbedeutung
der Beleidigung nicht.

Die Italiener von New York und Umgebung werden
ginnis genannt, vielleicht deshalb, weil viele ihrer Namen
auf ini enden. Wegen der Vorliebe der Franzosen für
Froschschenkel werden sie in Amerika frog-eaters ge=
nannt. Der Irländer führt zur Erinnerung an seinen
Nationalheiligen, Patrick den Beinamen Paddy. Die
Deutschen werden von den gewöhnlichen Amerikanern im
spöttischen Sinne Dutchmen, also eigentlich Holländer,
genannt; gebildete Amerikaner gebrauchen jedoch stets
Germans. In hartnäckigen Wahlkämpfen werden sie
manchmal, wenn sie nicht nach der Pfeife der Yankees
tanzen wollen, Hessians geschimpft, denn in den während
des Unabhängigkeitskrieges an die Engländer verkauften
und nach Amerika geschickten Hessen sehen die Amerikaner
noch immer die personificierte Verworfenheit und Prin-
cipienlosigkeit. Ein dem jungen Weizen verderbliches
Insekt, das ausgangs des vorigen Jahrhunderts zuerst

in Amerika auftauchte, führt den Namen „Hessenfliege"
(Hessian fly, Cedidomya destructor).

Der Ausdruck „blinder Hesse", der vielfach auch
auf kurzsichtige Personen angewandt wird, hat sich schon
zahlreiche Erörterungen gefallen lassen müssen, ist aber
nach unserer unmaßgeblichen Ansicht noch immer nicht
befriedigend erklärt. W. Körte bezeichnet in seinem
Buche über Sprichwörter und sprichwörtliche Redensarten diejenigen als blinde Hessen, die für irgend eine
Sache mutig ins Feuer gehen.

In den „Märchen und Sagen" von Marie
Schaeling (Basel, o. J., F. Riehm) ist folgende Geschichte zu lesen:

„Einst soll die Stadt Mühlhausen schwer von dem
Hessenvolke bedrängt und belagert worden sein. Schon
waren die meisten Verteidiger der Stadt gefangen, tot
oder verwundet, und der nächste Sturm mußte die Be-
lagerer in den Besitz derselben bringen. Da gab die
Not den Mühlhäusern einen klugen Gedanken ein. Im
Dunkel der Nacht wurden die Mauern der Stadt mit
hölzernen Pfählen oder Pflöcken bewehrt und die Pflöcke
gleich lebenden Söldnern geschmückt und gerüstet. Aber
zwischen diesen hölzernen Soldaten bewegten sich hin-
und wieder lebendige Krieger und drohten spottend hinab
in das Lager der Feinde. Als nun bei anbrechendem
Morgen die staunenden Hessen die neuen Rüstungen und
die zahlreichen Streiter und Verteidiger der Mauern
gewahrten, da verzweifelten sie an ihrem Siege und zogen
kleinmütig von dannen. Davon sollen sie den Namen
der dummen oder blinden Hessen bekommen haben".

Uns persönlich wurde vor langen Jahren im Lahn=
thale erzält, die Bezeichnung „blinder Hesse" habe ihren
Ursprung darin, daß einst hessische Soldaten in der
Morgendämmerung auf vermeintliche Feinde losstürmten
und später ausfanden, daß sie ihre Tapferkeit an einen
großen Misthaufen, den sie für ein feindliches Regiment
gehalten, verschwendet hatten.

In den Volksreimen spielen die Hessen durchaus
keine beneidenswerte Rolle. Da heißt es z. B. in einem
bekannten Zimmerspruch:

> „Ich bin gewesen im Lande Hessen,
> Da giebt's große Schüsseln und wenig zu essen,
> Und große Krüge und sauren Wein,
> Wer wollte nur in Hessen sein?"*)

Unter einem Menschen, dem man den Titel „Schwab"
verleiht, stellt man sich einen leicht zu bethörenden Tölpel
vor, der vor seinem vierzigsten Jahre nicht klug wird
und bis dahin nichts als Schwabenstreiche macht, so
wie sie in dem köstlichen Volksbuche von den sieben Schwaben
verzeichnet sind.

Schwabenstreiche im weiteren Sinne des Wortes
sind auch alle die Schildbürgereien, die von einzelnen
deutschen Gemeinden erzählt werden und im Volksmunde
fortleben. Fast jede deutsche Provinz hat ihr kleines
Abdera, von dem allerhand schnurrige Anekdoten im
Umlauf sind. Diese eigenartige Rolle spielt z. B. in
Braunschweig das oft genannte Schöppenstädt, in
Meiningen Wasungen, in Baden Überlingen am Boden=

---

*) Siehe: Die blinden Hessen. Von F. Wiesenbach,
Hamburg 1891.

see, in Hessen Schwarzenborn, in Mecklenburg Teterow, in Friesland Büsum, in Schleswig Jockbeck, im Kölnerland Dülken, in Westfalen Beckum u. s. w.

Manches von dem, was den wackeren Bewohnern dieser Ortschaften nachgesagt wird, mag eine thatsächliche Grundlage haben; vieles aber ist auch bloße Erfindung, wie sich schon daraus ergiebt, daß einzelne besonders dumme Streiche in vier, fünf ganz verschiedenen Landesgegenden fast gleichlautend erzählt werden. So findet sich die bekannte Anekdote von den fünf Bürgern, die glauben, es sei einer von ihnen abhanden gekommen, weil beim Abzählen jeder vergißt, sich selbst mitzurechnen, mit geringen Varianten in Bopfingen, Saulgau, Büsum und anderen Orten. Die nicht minder populäre Geschichte vom „Ulmer Spatz,“ der mit einem Hälmlein in sein Nest fliegt und so den Ulmern zeigte, wie sie einen großen Balken der Länge nach durch's Stadtthor zu bringen vermöchten, den sie vordem schlauerweise immer nur der Breite nach durch die schmale Öffnung zu bringen versucht hatten, wird genau so von Schöppenstädt und von Mistelgau in Oberfranken erzählt, bloß daß hier eine Hummel die Leute zurechtweist. Solcher Parallelen ließen sich noch viele finden.

Von den Bopfingern in Württemberg geht die Sage, sie hätten Salz auf den Acker gesät, weil sie meinten, das ließe sich pflanzen; es wuchsen aber nur Brennnesseln. — Ein anderes Mal bauten sie ein Rathaus, wußten aber nicht, wo sie mit der ausgegrabenen Erde hin sollten. Da meinte der Bürgermeister: „Da macht Ihr eben das Loch noch größer, dann wird die

Erbe schon hineingehen." — In Ganslosen im württem-
bergischen Donaukreis ward an der Kirche eine Sonnen-
uhr angebracht. Der Schultheiß aber fürchtete, der
Regen möchte die schöne Malerei abspülen und ließ
vorsorglich ein Schutzdächlein darüber machen.

Ein Schwabe, so erzählt man sich, wollte einst
beichten und nachdem er mehrere von ihm begangene
Sünden hergezählt hatte, fragte ihn der Priester, ob
dies auch alle seien. „Nein," erwiederte der Schwabe,
„die größte mag ich garnicht nennen". Da setzte ihm
der Beichtvater solange zu, bis er endlich zögernd stotterte,
er sei ein Schwabe. „Nun", gab ihm der Priester zur
Antwort, „das ist grade keine Sünde, wohl aber eine
Schande."

Die innige Beziehung der alten Deutschen zur
Natur, besonders zu den Tieren veranlaßte sie, letztere
mit den sie charakterisierenden Eigenschaften zu identi-
ficieren und somit ihre Namen auf die Menschen zu
übertragen. Wenn also heute noch ein Knabe Ferkel,
ein Mann Schwein und eine Frau Sau genannt wird,
so bedürfen diese Ausdrücke keines Kommentars.

Trotzdem unlängst ein Leipziger Professor eine er-
götzliche Ehrenrettung der Gattin des Sokrates versucht hat, so gilt der Name Xantippe immer noch als
Schimpfwort für eine zanksüchtige Frau. Eine böse
Sieben wird im Englischen zuweilen vixen (Füchsin)
genannt. Wenn in Amerika ein verheirateter Neger
Sokrates gerufen wird, so geschieht dies nicht etwa
infolge seiner Gescheitheit, sondern infolge seiner beständig
keifenden Gattin. Eine dumme Frau wird in der ganzen

civilisierten Welt Gans und ein dummer Mann Ochse,
Esel oder Rindvieh genannt. Die in die Höhe ge-
schossene, spindelbürre Frau heißt Bohnenstange, ein
langbeiniger Mann Storch oder Kranich und ein ver-
schmitzter Geselle Fuchs oder Jesuit. Ein Säufer wird
in Frankfurt a. M. Volleul genannt; ein dummer
Bauernknecht muß sich dort Fulber schimpfen lassen. Das
zu dem niedrigsten Dienste verurteilte Mädchen heißt
Aschenbrödel, eine junge Magd Besen und eine die
Männer nasführende Schöne Hexe.

Den Advokaten nennen die deutschen Bauern Rechts-
verdreher; in Amerika nennt man sie anstatt lawyers
spottweise liars, um auf ihre Kunst im Lügen hinzuweisen. In Wisconsin nennt man einen gewissen
ungenießbaren Fisch, der in den dortigen Flüssen gewöhnlich im Herbst auftaucht, lawyer und zwar deshalb,
weil er ein sehr breites Maul hat.

Gewisse Vornamen, die früher allgemein waren,
wie z. B. Michel, Kaspar, Hans, Kunz u. s. w. sind allmählich in Mißkredit geraten und wenn man sie heute
gebraucht, so verbindet man damit gewöhnlich den Begriff des Dummen und des Unbeholfenen. Schon Luther
sagt: „Es ist mir einerlei, was Hinz oder Kunz darüber
denkt". Den Knecht oder Arbeiter, dessen Namen man
nicht kennt und der einem auch höchst gleichgültig ist,
nennt man kurzweg Hans, oder John, wenn man in
Amerika ist. In Mecklenburg heißt er allerdings Christian.
Der Name Hans kommt nur in verdächtigen Verbindungen
vor, wie Faselhans, Prahlhans, Schmalhans, Hans
Narr, Hans Wurst und Hans Lüderlich.

Der amerikanische Neger wird zuweilen darkey, sambo und cuffee genannt. Erstere Bezeichnung bezieht sich auf die Hautfarbe desselben; die zweite ist das spanische Zambo, worunter ursprünglich der Nachkomme eines Negers oder Mulatten verstanden wurde; cuffee, ein Spottname, soll afrikanischen Ursprungs sein. Da man unter dem juristischen Ausdruck „Konterbande" (contra bannum, gegen eine öffentliche Verkündigung) verbotene Waren oder den Handel mit denselben versteht, so hieß man die Neger der Südstaaten, die während des amerikanischen Bürgerkrieges ihren Herren entliefen und im Norden Zuflucht suchten, contrabands.

Die Holländer werden in Hinsicht auf ihr niedriges, von Kanälen durchzogenes Land von den Engländern häufig frogs (Frösche) geschimpft. Cannucks ist der Spottname der Kanadier; die Neuschottländer heißen blue noses. Berichterstatter der amerikanischen Zeitungen, die beständig auf der Wanderschaft sind, um Neuigkeiten auszufinden, heißen Bohemians oder im amerikanischdeutschen Jargon Preßzigeuner. Dem Berichterstatter, der übertriebene, lügenhafte und bombastische Artikel liefert, wird der Titel Mr. Fudge verliehen.

Töffel und Stoffel sind Frankfurter Namen für Menschen, die sonst Schafsköpfe heißen. In Amerika wird der Tölpel booby genannt; booby prize ist der Preis, den der schlechteste Kegelspieler erhält, also der eigentliche Spottpreis. Der Spottpreis war ursprünglich keineswegs ein Preis, den man für eine Ware gab und nahm, sondern ein Preis, der durch eine Leistung auf sportlichem Gebiete errungen werden konnte.

Als die Wiener von ihrem Herzoge Albrecht III.,
zubenannt „mit dem Zopfe", das Recht erhielten, vom
Jahre 1385 an alljährlich zwei Jahrmärkte von je vier
Wochen Dauer abhalten zu dürfen, verbanden sie mit
diesen Märkten auch Pferderennen, wobei natürlich mehrere
Preise ausgesetzt waren. So erhielt der Erste ein Stück
Scharlachtuch, wonach die Rennen denn auch „Scharlach-
rennen" hießen, der Zweite eine Armbrust und der letzte
am Ziele anlangende Reiter eine Spansau. Dies war
der Spottpreis. Derselbe wurde bei allen derartigen
Gelegenheiten erteilt und erregte stets die Heiterkeit und
Spottlust der Zuschauer. Daher sein Name.

Ein Tausendkünstler heißt auf Englisch Jack of
all trades; gewöhnlich setzt man noch „and master of
none" hinzu, was auch insofern trefflich stimmt, als ein
Junge, der mehrere Handwerke gelernt hat, keines derselben gründlich versteht. Ein Prahlhans wird in Amerika
fire-eater genannt; früher verstand man darunter einen
Zauberkünstler, der brennende Stoffe verschlang. Die
Südländer, welche vor dem amerikanischen Bürgerkriege
darauf aus waren, die Union mit Waffengewalt zu zerstören, erfreuten sich ebenfalls des Beinamens fire-
eaters.

Ein flunky ist ein Bedienter in Livree und zugleich ein Speichellecker. Unter einem Peter Funk versteht man in Amerika einen Mann, der bei öffentlichen
Versteigerungen die Preise in die Höhe zu treiben sucht.
Jener Name wird auch zuweilen auf Bauernfänger
angewandt.

Der Vorname Jack muß sich sonderbare Verbindungen

gefallen lassen; z. B. Jack-an-apes (Maulaffe), Jack
Pudding (Hanswurst) Jack-tar (Matrose) Jack-weight
(dicker Kerl), Jack-a-leut (Einfallspinsel), Jack of all
tides (Wetterhahn), Jack Ketch (Henker), Jack-sance
(Frechling), Jack o' lantern (Irrlicht), Yellow Jack
(gelbes Fieber), Jack Frost (Winter) u. s. w. Für
Winter wird, beiläufig gesagt, in Amerika häufig auch
General Boreas oder Old Zero gebraucht. „To play
Jack with any one" meint, einen am Narrenseile
führen.

Spottname heißt auf Englisch nickname. Die
Silbe nick geht nun auf das deutsche „necken" zurück;
sie hängt somit mit Nix oder Neck zusammen und findet
sich auch in dem Worte Pumpernickel, worunter man
ursprünglich übrigens eine Person, nämlich einen kleinen,
dicken Kerl verstand. Ein altes, in Salzburg und in
der Schweiz verbreitetes Kinderliedchen heißt:

> „Ich bin ein kleiner Pumpernickel,
> Ich bin ein kleiner Bär,
> Und wie mich Gott geschaffen hat,
> So wackle ich daher."

Kaum entsteht in Amerika eine neue politische Partei,
da beeilen sich auch schon die Freunde und Feinde der=
selben, ihr einen passenden Bei= oder Spottnamen zu
geben. Mitunter ist ein solcher Beiname so glücklich ge=
wählt, daß er die Partei, die ihn führt, mit einem Schlage
populär macht und ihr zum Siege verhilft. Öfters auch
adoptieren die politischen Führer die ihrer Partei von
einer feindlichen Organisation angehängten Spottnamen
und deuten sie natürlich in einem für sie günstigen

Sinne. Dies gilt auch von einigen Religionssekten. Die orthodoxen Reformierten nannten sich früher nie= mals Calvinisten; so ging auch der Name Methodist von den Feinden der Wesleyschen Bewegung aus. Die Quäker nennen sich stets friends; doch nehmen sie nicht den geringsten Anstoß an jenem Spottnamen, da er insofern ja auf Wahrheit beruht, als sie sich gerne durch das Wort oder den Geist Gottes erregen lassen.

Die Mitglieder der evangelischen Gemeinschaft haben nicht das Geringste einzuwenden, wenn man sie nach ihrem Stifter Albrechtsbrüder oder Albrights nennt.

Die Anhänger der politischen peoples party heißen Populisten, doch ist dieses lange Wort allmählich zu pops zusammengeschrumpft. Die konföderierten Soldaten des Bürgerkrieges hießen rebs (Rebellen), die föderierten einfach yanks. Die Mitglieder der vor jenem Kriege in den Neuenglandstaaten bestehende Antisklavereigesell= schaft wurden von ihren Gegnern Abolitionisten ge= schimpft; sie nahmen diese Bezeichnung bereitwillig an und waren sogar stolz darauf. Diejenigen Amerikaner, welche damals einer Verschmelzung der weißen und schwarzen Rasse das Wort redeten, oder wenigstens nichts Schreckliches darin sahen, wurden miscenegationists tituliert.

Die Whigs, die 1850 mit der Antisklavereibewegung sympathisierten, hießen in Hinsicht auf ihre Vorliebe für die wollköpfigen Neger woolly heads. Über den Ur= sprung des Namens jener politischen Partei gehen die Meinungen weit auseinander. Das schottische Wort whig (engl. whey) meint Molken, die ihres bitteren

Geschmackes wegen gewöhnlich weggegossen wird. Demnach müßte man unter einem Whig einen unangenehmen und verhaßten Politiker verstehen.

Als politischer Parteiname kam jenes Wort zuerst in England unter Jakob I. in Gebrauch und wurde auf solche Leute angewandt, welche die Maßregeln der Regierung bekämpften. Ferner soll das Wort whig von den schottischen Fuhrleuten gebraucht werden, um ihre Pferde zu schnellerem Gang zu ermuntern.

Tory war zur Zeit des Unabhängigkeitskrieges in Amerika gleichbedeutend mit Vaterlandsverräter.

1844 verließen zahlreiche Demokraten ihre alte Partei und schlossen sich der sogenannten free soilers an. Diese opponierten den Banken und anderen Korporationen und forderten dadurch die Feindschaft der alten Demokraten heraus.

Ein hervorragender Redner der letzteren flocht damals folgende Geschichte in seinen Vortrag ein:

„Ein holländischer Farmer des Staates New York wurde beständig von Ratten geplagt und jedes Mittel, das er dagegen anwandte, schlug fehl. Sie fraßen den Speck aus den Fallen, ließen sich aber nicht fangen. Da sperrte er mehrere Katzen in die Scheune und siehe da, am nächsten Tage waren auch diese bis auf die Knochen aufgefressen. Gift half auch nicht und, ja die Ratten schienen durch den Genuß desselben unr noch fetter zu werden. Da gab ihm ein Nachbar den Rat, eine Ratte zu fangen, ihr das Fell mit Öl zu tränken, dieses in Brand zu stecken und dann den Nager in die Scheune zu jagen. Der Farmer that also und nach einer

Stunde war seine Scheune ein Haufen Asche. Ähnlich wollen die politischen Bum Bumers handeln und die alten Banken und Korporationen zerstören, blos weil sich einige derselben der Unehrlichkeit schuldig gemacht."

Nach dieser Rede wurden die jungen Demokraten Bum Bumers genannt. Ihre Gegner hießen Hunkers. Das Wort hunks wird von altenglischen Schriftstellern als Schimpfwort für einen Geizhals gebraucht; da nun die konservativen Demokraten bei Verteilung der öffent= lichen Ämter erst ihre Gesinnungsgenossen berücksichtigten und also die jungen Demokraten leer ausgehen ließen, so war die genannte Bezeichnung nicht übel angebracht. Später wurden die Hunkers hardshells und die Bum Bumers soft shells genannt.

Der früher erwähnte Beiname fire-eaters, worunter man die extremen Anhänger des Südens verstand, hat folgenden Ursprung: 1856 trat in einem New Yorker Tingeltangel ein Mann auf, der durch seine Geschicklich= keit, brennende Kerzen zu essen, glühende Kohlen zu verschlingen und heißes Wasser und geschmolzenes Blei zu trinken, zum Löwen des Tages wurde. Das Wort fire-eater war im Munde eines jeden Amerikaners und als um diese Zeit Robert Trombs aus Georgia im Senate eine auffallend heftige und feurige Rede hielt, wurde ihm der Beiname „Feuerfresser" zu teil.

Tammany Hall, eine politische Organisation der Stadt New York, zu der alle korrupten Streber und Schwindler der demokratischen Partei gehören, leitete ihren Namen von einem indianischen Häuptling ab, welcher sich mit den Weißen verbündete und diesen die

Herrschaft über den amerikanischen Kontinent prophezeite. Genannte Organisation wurde 1789 ins Leben gerufen, um den aus Aristokraten und Officieren des Unabhängigkeitskrieges bestehenden Order of the Cincinnati zu bekämpfen. Ursprünglich hieß sie the Columbian order; erst 1805 wurde sie unter dem Namen Tammany Hall gesetzlich inkorporiert.

1812 entstand in Amerika eine politische Partei, deren Mitglieder blue ligths hießen und die es sich zur Aufgabe gemacht hatten, den damals drohenden Krieg mit England abzuwehren. Ihre Gesinnungsgenossen, welche später den Krieg gegen den Süden mit aller Gewalt verhindern wollten, wurden copperheads genannt.

Die Gesellschaft der blue lights entstand auf folgende Weise: Als die Engländer den Hafen von New London in Connecticut blockierten, suchte der dort mit seinen zwei Fregatten eingeschlossene amerikanische Admiral Decatur mehrmals in der Nacht zu entfliehen. Aber bei jedem Versuche erglänzte plötzlich ein blaues Licht am Eingange des Hafens, worauf die Engländer mit ihren Schiffen vorrückten, und die Amerikaner zwangen, zurückzukehren, um unter dem Schutze der Uferbefestigungen Zuflucht zu suchen. Wer diese Lichter anzündete, ist nie ausgefunden worden.

Dough faces (Teiggesichter) wurden 1820 die Politiker von Missouri genannt, welche die Abschaffung der Sklaverei in ihrem Staate befürworteten, jedoch in ihrem Auftreten so biegsam und schmiegsam waren, daß sie von ihren Gegnern mit leicht zu knetendem Teige verglichen wurden.

Die sogenannten Knownothings haben gerade keine besondere Organisation, sondern gehören als Bürger irgend einer politischen Partei, hauptsächlich der republikanischen, an. Es sind dies die verbissensten, niederträchtigsten und eingebildetsten Subjekte, die schwerlich in irgend einem anderen Lande ihresgleichen finden dürften. Nach ihrer Ansicht hat in den Vereinigten Staaten nur der dort Geborene Recht auf Existenz und Schutz; jeder aus Europa stammende Einwanderer hat nur dann Bedeutung, wenn er sich bereitwillig zum Handlanger der Yankees entwürdigen läßt. Wer sich nicht dazu bequemt, ist ein Anarchist, der am Halse so lange aufgehängt werden muß, bis er tot ist. Gott ist groß, der amerikanische Knownothing aber viel größer.

Die deutsche Sprache und die katholische Religion haßt er heftiger als der Teufel das Weihwasser. Er ist ein eifriger Kirchengänger, ohne die geringste Ahnung von wahrer Herzensfrömmigkeit zu haben. Arrogant bis zum äußersten Grade, wo er glaubt, es sich erlauben zu dürfen, nimmt er die freundlichste Miene der Welt an, schmeichelt und katzenbuckelt, sobald er Vorteile zu erreichen glaubt. Er ist hinterlistig im Superlativ und das gemeinste aller gemeinen Mittel ist ihm, wenn es nur wirksam ist, kaum zu gemein, um es zur Anwendung zu bringen. Er ist falsch wie Galgenholz und der eingewanderte Bürger, der keine Anlage hat, sich zu seinem Speichellecker zu erniedrigen, thut klug, aus seiner Nähe zu bleiben. Er ist der Absolute; wer sich erkühnt, seine eigene Meinung zu haben und zu vertreten, sollte des Landes verwiesen werden. Von dem wahren Geiste der Freiheit·versteht er so wenig wie von dem wahren Geiste der Religion.

Die American protection association, ein über alle Staaten der Union verbreiteter Geheimbund, hat es sich zur Aufgabe gestellt, der Verbreitung des Katholicismus entgegen zu arbeiten. Daß die Mitglieder desselben alle in der Wolle gefärbte Knownothings sind, braucht nach dem Vorstehenden kaum gesagt zu werden.

Parteipolitiker, welche mit allen Wassern gewaschen und mit allen Hunden gehetzt sind, werden in Amerika wire-pullers genannt. Sie verstehen es trefflich, jede Gelegenheit in ihrem Interesse auszubeuten und jeden, der nicht fähig ist, sein Denken selber zu besorgen, nach seiner Pfeife tanzen zu lassen. Ursprünglich bedeutet wire-puller einen Mann, der bei Puppenspielen die Figuren durch Drähte in Bewegung setzt.

Loco-focos wurden 1834 die New Yorker Demokraten genannt, welche für extreme Maßregeln waren. Bei einer allgemeinen Versammlung der Demokraten in Tammany Hall ließ nämlich der Vorsitzende, der mit dem Gange der Verhandlungen höchst unzufrieden war, plötzlich die Gasflammen ausdrehen, um so die Anwesenden zum Verlassen der Halle zu nötigen. Allein die Gegner des Präsidenten und seine Anhänger zogen plötzlich ihre loco-focos (durch Reibung entzündbare Zigarren) hervor, steckten damit das Gas wieder an und setzten die Verhandlungen fort.

Carpet-baggers (Schnappsäckler) wurden die nördlichen Politiker genannt, welche nach dem Bürgerkriege in die

Südstaaten geschickt wurden, um dieselben neu zu organi=
sieren. Sie reisten, wie man sagt, mit einer Handtasche
dahin, kehrten aber mit Reichtümern beladen zurück.

Ku-Klux hieß ein verbrecherischer Geheimbund der
amerikanischen Südstaaten, deren Mitglieder die An=
hänger der Union längere Zeit auf jede erdenkliche
Weise schikanierten und manchen derselben heimlich ins
Jenseits beförderten.

Unter Molly Maguires verstand man Mitte des
vorigen Jahrhunderts in Irland einen Verein von Ver=
schworenen, deren Aufgabe es war, ihr Vaterland vom
Joche Englands zu befreien. Ihr Führer hieß Cornelius
Maguire; Molly wurden sie deshalb genannt, weil sie
sich als Frauen verkleideten und in dieser Vermummung
Leben und Eigentum der Engländer gefährdeten und
beschädigten. Die amerikanischen Molly Maguires, welche
von 1870—1888 einige Kohlendistrikte Pennsylvaniens
unsicher machten und zahlreiche Meuchelmorde verübten,
verfolgten nur den Zweck, unliebsame Arbeiter aus ihrer
Gegend zu verdrängen. Viele dieser Molly Maguires
endeten später am Galgen; doch hatte vorher die Ge=
heimpolizei schwere Arbeit, die Namen der Mitglieder
der Mörderbande auszufinden und sie ihrer Verbrechen
zu überführen.

Lightning Source UK Ltd.
Milton Keynes UK
UKHW012237110219
337137UK00006B/1079/P